Rudolf Steiner Taschenbücher
aus dem Gesamtwerk

RUDOLF STEINER

Der Tod als Lebenswandlung

Sieben Vorträge, gehalten in verschiedenen Städten zwischen dem 29. November 1917 und 16. Oktober 1918

RUDOLF STEINER VERLAG

Nach vom Vortragenden selbst nicht durchgesehenen Nachschriften
herausgegeben von der Rudolf Steiner Nachlassverwaltung

Ungekürzte Ausgabe nach dem gleichnamigen Band der
Rudolf Steiner Gesamtausgabe, Bibliographie-Nr. 182,
herausgegeben von Robert Friedenthal und Johann Waeger
4. Auflage, Dornach 1996

Taschenbuchausgabe
2. Auflage 2014

Umschlaggestaltung: Finken & Bumiller, Stuttgart
Printed in Germany by Druckhaus Nomos, Sinzheim
ISBN 978-3-7274-7401-9

www.steinerverlag.com

Zu den Veröffentlichungen aus dem Vortragswerk von Rudolf Steiner

Die Gesamtausgabe der Werke Rudolf Steiners (1861–1925) gliedert sich in die drei großen Abteilungen: Schriften – Vorträge – Künstlerisches Werk (siehe die Übersicht am Schluß des Bandes).

Von den in den Jahren 1900 bis 1924 sowohl öffentlich wie für die Mitglieder der Theosophischen, später Anthroposophischen Gesellschaft zahlreichen frei gehaltenen Vorträgen und Kursen hatte Rudolf Steiner ursprünglich nicht gewollt, daß sie schriftlich festgehalten würden, da sie von ihm als «mündliche, nicht zum Druck bestimmte Mitteilungen» gedacht waren. Nachdem aber zunehmend unvollständige und fehlerhafte Hörernachschriften angefertigt und verbreitet wurden, sah er sich veranlaßt, das Nachschreiben zu regeln. Mit dieser Aufgabe betraute er Marie Steiner-von Sivers. Ihr oblag die Bestimmung der Stenographierenden, die Verwaltung der Nachschriften und die für die Herausgabe notwendige Durchsicht der Texte. Da Rudolf Steiner aus Zeitmangel nur in ganz wenigen Fällen die Nachschriften selbst korrigieren konnte, muß gegenüber allen Vortragsveröffentlichungen sein Vorbehalt berücksichtigt werden: «Es wird eben nur hingenommen werden müssen, daß in den von mir nicht nachgesehenen Vorlagen sich Fehlerhaftes findet.»

Über das Verhältnis der Mitgliedervorträge, welche zunächst nur als interne Manuskriptdrucke zugänglich waren, zu seinen öffentlichen Schriften äußert sich Rudolf Steiner in seiner Selbstbiographie «Mein Lebensgang» (35. Kapitel). Der entsprechende Wortlaut ist am Schluß dieses Bandes wiedergegeben. Das dort Gesagte gilt gleichermaßen auch für die Kurse zu einzelnen Fachgebieten, welche sich an einen begrenzten, mit den Grundlagen der Geisteswissenschaft vertrauten Teilnehmerkreis richteten

Nach dem Tode von Marie Steiner (1867–1948) wurde gemäß ihren Richtlinien mit der Herausgabe einer Rudolf Steiner Gesamtausgabe begonnen. Der vorliegende Band bildet einen Bestandteil dieser Gesamtausgabe. Soweit erforderlich, finden sich nähere Angaben zu den Textunterlagen am Beginn der Hinweise.

INHALT

DIE DREI REICHE DER TOTEN
DAS LEBEN ZWISCHEN TOD UND NEUER GEBURT

Bern, 29. November 1917

Ich knüpfe an an Betrachtungen, die ich hier angestellt habe in einem vorigen Vortrage, gewissermaßen um fortzusetzen diese Betrachtungen, die in der Linie desjenigen liegen, wovon ich überzeugt sein muß, daß sie gerade jetzt unter uns besprochen werden müssen. Denn geradeso wie ich die Meinung haben muß, daß jetzt in den öffentlichen Vorträgen, die von anthroposophischer Seite gehalten werden, ganz bestimmte, durch die Zeichen unserer schweren Zeit herausgeforderte Dinge gesagt werden müssen, zu den Ohren der Menschen dringen müssen, so bin ich auch notwendigerweise der Anschauung, daß unter uns selbst ganz bestimmte geisteswissenschaftliche Wahrheiten jetzt besprochen werden müssen.

In einem vorigen Vortrage hat es sich nämlich darum gehandelt, zu sprechen über das Hereinleben der durch die Pforte des Todes gegangenen Seelen in das Erdenleben. Wir haben Betrachtungen angestellt über die Art und Weise, wie die Impulse der sogenannten Toten fortwirken in demjenigen, was hier auf Erden durch Menschen vollbracht wird, wie Zusammenhänge geschaffen werden zwischen den Kräften der sogenannten Toten und der Lebendigen. Und wir wollen heute einiges, das innig zu diesem Thema gehört, hinzufügen.

Vor allen Dingen ist es notwendig, sich klarzumachen, daß dieses Leben zwischen dem Tode und einer neuen Geburt von uns zwar in gewissem Sinne nur mit Bildern dargestellt werden kann, die entnommen sind dem Sinnlichen, dem physischen Erdenleben, den Vorstellungen, die wir uns innerhalb dieses physischen Erdenlebens bilden, daß aber das Leben im Bereiche der Toten doch eben ein solches ist, daß es sich nur sehr schwer fassen läßt mit den Begriffen und Vorstellungen, die wir uns im Erdenwerden bilden. Man muß daher versuchen, von verschiedenen Seiten her sich diesem Leben zu nähern.

Ein Versuch, möchte ich sagen, ist einmal gemacht worden unmittelbar vor dem Ausbruch dieser Weltkatastrophe in jenem Wiener Zyklus, wo ich über das Leben zwischen dem Tod und einer neuen Geburt im Zusammenhange mit den inneren Kräften der Seele gesprochen habe. Heute möchte ich vor allen Dingen darauf aufmerksam machen, daß ein Gebiet, das dem Menschen im Erdenleben in einer gewissen Beziehung die Hauptsache ist und die Hauptsache sein muß, daß ein gewisses Gebiet aus den Erfahrungen, aus den Erlebnissen der durch die Todespforte gegangenen Seelen ausgeschlossen ist.

Denken Sie nur, wieviel wir haben als Erdenmenschen durch Vorstellungen, die uns zukommen aus der mineralischen und aus der pflanzlichen Welt. Wir müssen zu diesen Vorstellungen aus der mineralischen und pflanzlichen Welt auch alles dasjenige hinzuzählen, was uns aus dem Himmelsraume an Vorstellungen, an Eindrücken, an Wahrnehmungen zukommt: der bestirnte Himmel über uns, die Sonne, der Mond, indem sie uns physische Bilder als Wahrnehmungen ermöglichen während unseres Erdenlebens, gehören durchaus zu dem, was ich jetzt zur mineralischen Natur rechne. Diese mineralische und im wesentlichen – ich sage: im wesentlichen – auch die pflanzliche Natur als Natur sind ausgeschlossen von dem, was wahrgenommen wird in der Zeit zwischen dem Tod und einer neuen Geburt. Dasjenige, was nach dieser Richtung hin als besonders charakteristisch hervorgehoben werden kann mit Bezug auf die Erlebnisse der sogenannten Toten, das ist, daß, wenn wir der mineralischen oder der pflanzlichen Natur gegenüberstehen, wir Menschen hier auf der Erde ein ganz bestimmtes Bewußtsein haben. Wir haben ja bei anderer Gelegenheit davon gesprochen, daß es eine Illusion ist, von der Schmerzlosigkeit oder Lustlosigkeit des mineralischen und des pflanzlichen Reiches zu sprechen. Durch dasjenige aber, was wir Menschen mit unseren Handlungen ausführen, machen wir Eindrücke auf das mineralische Reich und auch auf das pflanzliche Reich, von denen wir mit einem gewissen Recht sagen können, daß sie ohne solche Eindrücke, ohne solche Wirkungen bleiben, welche Schmerz oder Lust, Leid oder Freude verbreiten. Wir wissen, wenn wir als Menschen einen Stein zerschlagen, daß da gewisse Elementarwesen allerdings solche Lust, solches Leid empfinden, aber in unser gewöhnliches, alltägliches Bewußtsein kommt das nicht; so daß man also innerhalb des Erlebens des gewöhnlichen Erdenmenschen davon sprechen kann, daß er das Gefühl haben muß: Wenn er Steine zerklopft, wenn er irgendeine Verrichtung unternimmt innerhalb desjenigen, was mineralischer und im wesentlichen auch pflanzlicher Natur ist, so bereitet es seiner Umgebung weder Lust noch Schmerz.

Das aber gibt es gar nicht in dem Reiche, das der Mensch betritt, wenn er durch die Pforte des Todes gegangen ist. Darüber muß man sich vor allen Dingen klar sein, daß das Geringste, was dort der Mensch vollbringt – wir müssen uns eben der Worte unserer Erdensprache bedienen –, etwa wenn er nur anrührt irgend etwas, so ist das verbunden in diesem geistigen Reiche entweder mit Lust oder Leid, und ruft auch hervor irgendwie Sympathie oder Antipathie.

Also Sie müssen sich dieses Reich der Toten so vorstellen, daß, wo Sie es nur gewissermaßen berühren, Sie eine solche Berührung gar nicht ausführen können, ohne daß dasjenige, was Sie berühren, für sich Lust und Leid empfindet, aber auch irgendwelche Sympathien oder Antipathien entwickelt. Angedeutet ist das schon in meiner «Theosophie», wo von dem Seelenreiche gesprochen ist, und wo die wichtigsten Kräfte dieses Seelenreiches eben in den Kräften der Sympathie und Antipathie gesucht werden. Aber man muß solche Dinge in seine lebendigen Vorstellungen aufnehmen. Man muß, indem man sich bewußt wird des Zusammenwirkens gewissermaßen des Totenreiches und des Reiches der sogenannten Lebendigen, man muß sich auch bewußt sein, wie man sich vorzustellen hat, daß der Tote gewissermaßen in seinem Reiche schaltet und waltet. Er schaltet so, daß er sich gewissermaßen immer bewußt sein muß: er ruft Sympathie oder Antipathie hervor, Leid oder Freude, alles, was er tut, bringt, wenn ich so sagen darf, diese Resonanz hervor, diese lebendige Empfindung. Etwas, was man in dem Sinne unseres pflanzlichen und tierischen Reiches unempfindlich nennen könnte, gibt es jenseits der Pforte des Todes gar nicht.

Das ist gewissermaßen die Charakteristik des alleruntersten Reiches, in das der Mensch eintritt, wenn er durch die Pforte des Todes gegangen ist; wie er, wenn er hier durch die Pforte der Geburt das physische Reich betritt, in das unterste Gebiet, in das Mineralreich eintritt, so tritt er dort, indem er das geistige Reich berührt, in ein Reich allgemeiner Empfindungsfähigkeit, in ein Reich der waltenden Sympathie und Antipathie. Innerhalb dieses Reiches entfaltet er seine Kräfte; innerhalb dieses Reiches wirkt er. Wenn wir uns vorstellen, er handelt dort, so müssen wir uns zugleich vorstellen: von diesen Handlungen gehen aus fortwährende empfindungtragende Kräfte, Sympathien und Antipathien tragende Kräfte.

Was bedeuten im gesamten Zusammenhange des Weltenalls diese empfindungtragenden Kräfte? Sehen Sie, da kommt man auf ein Kapitel, welches eigentlich wirklich nur durch geistige Wissenschaft für das physische Erdenleben gelöst werden kann, ein Kapitel, dessen Wichtigkeit gleich von Ihnen eingesehen werden wird, wenn Sie die ganze Tragweite überdenken. Vieles tritt gerade in der gegenwärtigen Zeit so auf, daß der Mensch, der immer mehr und mehr nur dasjenige gelten lassen will für eine Welterklärung, was er innerhalb der physischen Welt findet, verzichtet auf eine Erklärung, daß er absieht von einer Erklärung.

So etwas, wo in der neueren Zeit abgesehen worden ist von einer Erklärung, ist das Prinzip der Entwickelung für die mit uns die Erde bewohnenden tierischen Wesen. Ich brauche Sie nur darauf aufmerksam zu machen, was alles in der neueren Zeit aufgetreten ist, um das, was man Entwickelungslehre nennt, zu stützen. Mit einem gewissen Recht spricht man so heute von der Entwickelung der tierischen Welt, daß man annimmt, diese tierische Welt habe sich aus unvollkommeneren Wesen zu vollkommeneren heraufentwickelt. Besser würde man sagen: Sie habe sich von undifferenzierten Wesen zu immer differenzierteren und differenzierteren entwickelt, bis herauf zur menschlichen Natur, insofern der Mensch ein physisches Wesen ist. Diese Entwickelungslehre ist zum großen Teil auch schon in das populäre Bewußtsein der Menschheit eingegangen, sie ist in einem gewissen Sinne sogar schon ein Bestandteil der weltlichen

Religion der Menschheit geworden, und die Religionen, die Konfessionen selbst bemühen sich ja, mit dieser Entwickelungslehre zu rechnen. Sie haben, wenigstens in ihren wichtigeren Vertretern, nicht mehr den Mut, den sie noch vor kurzer Zeit gehabt haben: gegen diese Entwickelungslehre aufzutreten. Sie haben sie gewissermaßen akzeptiert und finden sich damit ab.

Nun aber, wenn man frägt: Was wirkt denn da eigentlich in der Entwickelung der tierischen Wesen, wenn sich solche tierischen Wesen von unvollkommenen an zu vollkommeneren entwickeln, was wirkt überhaupt in all dem, was man in der tierischen Welt beobachten kann, nicht nur in der Entwickelung, sondern überhaupt in dem Dasein der tierischen Welt? So sonderbar es dem heutigen Menschen noch klingt: Dasjenige, was einem entgegentritt, wenn man wirklich durch das schauende Bewußtsein eintritt in das Reich, das von den Toten bewohnt wird, dasjenige, was in der tierischen Welt beherrschend wirkt durch einen großen Teil dieser tierischen Welt hindurch, das sind Kräfte, die von den Toten ausgehen. Der Mensch ist berufen, im Kosmos Mitbeherrscher der Impulse zu sein. – Im mineralischen Reiche hat er nur dasjenige zu tun, was er durch seine Technik verfertigt an Maschinen und dergleichen nach den Gesetzen des mineralischen Reiches, im pflanzlichen Reich mit dem, was er als Gärtner, als Pflanzer züchtet. Mit diesen Reichen hat er also höchstens in zweiter Linie zu tun in der Zeit, die er zubringt zwischen der Geburt und dem Tode. Mit demjenigen Reiche aber, das hier auf der Erde im tierischen Dasein sich spiegelt, hat er zu tun, indem ihm nach dem Tode sofort Kräfte erwachsen, indem er sofort in ein Gebiet von Kräften eintritt, welche dieses tierische Reich beherrschen. Da arbeitet er darinnen. Das ist gewissermaßen ebenso für ihn die Basis, die Grundlage seines Wirkens, wie für uns die mineralische Welt ist; das ist der Grund und Boden, auf dem man dort steht.

Es erhebt sich, wie sich für uns während unseres Daseins in der physischen Welt das Pflanzenreich erhebt auf Grundlage des mineralischen Reiches, auf der Grundlage dieses Reiches von waltenden Sympathien und Antipathien, die sich dann fortsetzen in das Leben des irdischen Tierreiches hinein, ein zweites Reich, welches nun nicht so wirkt im Toten, daß er bloß Lust und Leid empfindet, daß er bloß von Empfindungen getragene Impulse aussendet, die sich dann fortsetzen, die dann wirken, sondern dieses zweite Reich, das sich da erhebt, das wirkt im wesentlichen zusammen mit dem, was man nennen könnte Erstarkung und Ablähmung der dem Toten nach dem Tode eignenden Willenskräfte. Sie müssen, wenn Sie sich über diese Willenskräfte richtig unterrichten wollen, etwas nachlesen in dem genannten Wiener Zyklus, wo ich charakterisiert habe, wie der Wille, der der Menschenseele eignet zwischen dem Tod und einer neuen Geburt, nicht genau so ist wie das, was wir hier im physischen Leben Wille nennen; aber wir können immerhin vom Willen sprechen, obwohl der Wille dort ganz anders, namentlich von Gefühlselementen und noch von einem anderen Elemente durchsetzt ist, das es hier auf Erden gar nicht gibt. Aber dieser Wille, der ist nach dem Tode für die Menschenseelen in einem fortwährenden Aufundabfluten begriffen. Wenn man mit einem Toten verkehrt, so erlebt man sein Seelenleben so, daß einem in einem Augenblicke entgegentritt: Er fühlt sich verstärkt in seinen Willensimpulsen, er fühlt sich in sich selbst stärker; in einem anderen Augenblicke lähmt sich der Wille etwas ab, schläft gewissermaßen ein. So flutet zwischen Stärkerwerden und Schwächerwerden dieser Wille dahin. Und dieses Fluten zwischen Stärkerwerden und Schwächerwerden des Willens, das ist ein großer Teil, ein wichtiger, wesentlicher Teil im Leben des Toten.

Dieses Stärker- und Schwächerwerden des Willens, das sind aber Impulse, welche nun nicht etwa bloß in die Basis des Totenreiches hineinfluten, sondern welche hineinfluten in das Menschenreich hier auf Erden, zwar nicht in die Gedanken des gewöhnlichen Bewußtseins, wohl aber in alles dasjenige, was die Menschen hier – ich werde das morgen sogar im öffentlichen Vortrage zu besprechen haben – selbst erleben als Willensimpulse, aber auch als Gefühlsimpulse.

Das ist ja das Eigentümliche, daß der Mensch klar in seinem gewöhnlichen Bewußtsein als physischer Erdenmensch eigentlich nur seine Sinneswahrnehmung und seine Gedanken erlebt. Waches Bewußtsein ist nur in bezug auf dieses Wahrnehmen und Denken vorhanden; Gefühle werden eigentlich nur geträumt, und der Wille wird überhaupt verschlafen. Niemand weiß so, wie er von seinen Gedanken weiß, was sich vollzieht, wenn er nur eine Hand aufhebt, wenn der Wille also in seine Leiblichkeit hineinspielt. Auch das Walten des Gefühls, obwohl es etwas heller im Bewußtsein anwesend ist als das Walten des Willens, ist dunkel, ist nicht heller als dasjenige, was wir im Traume als Bilder vor uns haben. Leidenschaften, Affekte, Gefühle, sie werden in Wahrheit nur geträumt, sie werden nicht in der Helligkeit des Bewußtseins in den Vorstellungen und in den Sinneswahrnehmungen gelebt, erfahren; und der Wille schon gar nicht. In diesem, was da als Schlaf, als Traum in das alltägliche Leben hineinspielt, in dem lebt mit der Tote. Er lebt mit Seelen, die auf der Erde im physischen Leibe verkörpert sind, in ihnen lebt er gerade so, wie wir innerhalb der Pflanzenwelt leben, nur daß wir mit der Pflanzenwelt nicht innig verbunden sind, der Tote aber mit unseren Gefühlen, Affekten, mit unseren Willensimpulsen innig verbunden ist; er lebt fort in alledem.

Das ist sein zweites Reich. Und während wir hier unsere Gefühle, unsere Empfindungen im Menschenleben entfalten, lebt in diesem Leben seelenhaftig der Tote mit fort, und zwar so, daß gerade jenes Fluten, das ich beschrieben habe als Stärker- und Schwächerwerden des Willens, als Verstärkung und Ablähmung des Willens des Toten, in einer gewissen Beziehung eins ist mit dem, was auf Erden hier als Gefühle und Willensimpulse der sogenannten Lebendigen erträumt und erschlafen wird.

Sie sehen daraus, wie wenig eigentlich das Reich der Toten von unserem Erdenreiche wirklich getrennt ist, wie innige Verbindung zwischen diesen Reichen ist. Wie gesagt, unter normalen Verhältnissen wird der Tote nichts zu tun haben – mit den Ausnahmen, die ich nachher besprechen werde – mit dem mineralischen und pflanzlichen Reiche; wohl aber hat er zu tun mit dem, was im tierischen Reiche vorgeht. Das ist gewissermaßen der Boden, auf dem er steht. Er hat aber zu tun mit dem, was im menschlichen Gefühls- und Willensreiche vor sich geht. In diesem Reiche sind wir von den Toten durchaus nicht getrennt. Aber die Sache ist so: Man kann, wenn man durch die Pforte des Todes geht, indem man diese Verstärkungen und Schwächungen des Willens erlebt, leben mit den sogenannten Lebendigen im physischen Leibe; aber nicht mit allen, nicht mit irgendeinem. Sondern da ist das bestimmte Gesetz, daß man leben kann nur mit denjenigen, mit denen man irgendwie karmisch verknüpft ist. Also ein karmisch ganz Fremder, der hier lebt, ist für einen Toten nicht wahrnehmbar, gar nicht vorhanden. Die Welt, die der Tote erlebt, die umgrenzt sich durch das Karma, das sich hier im Leben angesponnen hat. Nur ist diese Welt nicht beschränkt auf diejenigen Seelen, die hier auf Erden sind, sondern sie dehnt sich aus auch über diejenigen Seelen, die selbst schon durch die Pforte des Todes gegangen sind.

Dieses zweite Reich umfaßt also alle Verbindungen, welche der Mensch karmisch eingegangen ist mit denjenigen, die noch auf Erden sind, und mit denjenigen Seelen, die gleich ihm selber durch die Pforte des Todes gegangen sind. Es erhebt sich also auf einem Reich, das den Toten gemeinsam ist, auf einem Reiche des tierischen Daseins, wobei wir uns nicht so sehr irdische Tiere vorzustellen haben. Ich habe ausdrücklich gesagt, diese irdischen Tiere spiegeln dasjenige, was in der geistigen Welt vorhanden ist, die Gattungsseele des Tieres. In bezug auf die Toten müssen wir mehr an das Geistige des Tierischen denken, auf diesem gemeinsamen Boden erhebt sich dann in ganz anderem Sinne, als das hier in unserem Erdenreich der Fall ist, für jeden Toten ein individuelles karmisches Reich; denn der eine hat diese, der andere jene Verbindung geschlossen. Denn nur dasjenige ist da vom Menschenreich, womit karmische Verbindungen geschlossen sind.

Und noch ein anderes Gesetz herrscht da, welches uns zeigt, wie eigentlich dieses zweite Reich sich aufbaut. Zunächst ist dasjenige, was in diesem Reiche auf den Toten so wirkt, daß es seine Willenskräfte verstärkt oder sie ablähmt, zunächst auf einen Kreis beschränkt, der im wesentlichen durch das letzte Erdenleben oder sogar vielleicht nur durch Teile des letzten Erdenlebens gebildet wird. Diejenigen, die ihm besonders nahegestanden haben, diejenigen, mit denen der durch die Pforte des Todes Gegangene besonders eng verbunden war, die sind es, mit denen er besonders intensiv lebt. Und erst allmählich dehnt sich dieser Kreis aus über diejenigen, mit denen er im weiteren karmische Verbindungen eingegangen ist.

Und das alles dauert keineswegs für jeden dieselbe Zeit, sondern für manchen kürzer, für manchen länger. Man kann kaum aus dem irdischen Verlauf des Lebens ersehen, wie sich das nach dem Tode macht. Manche Persönlichkeiten, manche Seelen treten auf, ohne daß man es erwartet, im Bereiche des Toten, weil man aus dem physischen Leben sehr leicht falsche Schlüsse ziehen kann. Aber das ist ein Grundgesetz: daß sich der Kreis allmählich erweitert. Und das ganze Einleben in diesen Kreis, das geschieht eben so, wie ich es in jenem Vortragszyklus, der da handelt von dem Leben zwischen dem Tod und einer neuen Geburt, geschildert habe; was in diesem, was ich da geschildert habe, eintritt in dieses Leben des Toten, das ist eben dieses sich ausbreitende Leben der Willensimpulse, die jetzt ganz genau so im Toten sind, wie die Vorstellungen im Lebendigen, durch die der Tote weiß, durch die der Tote sein Bewußtsein hat. Es ist außerordentlich schwierig, dem Erdenmenschen klarzumachen, daß der Tote im wesentlichen durch den Willen weiß, während der Erdenmensch im wesentlichen durch die Vorstellung weiß. Das macht selbstverständlich auch die Verständigung mit dem Toten schwierig.

Das erweitert sich, kann man sagen, das Reich, in das sich der Tote als in das zweite Reich einlebt, immer mehr und mehr. Später – aber dieses «später» ist immer relativ, bei dem einen tritt es früher, bei dem anderen tritt es später ein – kommen dann zu den unmittelbaren karmischen Verbindungen die mittelbaren hinzu.

Das meine ich so: Wenn ein Toter eine gewisse Zeit in dem Reiche zwischen dem Tod und einer neuen Geburt zugebracht hat, so hat sich der Kreis seiner Erlebnisse erweitert und erstreckt sich über diejenigen Seelen – seien sie auf der Erde, seien sie drüben –, mit denen er in unmittelbar karmische Verbindung getreten ist. Nun aber haben diese Seelen wiederum karmische Verbindungen ihrerseits, die nicht zugleich karmische Verbindungen des Toten, den ich meine, sind. Also ich will so sagen: Die Persönlichkeit A hat eine karmische Verbindung mit der Persönlichkeit B, aber nicht mit der Persönlichkeit C. Da sieht man, wie der Tote seine Erlebnisse über die Persönlichkeit B ausdehnt, wie er mit der lebt in der geschilderten Weise. Später kommt dann dazu, daß der B ein Vermittler wird zu dem C. Der A hat keine Beziehung zu dem C, aber er bekommt eine Beziehung mittelbar dadurch, daß der B eine karmische Verbindung zu dem C hat. Dadurch aber erweitert sich dieses zweite Reich zwar langsam, aber allmählich über ein sehr, sehr großes Feld. Man wird gewissermaßen immer reicher und reicher an solchem inneren Erleben, an solchen Erlebnissen, die Verstärkung und Schwächung des Willens sind, die uns einleben müssen in das Reich der toten, oder lebendigen Seelen, wenn wir selber durch die Pforte des Todes gegangen sind.

Und ein wesentlicher Teil des Lebens zwischen Tod und neuer Geburt besteht eben gerade darinnen, daß wir als Seelen – wenn ich mich trivial ausdrücken darf – immer weitere und weitere Bekanntschaften machen. Wie wir hier im Erdendasein unsere Erfahrungen erweitern zwischen der Geburt und dem Tode, wie wir hier immer mehr und mehr die Welt um uns herum kennenlernen, so machen wir dort immer mehr und mehr Erlebnisse durch, welche sich darauf beziehen, daß man das Dasein anderer Seelen so empfindet, daß man weiß: Durch irgend etwas in diesen Seelen erfährt man selber eine Willensstärkung, durch anderes eine Willensschwächung. Ein wesentlicher Teil des Erlebens besteht dort darinnen.

Sie können daraus entnehmen, was das eigentlich für das Gesamtdasein, für das gesamte kosmische Dasein bedeutet. Es bedeutet, daß nicht nur dieses verwaschene Einheitsband zwischen der ganzen Menschheit besteht, von dem die Pantheisten und die phantastischen Mystiker schwärmen und träumen, sondern daß tatsächlich in einer gewissen Beziehung zwischen dem Tod und einer neuen Geburt spirituelle Bekanntschaften zwischen einem großen Teil der Menschheit über die Erde hin geschlossen werden. Wir stehen, wenn wir auf das blicken, was wir zwischen dem Tod und einer neuen Geburt erleben, den Erdenmenschen wirklich nicht allzuferne. Es ist nicht ein abstraktes, sondern ein wirklich konkretes Band.

Wie hier dann auf der Erde das Tierreich als ein drittes Reich sich aufstellt über das mineralische und über das pflanzliche Reich, so drüben als ein drittes Reich das Reich gewisser Hierarchien, das wir erblicken als ein Reich von solchen Wesenheiten, die niemals irdische Verkörperung erfahren, mit denen wir aber in Beziehungen treten zwischen dem Tod und einer neuen Geburt. Dieses Reich der Hierarchien, das ist drüben zugleich dasjenige, was uns zwischen dem Tod und einer neuen Geburt die volle Intensität unseres Ich-Erlebens gibt. Durch die zwei ersten Reiche erleben wir das andere; uns selbst erleben wir durch die Hierarchien. Und damit ist auch schon gesagt, daß der Mensch als geistiges Wesen sich innerhalb der Hierarchien drüben erlebt als Sohn, als Kind der Hierarchien. Er weiß sich mit den anderen menschlichen Seelen verbunden, wie ich es geschildert habe, er weiß sich aber auch zu gleicher Zeit als Kind der Hierarchien. Wie er sich hier als Zusammenfluß der äußeren natürlichen Kräfte des umgebenden Kosmos fühlen muß, wenn er sich erkennt im Kosmos, so fühlt er sich drüben, ich möchte sagen, organisiert aus dem Zusammenwirken der verschiedenen Hierarchien als geistiges Wesen.

Wir blicken hier, wenn wir uns als Menschen betrachten – das braucht uns ja nicht zum Hochmut zu führen –, auf die sogenannten niederen Reiche und sehen uns hier als Menschen gewissermaßen an die Spitze dieser Naturreiche gestellt. Wir gehen durch die Pforte des Todes und finden uns drüben als das unterste der Hierarchienreiche, aber als den Zusammenfluß – nur daß der Zusammenfluß von oben heruntergeht, so wie er hier von unten hinaufgeht – der Impulse der Hierarchien. Wie hier unser Ich eingesenkt ist in unsere Leiblichkeit, so daß es ein Extrakt ist der übrigen Natur, so ist dort unsere Geistigkeit eingesenkt in die Hierarchien, ein Extrakt der Hierarchien, in dasjenige, von dem man sagen kann: Es ist dort unsere Geistigkeit, wie hier unsere Leiblichkeit dasjenige ist, in das wir uns einkleiden, wenn wir durch die Pforte der Geburt treten.

Also das imaginative Erkennen kann sich schon Vorstellungen machen über den Grundriß des Lebens zwischen dem Tod und einer neuen Geburt. Es wäre auch für den Menschen außerordentlich traurig, wenn er sich solche Vorstellungen gar nicht bilden könnte. Denn denken Sie doch nur, daß wir mit unserem Gefühls- und Willensleben gar nicht getrennt sind von dem Reiche der Toten. Dasjenige, was sich unserem Anblicke entzieht, das ist nur aus unserer Vorstellung und aus unseren Sinneswahrnehmungen entschwunden. Es wird einen Riesenfortschritt in der Entwickelung des Menschengeschlechtes auf der Erde bedeuten, für den Teil des Erdenlebenslaufes, den dieses Menschengeschlecht noch zu durchleben hat, wenn die Menschen das Bewußtsein hier in sich aufnehmen werden: In ihren Gefühlsimpulsen, in ihren Willensimpulsen sind sie mit den Toten eines! – Der Tod kann uns überhaupt nur den physischen Anblick der Toten rauben. Aber wir können nichts fühlen, ohne daß in der Sphäre, in der wir fühlen, die Toten anwesend sind, nichts wollen, ohne daß in der Sphäre, in der wir wollen, die Toten ebenfalls anwesend sind.

Von Ausnahmen habe ich vorhin gesprochen in bezug auf das mineralische und pflanzliche Reich. Solche Ausnahmen gelten insbesondere für unsere Periode, für unsere Zeitperiode. Für ältere Zeitperioden haben sie nicht gegolten, aber davon brauchen wir jetzt nicht zu sprechen. In unserer Zeit, in der sich eine gewisse materialistische Gesinnung notwendigerweise über die Erde hin ausbreitet, versäumen es die Menschen sehr leicht, sich spirituelle Vorstellungen anzueignen während ihres Erdenlebens. Und ich habe sogar gestern im öffentlichen Vortrage darauf aufmerksam gemacht, wie der Mensch, wenn er es versäumt, sich spirituelle Vorstellungen während seines Erdenlebens anzueignen, sich hereinbannt in das Erdenleben, gewissermaßen nicht heraus kann aus diesem Erdenleben, und dadurch zu einem zerstörenden Zentrum wird. Vieles von dem, was an zerstörenden Kräften wirkt innerhalb der Erdensphäre, kommt von solchen in diese Erdensphäre gebannten Toten. Man muß eher Mitleid haben mit solchen Menschenseelen, als irgendein kritisches Urteil fällen. Denn nach dem Tode ist das Erlebnis nicht besonders leicht, innerhalb eines Reiches bleiben zu müssen, das dem Toten eigentlich nicht angemessen ist. Und dieses Reich ist eben dann in diesem Falle das mineralische und pflanzliche Reich, auch dasjenige mineralische Reich, das die Tiere in sich tragen, das der Mensch selber in sich trägt. Denn diese Wesen sind ja von dem mineralischen Reiche durchdrungen. Für solche, die keine spirituellen Vorstellungen in sich aufgenommen haben, liegt nämlich die Sache so, daß sie zurückschrecken nach dem Tode vor diesem Erleben, das überall Empfindungen hervorruft: Sie können nicht hinein in das Reich, das da waltet in der tierischen Geistigkeit und im Menschlichen; sie können nur hinein in dasjenige, was mineralischer Natur, was pflanzlicher Natur ist. Ich kann nicht ausmalen, um was es sich da handelt; denn erstens hat die Sprache für das keine Worte, zweitens aber kann man sich nur langsam und allmählich dem nähern, was da eigentlich zugrunde liegt, weil dieses Nähern wirklich zunächst etwas Schreckhaftes hat.

Man darf sich nun nicht etwa vorstellen, daß solche Toten dann ganz enthoben sind dem Leben, das ich vorhin beschrieben habe; aber sie nähern sich diesem Leben nur mit einer gewissen Scheu, mit einer gewissen Furcht, und stürzen immer wieder und wiederum zurück in das pflanzliche und mineralische Reich, weil sie sich vorzugsweise nur Vorstellungen gebildet haben, die für das letztere Reich, für das Reich des Toten, für das Reich des physischen Mechanismus eine gewisse Bedeutung haben.

Was ich in der Hauptsache heute als meine Aufgabe ansehe, das ist, durch solche Vorstellungen wiederum das Bewußtsein hervorzurufen, wie die Toten mitwirken an dem, was Menschenentwickelung ist. Man möchte eigentlich heute solche Dinge auch schon in öffentlichen Vorträgen verkündigen; man kann es nur nicht, weil die Menschen sich auf solche Vorstellungen doch eigentlich noch nicht einlassen, wenn sie nicht einiges schon durchgemacht haben von dem, was in unseren Zweigen mitgeteilt worden ist. Indem man aber das Leben so schildert zwischen dem Tod und einer neuen Geburt, und indem man namentlich seinen Zusammenhang schildert mit dem Erdenleben, genügt man, oder man könnte besser sagen, erfüllt man die Forderungen gerade unseres Zeitalters. Denn unser Zeitalter hat die alten instinktiven Vorstellungen seit verhältnismäßig langer Zeit abgeworfen, die vom Reiche der Toten handeln, und es muß unsere Menschheit neue Vorstellungen aufnehmen. Sie muß aus den Abstraktionen über die höheren Welten herauskommen und nicht bloß im allgemeinen von Geistigkeit sprechen, sondern sie muß dahin kommen, wirklich einzusehen, was als Geistigkeit wirkt. Sie muß sich klar sein darüber, daß die Toten nicht verstorben sind, sondern im geschichtlichen Werdeprozeß der Menschheit weiterleben, weiterwirken, daß die Kräfte, die geistig um uns herum sind, auf der einen Seite die Kräfte der höheren Hierarchien sind, aber eben auch die Kräfte der Toten sind. Die größte Illusion, der sich die Menschheit der Zukunft hingeben könnte, wäre die, wenn man glauben wollte, daß dasjenige, was die Menschen als soziales Leben unter sich, als Zusammenleben hier auf der Erde mit ihrem Fühlen, mit ihrem Willen entwickeln, daß das mit Ausschluß der Toten geschähe, bloß mit irdischen Einrichtungen. Es kann gar nicht durch die bloßen irdischen Einrichtungen geschehen, weil eben schon in dem Gefühl und im Willen die Toten mitwirken.

Nun handelt es sich aber darum: Wie wird es möglich sein, unter den Impulsen der neueren Zeit das Bewußtsein von dieser Art Zusammensein mit der geistigen Welt in der rechten Art zu entwikkeln? Die Entwickelung der Menschheit geht ja so, daß mit seinem gewöhnlichen Bewußtsein hier im physischen Leib der Mensch eigentlich immer mehr und mehr aus der geistigen Welt sich herausstellt. Nun ist zu dem Ziele, daß der Mensch wiederum als physischer Mensch den richtigen Eintritt in die geistige Welt finde, innerhalb der Erdenentwickelung das Mysterium von Golgatha geschehen.

Dieses Mysterium von Golgatha, das ist nicht nur dieses einmalige und als solches Einmaliges das größte Ereignis der Erdenentwickelung, sondern es ist ein fortwirkendes Ereignis, es ist ein fortwirkender Impuls. Und die Menschheit muß etwas dazu tun, um diesen Impuls in der rechten Weise fortwirken zu lassen. Ich habe es seit langer Zeit immer wieder und wiederum betont, wie mit dem Impuls von Golgatha gerade die Aufgabe unserer Geisteswissenschaft zusammenhänge, wie Geisteswissenschaft in einer gewissen Weise da sein muß, um diesen Impuls von Golgatha in der richtigen Weise für unser Zeitalter und für die nächste Zukunft zu verstehen.

Dessen können Sie sicher sein: Als irdische Wissenschaft, die zu gleicher Zeit weltliche Religion bildend sein wird, wird die Naturwissenschaft immer größeren und größeren Einfluß gewinnen. Solche Torheiten wie der Vorwurf, der zum Beispiel mir gemacht wird, daß ich den Naturwissenschaften auch in ihrer radikalen Entwickelung unfreundlich gegenüberstehe, die gehören zu den allerantiquiertesten Vorurteilen in der Denkweise; denn derjenige, der den Lauf der Erdenentwickelung versteht, weiß, daß die Naturwissenschaften nicht widerlegt werden können, daß sie im Gegenteil immer weiter und weiter sich ausbreiten werden. Und dasjenige, was als eine Art von religiösem Glauben über die Welt von Naturwissenschaft gezogen wird, das ist nicht irgendwie anzuhalten, das kommt; das kommt auf der einen Seite sicher, und kommt zum Segen der Menschheit. Und es wird gar nicht lange dauern, vielleicht nur einige Jahrzehnte, dann werden sich keinerlei Konfessionen mehr wehren können dagegen, daß an den einfachsten primitivsten Menschen ein solches Bewußtsein von dem reinen Naturdasein herankommt, wie es eben die Naturwissenschaft pflegt. Das ist auf der einen Seite schon sicher.

Aber auf der anderen Seite ist etwas anderes sicher. Das ist sicher auf der anderen Seite, daß, indem diese rein naturwissenschaftliche Weltanschauung die Gemüter ergreifen wird, das Geistige selbst durch diese Naturwissenschaft immer weniger und weniger wird gepflegt werden können. Das Geistige muß von einer anderen Seite her – wenn auch ebenso streng wissenschaftlich – geholt werden, wie die Naturwissenschaft das natürliche Dasein von der einen Seite her erkennt; denn die Erkenntnis des natürlichen Daseins wird immer mehr und mehr notwendig sein für die Erfüllung derjenigen Aufgaben, die der Mensch in der Zukunft zwischen der Geburt und dem Tode zu erfüllen hat. Von einer anderen Seite wird ihm kommen müssen dasjenige, was ihn in die geistige Welt erhebt.

Ein Grundimpuls nun für die weitesten Kreise hat sich auch schon in der bisherigen Gestalt des Begreifens des Mysteriums von Golgatha angekündigt, und insbesondere zeigt es sich in unserer Zeit. Man kann heute schon sagen: Die intensivsten Feinde eines Begreifens des Christus-Impulses sind die Pfarrer der verschiedenen

Konfessionen –, so sonderbar das klingt; aber was den Christus-Impuls den Menschen am fernsten bringt, das ist die Art wie die Pfarrer der verschiedenen Konfessionen und die Theologen diesen Christus-Impuls vertreten. Denn von einem Verständnis desjenigen, um was es sich bei diesem Christus-Impuls eigentlich handelt, sind die Konfessionen eigentlich heute schon recht, recht weit entfernt.

Nun habe ich heute nicht die Absicht, alle wesentlichen Dinge in bezug auf den Christus-Impuls zu sagen. Darüber haben wir ja im Laufe der Zeit mancherlei zusammengetragen und werden das auch noch tun. Aber eines möchte ich hervorheben, was insbesondere in der heutigen Zeit mit Bezug auf den Christus-Impuls ganz besonders stark hervortritt. Das ist, daß die Menschen doch schon einsehen müssen, daß der Christus-Impuls im allerallerintensivsten Sinne anders behandelt werden muß als andere geschichtliche Impulse. Sie sehen das auch ein, die Leute, aber sie schließen fortwährend irgendwelche Kompromisse. Sie machen Halbheiten, sie haben nicht den Mut zu Ganzheiten. Dasjenige, was man über den Christus-Impuls einsehen müßte, ist, daß es unmöglich ist, nach den Methoden der gewöhnlichen Geschichte überhaupt irgend etwas über den Christus-Impuls zu sagen. Bedeutende Theologen sagen, davon, daß die Evangelien echt seien im gewöhnlichen historischen Sinn, könne gar nicht die Rede sein; dasjenige, was angeführt werden kann als historischer, als geschichtlicher Beweis, daß der Christus gelebt hat, das kann man auf eine Quartseite zusammenschreiben, sagen die berühmten Theologen. Also berühmte Theologen der Gegenwart geben heute schon zu: Auf die Evangelien kann man sich nicht verlassen, wenn man sie als Geschichtsquellen nur behandeln will. Es ist auf keine Weise der Beweis zu liefern, daß sie historische Tatsachen darstellen. – Das ist selbstverständlich heute festzuhalten. Aber dasjenige, was man zur historischen Bekräftigung beibringen kann, so wie historische Dokumente da sind mit Bezug auf andere Persönlichkeiten der Weltgeschichte, das – sagen berühmte Theologen – könne man auf eine Quartseite schreiben. Das Bedeutungsvolle dabei ist nur, daß das, was auf dieser Quartseite steht, auch nicht wahr ist im gewöhnlichen historischen Sinn.

Dieses Geständnis wird sich die Menschheit machen müssen: daß es historische Gründe, wie es etwa für *Sokrates* oder für *Cäsar* gibt, für das Dasein des Christus Jesus auf der Erde nicht gibt, sondern daß dieses Dasein geistig begriffen werden muß. Das ist gerade das Wesentliche an der Sache. Die Menschheit sollte in dem Mysterium von Golgatha etwas bekommen, woran sie entweder, wenn sie sich nur verlassen will auf physische Zeugnisse, irre werden muß, in bezug auf das sie durch physische Zeugnisse nichts hat, oder daß sie auf geistige Weise es erfassen muß.

In bezug auf alles übrige ist es der Menschheit freigestellt, nach historischen Zeugnissen zu suchen, mit Bezug auf das Mysterium von Golgatha werden dem Menschen historische Zeugnisse im allerintensivsten Sinne niemals etwas nützen, sondern die Menschheit sollte gezwungen sein, dieses wichtige Ereignis der Erde nicht auf physisch-historische Weise zu begreifen, sondern da einsetzen zu müssen mit einem geistigen Verständnisse. Wer nicht will das Mysterium von Golgatha ohne historische Dokumente durch geistiges Verständnis unserer Erdentwickelung begreifen, der soll es nicht begreifen. Das ist der Wille, man kann schon sagen, der Wille der Götter. Die Menschheit soll mit Bezug auf die wichtigste Erdenangelegenheit gezwungen sein zur Spiritualität. Sie kann nur das Mysterium von Golgatha begreifen – sonst ist es immer historisch widerlegbar –, wenn sie sich zum geistigen Erfassen der Welt erhebt.

Nur Geisteswissenschaft als solche kann von der Realität des Mysteriums von Golgatha sprechen. Man kann sagen: Alles übrige ist antiquiert. Lesen Sie das immerhin bemerkenswerte Buch eines Theologen, der alle Jesus-Theorien der neueren Zeit von *Lessing* bis *Wrede* entwickelt, so werden Sie finden, daß eine solche Darstellung den Beweis liefert, daß eigentlich die Historie überwunden sein muß auf diesem Gebiet, daß eine Neuerfassung eintreten muß. Und diese Neuerfassung kann nur auf geisteswissenschaftlichem Wege gefunden werden.

Verstehen wir das, meine lieben Freunde, und in unserer Zeit ist eben derjenige Zeitpunkt gekommen, wo die Menschen das Fortwirken des Mysteriums von Golgatha nur auf geistige Weise werden erfahren können. Daher habe ich auch von dem geistig-ätherischen Wiedererscheinen des Christus im 20. Jahrhundert gesprochen, und es im ersten Mysterium dargestellt. Aber das wird ein geistiges Erlebnis sein, wenn auch ein geistig-hellseherisches Erlebnis, ein geistiges Erlebnis.

So hängt innig zusammen das Mysterium von Golgatha mit der notwendigen Erhebung der Menschheit zur Spiritualität von unserer Zeit an. Ebenso wie sich erheben muß von unserer Zeit an die Menschheit zu einer gewissen Spiritualität, ebenso wahr ist es, daß sie begreifen muß von unserer Zeit an, daß das Mysterium von Golgatha fernerhin nur erfaßt werden kann in Spiritualität, daß das Christentum im wesentlichen eine spirituelle Fortsetzung, nicht eine historische Fortsetzung, im äußeren Sinne historische Forschung oder historische Überlieferung erfahren muß. Es handelt sich aber nur darum, daß nun wiederum nicht das, was ich eben gesagt habe, im abstrakten Sinne aufgefaßt werde, daß man nicht glaubt, mit den paar Begriffen vom Erfassen der Bedeutung des Mysteriums von Golgatha, wie man sie sehr häufig sich macht, habe man schon alles getan. Nein, man muß an diese Dinge in voller Konkretheit herantreten; man muß nicht nur Vorstellungen über den Christus und sein Wirken sich bilden, sondern man muß in einer gewissen Weise das Reich Christi in unserem Erdenreiche finden können. Christus ist in das Erdenreich eingezogen, und man muß sein Gebiet finden können.

Naturwissenschaft, wenn sie sich gerade zur höchsten Vollkommenheit entwickelt, sie wird ein Bild der Welt geben, wie es auch ohne die Zuhilfenahme des Mysteriums von Golgatha zustande kommen könnte; Naturwissenschaft aus sich selbst heraus wird niemals während der Erdenentwickelung so weit kommen, daß der Physiker oder der Biologe von dem Mysterium von Golgatha aus seinen Voraussetzungen heraus sprechen wird. Aber alle Wissenschaft wird nach und nach, insofern sie von dem handelt, was vorgeht um uns herum von der Geburt bis zum Tode, immer mehr und mehr Naturwissenschaft werden. Neben ihr wird die Geisteswissenschaft aus dem geistigen Reiche zu schöpfen haben.

Nun handelt es sich aber darum: Wie ist nicht nur eine Wissenschaft, sondern ein Drinnenstehen in dem geistigen Reiche zu finden, so daß wir nicht nur Natur finden? Denn in einer Natur werden wir niemals den Christus-Impuls finden. Wie ist das Sich-hinein-Stellen in das geistige Reich zu suchen, nicht nur das Wissen davon? Nun, Sie erkennen schon aus dem, was ich gesagt habe, daß zu dem Bewußtsein, das wirklich in der modernen und namentlich in der zukünftigen Menschheit ein bloßes natürliches Bewußtsein werden wird, ein Bewußtsein von Naturtatsachen, daß da ein anderes Bewußtsein hinzutreten muß. Ein ganz anderes Bewußtsein muß noch hinzutreten. Für dieses Bewußtsein wird gewissermaßen die Notwendigkeit der Erfassung des Mysteriums von Golgatha als einer spirituellen Tatsache nur die höchste Spitze sein. Aber dasjenige, was notwendig ist gegenüber dem Mysterium von Golgatha, die Sache als eine spirituelle zu durchschauen, das wird auch auf das übrige Leben ausgedehnt werden müssen. Das heißt aber nichts anderes, als daß eintreten muß in das menschliche Bewußtsein, außer der reinen natürlichen Betrachtung, eine ganz andere Betrachtung der Dinge.

Und diese Betrachtung der Dinge, die wird kommen und muß kommen dadurch, daß der Mensch lernt, ebenso mit Bewußtsein zu schauen in die Welt, wie er durch seine Sinneswahrnehmungen in die Sinneswelt schaut, auf seinen Schicksalsverlauf im Großen und im Kleinen. Was meine ich damit? Heute gibt der Mensch noch wenig acht auf seinen Schicksalsverlauf. Aber betrachten Sie extreme Fälle. Ich will Ihnen einen Fall erzählen, der uns führen kann zu dem, was ich eigentlich meine – ein Fall aus Tausenden. Man könnte Tausende solcher Fälle erzählen, ungezählte Tausende.

Ein Mann geht von seinem Hause einen Spazierweg entlang, den er oft gegangen ist. Er führt ihn einen Berghang hinauf zu einem Felsplateau, von dem aus er eine sehr schöne Aussicht hat. Diese Aussicht hat er oft aufgesucht; es ist sozusagen sein gewöhnlicher Spaziergang. Während er eines Tages diesen Spaziergang machte, da kommt ihm wie aus dem Nichts heraus der Gedanke: Aufpassen, achtgeben! – Und er hört im Geiste – nicht durch eine Halluzination, sondern im Geiste – eine Stimme sagen: Warum gehst du diesen Weg? Kannst du nicht einmal von deinem Vergnügen absehen? – Das hört er im Geiste. Das macht ihn bedenklich; er tritt etwas zur Seite, denkt nach eine Weile –, da saust ein mächtiger Felsblock herab, gerade an die Stelle, die er betreten haben müßte, wenn er nicht beiseite getreten wäre, und der ihn ganz gewiß erschlagen hätte.

Nun bitte ich Sie, sich die Frage einmal vorzulegen, was da schicksalsmäßig spielt. Es spielt doch etwas. Der Mann lebt nun weiter. Vieler Menschen Leben auf dieser Erde hängt mit seinem Leben zusammen. Das alles wäre anders geworden, wenn der Felsblock diesen Menschen erschlagen hätte. Da vollzieht sich etwas. Versuchen Sie, dieses Etwas nach Naturgesetzen zu erklären, so kommen Sie natürlich nicht zu dem, was das Schicksalsgemäße daran ist. Natürlich können Sie durch Naturgesetze erklären, warum der Felsblock sich losgelöst hat, und warum der Mensch erschlagen worden ist, nachdem der Felsblock schon einmal heruntergefallen ist und so weiter. Aber in alledem, was sich auf naturgemäße Weise da überhaupt reden läßt über die Sache, ist das Schicksalsgemäße gar nicht irgendwie drinnen, das hat gar nichts damit zu tun.

Ich habe Ihnen einen extremen Fall damit erzählt. Aber, meine lieben Freunde, aus solchen Dingen setzt sich unser ganzes Leben zusammen, insofern unser Leben Schicksalswesen ist. Nur daß der Mensch nicht darauf achtet, daß der Mensch nicht achtgibt; er gibt auf diese Dinge nicht so acht, wie er auf das acht gibt, was ihm durch seine Sinne als natürliche Tatsachen übermittelt wird. Von Tag zu Tag, von Stunde zu Stunde, von Augenblick zu Augenblick gehen Dinge vor, die nur in einem extremen Fall geschildert worden sind mit dem, was ich eben angegeben habe. Denken Sie doch nur einmal, wie oft Sie – diese Dinge muß man eben im Kleinen auch betrachten – weggehen wollen von zu Hause: Sie werden aufgehalten eine halbe Stunde. Solche und ähnliche Dinge kommen tausendfach im Leben vor. Sie sehen nur, was dann geschieht, wenn Sie die halbe Stunde aufgehalten worden sind; Sie erwägen gar nicht, was ganz anderes geschehen wäre, wenn Sie vor einer halben Stunde weggegangen wären!

So greift ein ganz anderes Reich in unser Leben wirklich fortwährend herein, das Reich des Schicksalsgemäßen, das der heutige Mensch noch gar nicht beachtet, weil er eigentlich nur den Blick auf dasjenige richtet, was eben geschieht, und nicht darauf, was fortwährend aus seinem Leben ferngehalten wird. Sie können ja gar nicht wissen, ob Sie nicht jetzt vor drei Stunden etwas hätten unternehmen können, was von Ihnen abgehalten worden ist, wodurch Sie jetzt gar nicht mehr hier sitzen würden, vielleicht gar nicht mehr leben würden. Sie sehen immer nur dasjenige, wozu schon geistige Impulse in der mannigfaltigen Weise nötig waren, damit es eingetreten ist. Sie setzen zumeist nicht voraus mit dem gewöhnlichen Bewußtsein, daß dasjenige, was Sie tun im Leben, ein Ergebnis ist von mitwirkenden geistigen Impulsen. Werden Sie auf das aufmerksam, begreifen Sie, daß es ein Reich des Schicksalsgemäßen so gibt, wie es ein Reich des Natürlichen gibt, dann werden Sie dieses Reich des Schicksalsgemäßen keineswegs ärmer an Inhalt finden als das Reich des Natürlichen. Aber in diesem Reich des Schicksalsmäßigen, das nur, ich möchte sagen, in besonderen Ausschnitten, wenn extreme Fälle eintreten, wie der, den ich Ihnen erzählt habe, klipp und klar vor des Menschen Verstand hintritt, in dieses Reich des Schicksalsmäßigen wirkt das herein, was ich vorhin geschildert habe. Da wirken herein in die Gefühle, in die Willensimpulse, durch die das Schicksalsmäßige zieht, die Impulse der Toten. Und wenn auch derjenige Mensch, der so etwas sagt, heute noch von den «ganz Gescheiten» als ein abergläubischer Tor betrachtet wird, so ist es doch wahr, daß mit eben derselben Exaktheit, wie man heute ein Naturgesetz ausspricht, man aussprechen kann, daß jenem Mann, dem eine Stimme zugesprochen hat, der oder jener Tote diese Stimme zugesprochen hat auf den Befehl wiederum von irgendwelchen Hierarchien, und daß fortwährend, vom Morgen bis zum Abend und insbesondere vom Abend bis zum Morgen, während unseres Schlafens, in uns hineinwirken die Impulse der Toten, und die Impulse der geistigen Hierarchien, die das Schicksalsmäßige wirken.

Nun mache ich Sie aber auf eines aufmerksam. Sie werden schon etwas gehört haben über den sokratischen Dämon, über den Dämon des Sokrates: wie Sokrates, der weise Grieche, davon gesprochen hat, daß alles, was er tut, unter der Einwirkung eines Dämons steht. Ich habe über diesen sokratischen Dämon in meiner kleinen Schrift «Die geistige Führung des Menschen und der Menschheit» gesprochen. In meiner neuen Schrift «Von Seelenrätseln», wo das zweite Kapitel über das gelehrte Individuum *Dessoir* handelt, kann man sehen, wie Dessoir auch solche Dinge behandelt; ich habe auf dieses Dämonium des Sokrates hingewiesen. Es ist Sokrates nur zum Bewußtsein gekommen, was bei allen Menschen gewirkt hat. Bis zum Mysterium von Golgatha waren es gewisse Wesenheiten, die richtunggebend waren für dasjenige, was die Toten ins Menschenleben hereinwirkten. Diese Wesenheiten haben ihre Kraft verloren in der Zeit des Mysteriums von Golgatha, und an ihre Stelle ist der Christus-Impuls getreten. Und jetzt haben Sie den Christus-Impuls mit dem Schicksalsmäßigen des Menschen geisteswissenschaftlich verbunden. In unsere Willens- und in unsere Gefühlssphäre wirken so, wie ich es geschildert habe, die Kräfte, die Impulse der Toten herein. Die Toten wirken; aber sie erleben auch Willensstärkungen und Willensschwächungen. Und dieses ganze Reich ist ein Erdenreich, es ist ebenso wie das natürliche Reich ein Erdenreich. Aber derjenige Impuls, der seit dem Mysterium von Golgatha lebt, der ist seit dem Mysterium von Golgatha der Christus-Impuls. Christus ist die dirigierende Macht in diesem Reiche, das ich Ihnen geschildert habe. Man wird also nicht nur eine Wissenschaft von dem Mysterium von Golgatha begründen, sondern man wird in der Zukunft wissen müssen: unsere Welt durchdringt, ebenso wie die Welt der natürlichen Tatsachen, ein Reich des Schicksalsmäßigen als der andere Pol. Dieses Reich des Schicksalsmäßigen wird heute noch wenig beachtet. Man wird es ebenso beachten müssen wie das Reich des Natürlichen. Aber man wird dann zu gleicher Zeit wissen, daß man in diesem Reich des Schicksalsgemäßen mit den Toten in Verbindung ist, man wird wissen, daß in diesem Reiche, das wir mit den Toten gemeinsam haben, zugleich das Reich Christi enthalten ist, daß Christus durch das Mysterium von Golgatha auf die Erde heruntergestiegen ist zu seiner Wirksamkeit, um mit uns Menschen auf

Erden das wiederum gemeinsam zu haben, das wir mit den Toten, insofern die Toten im Erdenbereich wirken – ich meine jetzt nicht den Ausnahmefall, sondern den Normalfall –, gemeinsam haben.

Wenn dies nicht bloß eine abstrakte Wahrheit, nicht bloß eine Begriffswahrheit sein wird, so eine Sonntagswahrheit, an die man sich öfter einmal erinnert, weil einem einfällt, daß eben so etwas wahr ist, sondern wenn der Mensch in diesem Reich des Schicksals so bewußt wandeln wird, wie er im Reich der Sinneswahrnehmungen bewußt wandelt, wenn er gewissermaßen so, wie er durch die Welt geht und es mit seinen Augen macht, auch in dieses Reich des Schicksals sich einverwoben fühlt, und in diesem Reich des Schicksals die Kräfte des Christus mit den Kräften der Toten immer zusammen fühlt, dann, meine lieben Freunde, wird die Menschheit sich ein wirkliches, ein konkretes, ein empfindungsgemäßes Leben mit den Toten schon entwickeln. Man wird, wenn man selber dies oder jenes fühlt, wenn man selber dies oder jenes bewirkt, erleben, wie man mit den lieben Dahingegangenen darinnen zusammen ist. Das Leben wird unendlich bereichert werden.

Jetzt vergessen wir vielleicht in dem Sinne, wie wir das so nennen, unsere Toten nicht; wir halten ihr Andenken. Aber ein intensives Leben – und das wird erst das wahre Leben sein, weil eben sonst das Leben verschlafen wird, insofern es schicksalsmäßig ist –, ein intensives Leben wird die Menschheit ergreifen, und das wird schon dazu führen, daß man nicht nur das Andenken der Toten halten wird, sondern daß man wissen wird: Wenn du das tust, wenn du diesen Gang tust, wenn du das unternimmst, wenn dir das gelingt: es wirkt dieser oder jener Tote mit. – Es werden die Bande mit den Toten nicht aufgelöst, sie verbleiben. Diese Bereicherung des Lebens steht der Menschheit in Aussicht für die Erdenzukunft. Und wenn wir jetzt den fünften nachatlantischen Zeitraum haben, so wirkt dieser fünfte nachatlantische Zeitraum im wesentlichen zu der Erziehung der Menschheit nach der eben angekündigten Richtung hin, und den sechsten nachatlantischen Zeitraum wird die Menschheit gar nicht überleben können, wenn sie sich nicht anschickt, diese

Dinge in der richtigen Weise zu fühlen: die Wirklichkeit des Schicksalsmäßigen aufzunehmen in das Bewußtsein, wie jetzt die Menschheit nur die Wirklichkeit des Naturgemäßen aufnimmt.

Den Zusammenhang des Mysteriums von Golgatha mit dem Todesproblem konkret einzusehen, das ist es, worauf ich heute hinweisen wollte. Das ist auch etwas, was innig zusammenhängt mit dem, was jetzt der Menschheit zum Bewußtsein kommen muß. Denn unter dem Mancherlei, das der Menschheit fehlt, ist gerade das, daß die Menschen verloren haben die Möglichkeit, in ihren Gefühls- und Willensimpulsen noch die wahren Realitäten zu erleben. In die großen Illusionen wiegen sich die Menschen allmählich ein: daß sie das Erdenleben nach irdischen Gesetzen formen können, die größte Illusion, der sich die Menschen hingeben können. Eine große Illusion, die ihr Extrem, ihr radikales Extrem findet zum Beispiel in dem reinen materialistischen Sozialismus, der natürlich niemals zulassen wird, daß, wenn wir Menschen das geringste untereinander machen, die Toten mitwirken, sondern der alles nach ökonomischen, das heißt, nach rein physischen Gesetzen ordnet. Das ist das eine Extrem. Auf der anderen Seite das Extrem, von dem jetzt alle möglichen sogenannten Idealisten träumen: Über die ganze Welt hin, von allem Spirituellen absehend, rein programmatische, inner- und zwischenstaatliche Organisationen zu schaffen, durch welche vermeintlich die Kriege abgeschafft werden sollen. Die Menschen werden sich davon überzeugen, wenn sie in eine solche Illusion sich einleben, daß sie gerade damit dasjenige, was sie abschaffen wollen, nicht abschaffen, sondern vielmehr heraufbeschwören, was sie abschaffen wollen. Es ist ein guter Wille in diesen Dingen. Es ist dasjenige, was aus dem materialistischen Zeitbewußtsein, ich möchte sagen, als eine politische Spitze des ganzen Erdenwesens hervorgehen muß, was aber genau zu dem Gegenteil von dem führen wird, was man damit eigentlich bezwecken will. Dasjenige, um was es sich handelt, das ist, daß über die Erde sich verbreiten muß das Verständnis des Schicksalsgemäßen, daß dieses Verständnis des Schicksalsgemäßen auch die Gesetzgebungen, die politischen Organisationen ergreifen muß, denn die bilden ja die Grundlage für die Struktur der sozialen

Verhältnisse. Dasjenige, was nicht mitgehen will mit dieser geistigen Entwickelung der Menschheit, das wird einfach in Auflösung hineingehen, das wird nur abbauen, nur abtragen. Deshalb hängt es innig zusammen mit dem, was die Zeichen der Zeit heute bedeuten. Wir brauchen hier nicht irgendwelche, um es grob zu sagen, politischen Dinge zu treiben; das werden wir natürlich nicht. Aber die Zeitforderungen, die müssen gerade von denjenigen gesehen werden, welche ihren Blick richten wollen auf die geistige Entwickelung der Menschheit. Und verstanden muß werden: Auf dem Wege, auf dem heute fast überall gewandelt wird, ist der Christus nur zu verlieren; gewonnen werden kann er als einzig wirklich berechtigter König und Herr der Erde nur durch die Erhebung der Menschheit zur Spiritualität. Dessen können Sie sicher sein: Wenn der Christus nicht so gesucht wird, wie ihn die einzelnen Konfessionen heute suchen – die sich ja nun wirklich in der letzten Zeit in merkwürdiger Art überall in alle möglichen Kompromisse über eine Christus-Auffassung hineingefunden haben, die den Christus auch als Schlachtengott zu feiern wissen da und dort –, sondern wenn der Christus gesucht wird da, wo er in seiner Realität zu finden ist, indem die Menschen das Reich des Schicksalsgemäßen als eine Wirklichkeit verstehen werden, den Christus so finden werden, wie wir es heute angedeutet haben, dann wird jene zwischenstaatliche Organisation geschaffen werden, die da bedeutet die Ausbreitung des wirklichen Christentums über das Erdenrund.

Daß man diesem Ziele nicht sehr nahe ist, das können Sie ja ersehen, wenn Sie eine kleine Reflexion anstellen. Denken Sie einmal, Sie würden all den Leuten, die jetzt davon sprechen, wie sie den Frieden über die Welt herstellen wollen, die alle diese Programme vorbringen – wer redet nicht davon! –, Sie würden diesen Leuten entgegenstellen das Programm, den Christus der Menschheit zugänglich zu machen; dann würde Friede, dauernder Friede kommen, soweit er auf der Erde überhaupt möglich ist. Stellen Sie sich vor, was die verschiedenen Vereinigungen, die von dem ganz «guten Willen» ausgehen, sagen würden, wenn man ihnen dieses vorlegen würde! Wir haben es sogar erlebt, daß von dem Stellvertreter Christi auf

Erden ein Friedensprogramm ausgegangen ist. Aber sehr viel werden Sie da vom Christus nicht drinnen gelesen haben!

Diese Dinge, ich weiß es, man nimmt sie gar nicht einmal ernst genug in der Gegenwart. Aber wenn sie nicht ernst genommen werden, wird die Menschheit auch keinen heilsamen Weg einschlagen können. Geradeso wie es eine Notwendigkeit ist, daß das Mysterium von Golgatha auf spirituelle Art begriffen wird, so ist es eine Notwendigkeit, daß die Menschen die Zeichen der Zeit so verstehen, daß sie in Geisteswissenschaft wirklich etwas sehen, ohne welches auch die äußere soziale Gestaltung der Zukunft nicht mehr auskommen kann. Selbst im öffentlichen Vortrage morgen werde ich solche Dinge zu berühren haben, wenn auch auf eine andere Art.

Das ist dasjenige, was ich als eine zweite Betrachtung zu der vorigen hinzufügen möchte, die wir damals angestellt haben über das Zusammenleben der sogenannten Toten mit den Lebenden.

Und nun möchte ich wohl die mir unsympathische Bemerkung, die ich in anderen Zweigen gemacht habe, auch hier zum Schluß machen. Den meisten der lieben Freunde ist sie ja wohl bekannt, und nur um der Vollständigkeit willen muß ich sie machen. Ich weiß nicht, ob Sie wissen, daß die unglaublichsten verleumderischen Dinge, die so sich anhören, daß man sogar verwundert ist darüber, wie irgendeine Scheußlichkeit in den Impulsen von Gemütern auf solche Dinge verfallen können, daß diese Dinge herumgehen in der Welt, und daß geisteswissenschaftliche Bewegung geschützt werden muß gegen diese – man kann schon sagen – ruchlosen Verleumdungen. Daraus ergibt sich die Notwendigkeit, daß für die nächste Zeit, unbeschadet dessen, daß alles geschehen soll für die gesuchte esoterische Entwickelung unserer Freunde, das, was an Privatbesprechungen im gewöhnlichen Sinne war, nicht mehr stattfinden kann. Denn gerade aus diesen Privatbesprechungen werden diese Verleumdungen zusammengestellt. Das eine also ist das, was ich notwendigerweise unsere Freunde bitten muß, einzusehen, daß zunächst solche private Besprechungen nicht stattfinden können. Aber das wäre unvollständig, wenn Sie nur das sagen würden; sondern dazu gehört die notwendige andere Ergänzung: daß, wer will – selbstverständlich, nur wer will! –, alles was jemals in solchen Privatbesprechungen gesagt und geschehen ist, rückhaltlos erzählen kann. Nichts gibt es, wenn man die Wahrheit sagt, was irgendwie verborgen zu werden braucht innerhalb unserer Bewegung.

Zu diesen zwei Maßnahmen bin ich gezwungen. Lassen Sie mir etwas Zeit; es werden andere Mittel und Wege gefunden, daß jeder zu seinem geisteswissenschaftlichen Rechte kommt. Aber geisteswissenschaftliche Bewegung darf nicht durch solche, mit ihr gar nichts zu tun habende Dinge aufgehalten werden. Und daher müssen gerade diejenigen, die treu und ehrlich unserer Bewegung anhängen, verstehen, daß diese Besprechungen im gewöhnlichen Sinne nicht mehr stattfinden können, und daß auf der anderen Seite ich einen jeden jeglichen Versprechens entbinde. Jeder kann dasjenige, was er selber will – niemand muß, selbstverständlich –, von mir aus überall mitteilen, denn es gibt nichts, was nicht gesagt werden dürfte, wenn man es der Wirklichkeit, der Wahrheit gemäß erzählt. Damit aber das festgestellt ist, müssen diese zwei Verfügungen getroffen werden. Es tut mir sehr leid, daß ich diese Mitteilungen machen muß; aber ich weiß, daß gerade diejenigen unserer Freunde, die am besten stehen zu unserer Bewegung, die Notwendigkeit davon völlig einsehen, und daß sie gerade darin vollständig mitfühlen werden.

Jetzt brauchen wir uns ja nur des Ernstes der Lage, in der wir in unserer Zeit sind, bewußt zu sein. Und daher ist gerade für mich ein solches Zusammensein jetzt immer, ich möchte sagen, ein besonders wichtiges, ernstes Ereignis; und ganz besonders jetzt in dieser katastrophalen Zeit möchte ich, daß wir uns ganz ehrlich und echt durchdringen mit dem Bewußtsein der Notwendigkeit des Zusammenhaltens in bezug auf unseren anthroposophischen Satz des Zusammenhaltens im Geiste. Wenn wir auch zeitweilig eben nicht räumlich uns finden können, wir bleiben im Geiste zusammen. In dem sehe ich den besten Gruß, den ich Ihnen entbiete, da wir wieder zusammen waren und vielleicht eben einige Zeit wiederum nur im Geiste zusammensein können.

DER TOD ALS LEBENSWANDLUNG

Nürnberg, 10. Februar 1918

In den Betrachtungen, die wir anstellen auf dem Gebiete unserer Geisteswissenschaft, liegt manches, das wir im alltäglichen Leben vielleicht nicht ganz unmittelbar anwenden können, von dem wir uns vielleicht sagen, daß es dem alltäglichen Leben ferne liegt. Aber das ist nur scheinbar. Dasjenige, was wir über die Geheimnisse der geistigen Welt in unser Wissen aufnehmen, das hat immer, zu jeder Stunde, in jedem Augenblicke, eine starke und tiefe Bedeutung für unsere Seele. Und was uns persönlich ferner zu liegen scheint, das ist manchmal gerade sehr nahe dem, was unsere Seele in ihrem Innersten braucht. Bei der physisch-sinnlichen Welt, da kommt es darauf an, daß wir uns mit ihr bekannt machen, um ihren Inhalt kennenzulernen. Bei der geistigen Welt kommt es im wesentlichen darauf an, daß wir dasjenige, was sie uns an Gedanken, an Vorstellungen gibt, selber durchdenken, selber vorstellen; dann arbeiten in unserer Seele manchmal ganz unbewußt diese Gedanken. Und dasjenige, woran die Seele dann arbeitet, kann uns scheinbar recht ferne liegen; es wird gerade dem Höheren in unserer Seele in Wirklichkeit recht naheliegen können.

Und so wollen wir denn heute uns beschäftigen mit einer Betrachtung, die wir von gewissen Gesichtspunkten aus öfter schon angestellt haben, die wir aber heute wiederum von einem anderen Gesichtspunkte aus anstellen werden. Wir wollen uns beschäftigen mit dem, was uns, was dem Menschen überhaupt im physischen Leben scheinbar so ferne steht, mit dem Leben, das da verfließt zwischen dem Tode und einer neuen Geburt. Und ich möchte gerade heute einiges, das wir ja, nachdem wir durch mancherlei gut vorbereitet sind, in richtiger Weise verstehen können, in schlichter Weise einfach erzählen, so wie es sich der Geistesforschung ergibt. Einsehen, verstehen kann man die Dinge, wenn man sie immer wieder und wiederum von neuem durchdenkt; durch ihre eigene Kraft machen sie sich in der Seele verständlich. Und derjenige, der sie nicht versteht, der sollte eigentlich zunächst überzeugt sein davon, daß er sie noch nicht oft genug in seiner Seele durchdacht hat. Erforscht werden müssen sie durch Geisteswissenschaft, verstanden werden sie, wenn man sie oft und oft wiederum in der Seele durchnimmt. Sie werden sich dann namentlich bekräftigen an den Tatsachen, die uns im Leben entgegentreten, wenn wir dieses Leben nur genau betrachten, sie werden sich an den Tatsachen des Lebens erhärten.

Zunächst möchte ich sagen – was ja aus verschiedenen unserer Zyklen und aus sonstigen Betrachtungen hervorgeht –, daß eine Schwierigkeit vorliegt, wenn wir das Leben zwischen dem Tod und einer neuen Geburt betrachten, eine Schwierigkeit, die darin besteht, daß dieses Leben ganz, ganz anders ist als dasjenige, was man sich hier innerhalb der physischen Welt durch die Organe des physischen Leibes vorstellen kann. Man muß sich bekanntmachen mit ganz, ganz anderen Vorstellungen.

Wenn wir hier auf dem physischen Plan in ein Verhältnis kommen zu den Dingen, die in unserer Umgebung sind, so wissen wir, daß nur ein kleiner Teil dieser Wesen, die uns in der physischen Welt umgeben, zu unserem eigenen Handeln, zu unseren eigenen Willensäußerungen sich so verhält, daß wir sagen können: Unsere eigenen Willensäußerungen machen dem, was in unserer Umgebung ist, Lust oder Leid. – Wir können das bezüglich desjenigen Teiles unserer physischen Umgebung sagen, den wir zum Reiche der Tiere, zum Reiche der Menschen zählen. Dagegen sind wir zunächst – wir wissen, daß das etwas anderes ist, wenn wir die Sache geistig betrachten, aber darauf kommt es jetzt nicht an – mit vollem Rechte davon überzeugt, daß die ganze mineralische Natur einschließlich alles dessen, was in Luft und Wasser ist, und auch im wesentlichen die pflanzliche Natur, unempfänglich sind für dasjenige, was wir Lust und Leid nennen, wenn Handlungen von uns selber ausgehen.

In der Umgebung, in welcher der sogenannte Tote ist, ist das nicht so. In dieser Umgebung, in der der sogenannte Tote ist, da ist alles, was zu dieser Umgebung gehört, so, daß, was auch der Tote tut, es in der Umgebung entweder Lust oder Leid erweckt. Der Tote kann überhaupt gar nichts tun, er kann gar nicht, wenn ich mich bildlich ausdrücken will, seine Glieder rühren, ohne daß in dieser Umgebung Lust oder Leid durch das, was er tut, erweckt wird.

Da muß man sich nur richtig hineinversetzen. Man muß aufnehmen diesen Gedanken, daß das Leben zwischen dem Tode und einer neuen Geburt eben so beschaffen ist, daß alles in der Umgebung dieses Echo hervorruft, alles, was wir tun; daß wir in der ganzen Zeit zwischen dem Tode und einer neuen Geburt immer davor stehen, daß wir nichts tun können, daß wir, wie gesagt, bildlich gesprochen, nicht einmal uns rühren können, ohne Lust oder Leid in unserer Umgebung hervorzurufen. Denn dasjenige, was wir hier auf dem physischen Plane als Mineralreich in unserer Umgebung haben, das gibt es nicht für den Toten. Ebenso gibt es nicht unser gewöhnliches Pflanzenreich. Diese Reiche sind, wie Sie aus meiner «Theosophie» entnehmen können, in ganz anderer Form da vorhanden. So, wie sie hier sind, gewissermaßen als fühllose Reiche, sind sie nicht in der geistigen Welt vorhanden. Das erste Reich von denjenigen, die hier auf dem physischen Plane sind, das für den Toten eine gewisse Bedeutung hat dadurch, daß man es vergleichen kann mit dem, was der Tote in seiner Umgebung hat, ist das Tierreich. Nur natürlich nicht die einzelnen Tiere, die hier auf dem physischen Plane sind, sondern die ganze Umgebung ist so, daß sie wirkt, wie die Tiere wirken. Die ganze Umgebung reagiert so, daß Lust oder Leid von dem ausgeht, was man tut. Nun, wir hier auf dem physischen Plane, wir stehen auf mineralischem Boden; der Tote steht auf einem Boden, lebt in einer Umgebung, die wir in diesem Sinne tierisch nennen können. Er lebt also von vorneherein um zwei Reiche höher. Das ganze Leben zwischen dem Tode und einer neuen Geburt besteht in bezug auf seine alleräußerste Betätigung in dem Kennenlernen [des Tierreichs]; nicht so, wie wir hier das Tierreich kennenlernen – wir lernen es ja nur außen, von der Außenseite kennen –; das ganze Leben zwischen dem Tode und einer neuen Geburt besteht darin, daß man die tierische Welt als solche genauer und immer genauer kennenlernt. Denn in diesem Leben zwischen dem Tode und einer neuen Geburt muß man vorbereiten alle diejenigen Kräfte, die aus dem Kosmos herein unseren eigenen Leib durchorganisieren, wovon wir hier in der physischen Welt gar nichts wissen. Wie unser Leib bis in seine kleinsten Teile aus dem Kosmos heraus gebildet wird, das weiß man zwischen dem Tode und einer neuen Geburt. Denn man bereitet gewissermaßen als die Summe alles Tierischen diesen physischen Leib vor. Man baut ihn selber auf.

Um diese Vorstellung genauer zu haben, muß man sich allerdings bekanntmachen mit einem Begriff, mit einer Idee, die der heutigen Menschheit ziemlich ferne liegt. Die heutige Menschheit ist zwar davon überzeugt, daß, wenn eine Magnetnadel die Nord-Südrichtung zeigt, also mit dem einen Ende nach Norden, mit dem anderen nach Süden zeigt, dies nicht aus der Magnetnadel selber heraus kommt, sondern daß die Erde als Ganzes ein kosmischer Magnet ist, dessen eine Spitze nach dem Süden, die andere nach dem Norden zielt, und man würde es als Torheit betrachten, wenn jemand behaupten wollte, nur durch Kräfte, die in der Magnetnadel selber liegen, würde diese Richtung hervorgebracht. Bei dem aber, was sich als Keim im tierischen oder menschlichen Wesen entwickelt, lehnt heute die ganze Wissenschaft und alles Denken die kosmische Einwirkung ab. Was man bei der Magnetnadel als Torheit bezeichnen würde, nimmt man dann an, wenn sich, sagen wir, im Huhn das Ei bildet. Aber wenn sich im Huhn das Ei bildet, ist tatsächlich der ganze Kosmos daran beteiligt; hier auf der Erde geschehen nur die Anregungen dazu. Alles das, was sich im Ei bildet, ist ein Abdruck der kosmischen Kräfte, und das Huhn selber – so ist es auch beim Menschen – ist nur eine Stätte, in der der Kosmos, das ganze Weltensystem das ausbildet. Damit muß man sich bekanntmachen. Und an diesem ganzen Kräftesystem, das da den Kosmos durchzieht, arbeitet der Mensch zwischen dem Tode und einer neuen Geburt in Gemeinschaft mit höheren Wesenheiten, mit Wesenheiten höherer Hierarchien, eben mit. Man arbeitet immer zwischen dem Tode und einer neuen Geburt; man ist nicht unbeschäftigt, da arbeitet man im Geistigen.

Das erste Reich, mit dem man sich bekanntmacht, ist das tierische. Und daß man es richtig macht, das hängt im wesentlichen mit folgendem zusammen: Versucht man etwas falsch zu machen, so muß man gleich wahrnehmen den Schmerz, das Leid der Umgebung; macht man etwas richtig, nimmt man wahr Lust der Umgebung, Freude der Umgebung. Auf diese Weise arbeitet man sich durch, indem man Lust und Freude erzeugt; arbeitet sich so durch, daß man zuletzt das Seelische in solcher Art hat, daß es herabsteigen kann und zusammenstimmt mit dem, was auf der Erde als physischer Leib leben wird. Nie könnte das Seelische heruntersteigen, wenn es nicht selber gearbeitet hätte an der physischen Form.

Das tierische Reich also ist dasjenige, mit dem man zuerst Bekanntschaft macht. Das nächste Reich ist das, was man hier als Menschenreich hat. Mineralisches und pflanzliches Reich bleiben zunächst weg. Beim Menschenreich ist es allerdings so, daß der Tote in einer gewissen Weise - man könnte sagen: mit Bezug auf die gewohnten Begriffe, die man hier hat - beschränkt ist in seiner Menschenbekanntschaft. Er kann nämlich zwischen dem Tode und einer neuen Geburt - gleich nach dem Tode beginnt das oder bald nachher - eigentlich nur Beziehungen, Verhältnisse anknüpfen mit denjenigen Menschenseelen, gleichgültig, ob sie hier auf der Erde, oder ob sie auch schon drüben sind, mit denen er schon irgendwie auf der Erde in der letzten oder in früheren Inkarnationen karmisch verbunden war. Die anderen Seelen gehen an ihm vorüber, die nimmt er nicht wahr. Das Tierische nimmt er als ein Ganzes wahr; von den Menschenseelen nur diejenigen - immer genauer und genauer wird man mit ihnen bekannt -, mit denen er in karmische Beziehung getreten ist hier auf der Erde. Das ist nicht eine sehr kleine Anzahl von Menschen, das dürfen Sie nicht glauben, denn es sind viele Erdenleben für die einzelnen Menschen schon verflossen. Man hat in jedem Erdenleben eine ganze Menge karmischer Beziehungen angeknüpft; aus denen ist das Netz gesponnen, das dann drüben sich ausbreitet über unsere Bekanntschaft. Außer dem Kreise bleiben nur die Menschen, mit denen man nie Bekanntschaft gemacht hat. Daraus sehen Sie ein, was wichtig ist ins Auge zu fassen: Daß das Erdenleben im ganzen Weltenall für den Menschen seine allerintensivste Bedeutung hat. Würde das Erdenleben nicht durchlebt werden, so würden wir zu den Menschenseelen auch in der geistigen Welt keine Beziehungen anknüpfen können. Die Beziehungen werden hier auf der Erde karmisch angeknüpft, setzen sich dann fort zwischen dem Tode und einer neuen Geburt. Man kann sehen, wenn man in der Lage ist, in diese Welt hineinzuschauen, wie nach und nach der sogenannte Tote immer mehr und mehr Verbindungen anknüpft, die alle Verbindungen sind, die sich ergeben aus dem, was er karmisch hier auf der Erde angeknüpft hat.

Wenn man sagen kann, daß mit dem ersten Reiche, mit dem der sogenannte Tote in Berührung kommt, mit dem tierischen Reiche, es so ist, daß er alles, was er tut, wenn er sich nur rührt, in Lust oder Leid umsetzt in seiner Umgebung, so kann man in bezug auf alles das, was im menschlichen Reiche erlebt wird, sagen, daß der Tote noch viel inniger in Zusammenhang steht mit den Menschen im Seelenhaften. Da ist er selber drinnen. Eine Seele, mit der der Tote bekannt wird, lernt der Tote eben so kennen, als ob er selber in dieser Seele drinnen wäre. Nach dem Tode wird man mit einer Seele so bekannt, wie hier mit dem eigenen Finger oder mit dem Kopfe oder mit dem Ohr: man fühlt sich darinnen. Es ist ein viel intimerer Zusammenhang, als er hier auf der Erde sein kann. Und dieses sind die beiden Grunderlebnisse für das Zusammensein mit Menschenseelen zwischen dem Tode und einer neuen Geburt: daß man entweder drinnen ist in den Seelen oder draußen. Man ist auch bei denen, die man kennt, abwechselnd drinnen oder draußen. Das Ihnen-Begegnen, diesen Seelen, das besteht immer darinnen, daß man sich mit ihnen eins fühlt, daß man in ihnen drinnen ist. Das Draußensein bedeutet, daß man sie nicht beachtet. So wie man hier etwas anschaut: da nimmt man es wahr; wenn man wegschaut, da nimmt man es nicht mehr wahr. Dort ist man mit Bezug auf die Menschenseelen drinnen, wenn man imstande ist, die Aufmerksamkeit darauf zu wenden; man ist draußen, wenn man das nicht kann.

In dem, was ich Ihnen jetzt auseinandersetzte, haben Sie, ich möchte sagen, die Grundstruktur für das Zusammensein der Seele mit anderen Seelen für die Zeit zwischen dem Tode und einer neuen Geburt. In einer ähnlichen Weise drinnen oder draußen ist dann der Mensch zwischen dem Tode und einer neuen Geburt mit Bezug auf die Wesen der anderen Hierarchien, Angeloi, Archangeloi und so weiter. Nur, je höher ein Reich ist, desto mehr fühlt sich nach dem Tode der Mensch mit diesem Reiche verbunden, fühlt sich davon getragen; er fühlt es mächtig ihn tragend. Also die Archangeloi tragen den Menschen mächtiger als die Angeloi, die Archai wieder mächtiger als die Archangeloi und so weiter.

Nun, im Erkennen der geistigen Welt als solcher sehen ja heute noch die Menschen gewisse Schwierigkeiten. Diese Schwierigkeiten, die werden sich verhältnismäßig lösen, wenn die Menschen sich nur ein bißchen mehr bekanntmachen werden mit den Geheimnissen der geistigen Welt. Aber es ist ja ein Zweifaches, das man nennen kann das Sich-Bekanntmachen mit der geistigen Welt. Das eine ist ein solches Bekanntmachen, daß man die völlig hinreichende Sicherheit gewinnt von dem Ewigen in der eigenen Menschennatur. Dieses Wissen, daß in der menschlichen Natur ein Wesenskern liegt, der ewig ist, der durch Tode und Geburten geht, dieses Wissen, so fremd es der heutigen Menschheit ist, das ist verhältnismäßig leicht zu erlangen, und es wird wirklich, wenn jemand nur Geduld genug hat, erlangt auf dem Wege, der da in meinem Buche «Wie erlangt man Erkenntnisse der höheren Welten?» und in anderen beschrieben ist. Es wird auf diesem Wege erlangt. Das ist das eine Erkennen.

Das andere ist das, was man nennen kann unmittelbarer Verkehr mit den Wesen der geistigen Welt, konkreter unmittelbarer Verkehr, aus dem wir heute herausgreifen wollen den Verkehr, den man haben kann von hier aus zu den sogenannten Toten hinüber. Das ist etwas, was durchaus möglich ist, was aber eben größere Schwierigkeiten bietet als das zuerst Charakterisierte. Das Erstcharakterisierte ist etwas, was leicht zu erringen ist; das andere, wirklich mit einzelnen Toten zu verkehren, das ist zwar durchaus möglich, es ist aber schwierig zu erringen, weil es Achtsamkeit erfordert von dem, der diesen Verkehr sucht. Es ist notwendig zu diesem besonderen Verkehr, daß der Mensch sich wirklich in eine gewisse Zucht nehmen kann. Denn es gibt ein sehr bedeutsames Gesetz für den Verkehr mit der geistigen Welt. Das kann man so aussprechen, daß man sagt: Dasjenige, was gerade für den Menschen hier mehr niedrige Triebe sind, das ist von der anderen Seite, von der geistigen Seite angesehen, höheres Leben, und es kann daher sehr leicht sein, wenn der Mensch sich nicht ordentlich in der Zucht hat, daß er durch den unmittelbaren Verkehr mit den sogenannten Toten niedere Triebe erregt fühlt. Wenn wir nur mit der geistigen Welt im allgemeinen zusammenkommen, wenn wir uns Erkenntnisse verschaffen über unsere eigene Unsterblichkeit und es da zu tun haben mit dem Seelisch-Geistigen, da kann nicht die Rede davon sein, daß da irgendwie etwas Unlauteres hineinkommen kann. Wenn wir es aber zu tun haben mit einzelnen konkreten Toten, dann ist immer eine Beziehung des einzelnen Toten – so sonderbar es klingt – zu unserem Blut- und Nervensystem. In die Triebe, die im Blut- und Nervensystem sich ausleben, lebt sich der Tote hinein; das kann niedere Triebe anregen. Gefahrvoll kann es natürlich nur für den sein, der nicht seine Natur durch Zucht geläutert hat. Das muß einmal betont werden, denn das ist der Grund, warum das Alte Testament geradezu den Menschen verbietet, mit den Toten zu verkehren; nicht weil es sündhaft wäre, wenn es in der richtigen Weise geschieht. Man muß von den Methoden des modernen Spiritismus natürlich absehen. Wenn es geistig geschieht, ist es nicht sündhaft, aber wenn der Mensch nicht diesen Verkehr mit reinen, durchseelten Gedanken pflegt, führt es sehr leicht dazu, daß der Mensch, wie gesagt, niedere Leidenschaften aufstacheln kann. Nicht die Toten stacheln sie auf, aber das Element, in dem die Toten leben. Bedenken Sie: Was wir hier als tierisch empfinden, ist das Grundelement, in dem die Toten leben. Das Reich, in dem die Toten leben, das kann sehr leicht, indem es in uns hereinschlägt, umschlagen; es kann in uns niedrig werden, was dort eigentlich ein Höheres ist. Das ist sehr wichtig, daß wir das ins Auge fassen. Das kann man durchaus sagen, wenn über den Verkehr der sogenannten Lebenden mit den sogenannten Toten gesprochen wird, weil es eine okkulte Tatsache ist.

Aber gerade wenn man über diesen Verkehr spricht, da kann man die geistige Welt so recht charakterisieren, wie sie ist. Denn gerade bei dem, was da erlebt wird, zeigt sich, wie ganz anders die geistige Welt ist als hier die physische Welt.

Nun will ich Ihnen zuerst etwas sagen, was vielleicht für den Menschen, solange er nicht vollständig seine Hellsichtigkeit ausgebildet hat, scheinbar bedeutungslos ist, aber es liegt uns nahe, wenn wir es durchdenken, da es übergeht zu Dingen, die dem Leben näherstehen. Wenn der, dessen Hellsichtigkeit durchgebildet ist, mit Toten verkehrt, dann muß er in einer solchen Weise mit ihnen verkehren, daß man aus diesem Verkehr sieht, warum es den Menschen so ferne liegt, von den Toten etwas zu wissen, ich meine, durch unmittelbare Wahrnehmung etwas zu wissen. So sonderbar, so grotesk es klingt: die ganze Art des Verkehrs, an die wir gewöhnt sind hier in der physischen Welt, die muß sich geradezu umkehren, wenn ein Verkehr angeknüpft wird zwischen hier und dem Toten. Hier, wenn wir mit einem Menschen sprechen, wenn wir von physischem Leibe zu physischem Leibe sprechen, da reden *wir*; wenn wir reden, wissen wir: Wir reden, die Worte kommen aus uns. Wenn er uns antwortet, oder Menschen zu uns reden, so wissen wir: Von ihnen kommen die Worte. Dieses ganze Verhältnis dreht sich vollständig um, wenn wir mit einem Toten verkehren, reden – man kann schon sagen: reden, denn es kann ein Reden sein –. Die Sache dreht sich um, so daß, wenn wir einen Toten fragen oder zu ihm etwas sagen, wir dann das, was wir sagen, aus ihm heraus vernehmen; so nimmt man es wahr. Also er inspiriert zu unserer Seele herüber das, was wir ihn fragen, was wir ihm sagen. Und wenn er uns antwortet oder zu uns etwas sagt, dann kommt das aus unserer eigenen Seele heraus. Das ist etwas, was für den Menschen ganz ungewohnt ist hier in der physischen Welt. Er ist gewohnt, daß, was er sagt, aus seinem Wesen heraus kommt. Für den Verkehr mit den Toten muß man sich angewöhnen, von ihnen das zu hören, was man selber sagt, und aus der eigenen Seele heraus zu vernehmen, was sie antworten.

Wenn man die Sache erzählt, so ist sie in dieser Abstraktheit, in der man sie erzählt, natürlich leicht zu fassen; aber wirklich sich daran gewöhnen, ganz umgekehrt den Verkehr eingerichtet zu haben, als man es hier auf dem physischen Plane gewohnt ist, das ist trotzdem ungeheuer schwierig. Und wirklich, so sonderbar es klingt: darauf, daß der Mensch ganz ungewohnt ist, diese Umkehrung zu machen, beruht es vielfach, daß man die Toten, die immer da sind, die immer in unserer Umgebung sind, nicht wahrnimmt. Man denkt: Wenn etwas aus unserer Seele dringt, so kommt es von uns. Und irgendwie intim darauf zu achten, ob uns aus der Geistumgebung etwas inspiriert, wovon wir sagen könnten, das kommt von uns selber, das liegt uns ganz ferne. Man will es gerne anknüpfen an das, was man eben gewohnt ist vom physischen Plane. Kommt einem etwas aus der Umgebung, so schreibt man es einem Fremden zu. Das ist der größte Irrtum, dem man sich hingeben kann.

Nun, damit habe ich Ihnen über den Verkehr der sogenannten Lebenden mit den sogenannten Toten eine der Eigentümlichkeiten hervorgehoben. Wenn Sie sich aus diesem Beispiel nur das eine klarmachen wollten, daß die Dinge geradezu umgekehrt sind in der geistigen Welt, daß man sich vollständig wenden muß, so haben Sie einen wichtigen Begriff, den man fortwährend braucht, wenn man eindringen will in die geistige Welt, einen Begriff, den einzeln, im Konkreten anzuwenden, außerordentlich schwierig ist. Es ist zum Beispiel notwendig, auch um hier die physische Welt gut zu verstehen, welche im Grunde genommen überall durchdrungen ist von dem Geistigen, daß man diesen Begriff von einer vollständigen Umkehrung hat. Und weil ihn die heutige Wissenschaft gar nicht hat, und weil ihn das populäre Bewußtsein gar nicht hat, deshalb versteht man auch die physische Welt nicht geistig. Man erfährt dieses gerade dann, wenn sich Menschen recht viele Mühe geben, die Welt zu verstehen. Man muß manchmal von solchen Dingen geradezu absehen. Ich habe vor Jahren, anknüpfend an gewisse *Goethe*sche Vorstellungen, über den äußeren menschlichen physischen Organismus gesprochen vor einer großen Anzahl von unseren Freunden bei einer Generalversammlung in Berlin, wo ich versuchte, einmal klarzumachen, wie der Kopf in seiner physischen Form nur verstanden werden kann, wenn man ihn als völlige Umdrehung des übrigen Organismus versteht. Davon hat niemand etwas verstanden: daß ein Knochen, den wir im Arm haben, wie ein Handschuh gewendet werden müßte, um einen Kopfknochen daraus zu bekommen. Das ist schwierig, aber man kann nicht Anatomie kennen, ohne sich diese Vorstellungen zu bilden. Das habe ich nur nebenbei erwähnt. Man versteht leichter das andere, was ich Ihnen heute gesagt habe über den Verkehr mit den Toten.

Sehen Sie, was ich jetzt auseinandergesetzt habe, das findet fortwährend statt. Sie alle, wie Sie hier sitzen, Sie verkehren fortwährend mit Toten, nur wissen es die Menschen im gewöhnlichen Leben nicht, weil es sich im Unterbewußten vollzieht. Das hellsichtige Bewußtsein, das zaubert nichts Neues hervor; es hebt nur dasjenige, was vorhanden ist in der geistigen Welt, eben zum Bewußtsein herauf. Sie alle verkehren fortwährend mit Toten.

Nun wollen wir ein wenig kennenlernen, wie sich im einzelnen der gewöhnliche Verkehr mit den Toten abspielt. Sie können fragen, wenn irgendein Toter hingegangen ist, wenn man selber zurückgeblieben ist: Wie komme ich dem Toten nahe, so daß er mich in sich erlebt? – Das ist ja das, was ich vorhin erörtert habe. Wie kommt mir der Tote wieder nahe, daß ich in ihm leben kann? Diese Frage können Sie aufwerfen. Richtig beantworten kann man diese Frage nicht, wenn man die bloßen, hier auf dem physischen Plan gewohnten Begriffe ins Auge faßt. Hier auf dem physischen Plan entwickeln wir unser gewöhnliches Bewußtsein nur vom Aufwachen bis zum Einschlafen. Aber für den gesamten Menschen ist der andere Teil des Bewußtseins, der dumpf bleibt, abgelähmt bleibt im gewöhnlichen Leben zwischen Einschlafen und Aufwachen, ebenso wichtig wie der zwischen Aufwachen und Einschlafen. Der Mensch ist eigentlich nicht im wirklichen Sinne unbewußt, wenn er schläft, sondern das Bewußtsein ist nur so dumpf, daß er gewöhnlich nichts davon wahrnimmt. Es ist dumpf, aber man muß diesen ganzen Menschen nehmen, den wachenden und den schlafenden, wenn man die Beziehungen des Menschen zur geistigen Welt ins Auge faßt.

Denken Sie an Ihre eigene Biographie. Sie betrachten ja den Lebenslauf immer mit den entsprechenden Unterbrechungen. Sie beschreiben nur das, was vom Aufwachen bis zum Einschlafen vorgeht; dann ist das Leben unterbrochen: Wachen – schlafen; wachen – schlafen. Aber während Sie schlafen, sind Sie auch da, und wenn man den ganzen Menschen betrachtet, so muß man den Wachzustand und den Schlafzustand ins Auge fassen. Und man muß nun, wenn man den Verkehr des Menschen mit der geistigen Welt ins Auge faßt, wirklich noch ein Drittes ins Auge fassen. Denn außer Wachen und Schlafen gibt es ein Drittes, das für den Verkehr mit der geistigen Welt wichtiger ist als das bloße Wachen und Schlafen, nämlich das Aufwachen und das Einschlafen. Dieses Aufwachen und Einschlafen, es dauert immer nur einen Augenblick und gleich kommt man in einen anderen Zustand. Aber wenn ein Mensch sich Empfindsamkeit entwickelt für diesen Moment des Aufwachens und Einschlafens, dann geben gerade diese Augenblicke des Aufwachens und Einschlafens die größten Aufschlüsse über die geistige Welt.

Beim Aufwachen ist es ja so: Sie wissen, auf dem Lande draußen – jetzt verschwinden diese Dinge auch auf dem Lande allmählich –, aber als wir älteren Leute jung waren, da haben die Leute auf dem Lande gesagt: Wenn man aufwacht, dann soll man nicht gleich zum beleuchteten Fenster schauen, sondern noch ein wenig im Dunkeln zubringen. – Die Leute auf dem Lande wußten vom Verkehre mit der geistigen Welt. Sie wußten noch davon, und sie wollten nicht diesen Moment des Aufwachens so haben, daß sie nun gleich ins volle Tageslicht kommen, sondern sie wollten gesammelt bleiben, um etwas zu behalten von dem, was so kolossal durch die menschliche Seele zieht im Augenblicke des Aufwachens. Das stört uns, daß wir gleich ins volle Tagesleben hineinkommen. In der Stadt ist es ja überhaupt kaum zu machen; da stört uns nicht nur das volle Tagesleben, wenn wir aufwachen, sondern schon der Lärm der Straße, das Schellen der Trambahn und so weiter. Das ganze Kulturleben geht darauf hinaus, dem Menschen womöglich den Verkehr mit der geistigen Welt zu verleiden. Damit ist nichts gesagt gegen das äußere materielle Kulturleben, aber die Tatsache muß man sich vor Augen halten.

Bei dem Einschlafen ist es so, daß wieder im Moment des Einschlafens in kolossaler Weise die geistige Welt an uns herantritt, aber wir schlafen gleich ein, wir verlieren das Bewußtsein von dem, was uns durch die Seele gezogen ist. In gewissen Fällen können aber Ausnahmen eintreten. Nun sind eben die Momente des Aufwachens und des Einschlafens die bedeutsamsten für den Verkehr mit den sogenannten Toten, auch sonst mit den geistigen Wesen der höheren Welt. – Um das zu verstehen, was ich in bezug darauf zu sagen habe, ist es allerdings notwendig, daß Sie eine Vorstellung sich aneignen, die man hier auf den physischen Plan nicht recht anwenden kann und daher eigentlich nicht hat. Es ist die Vorstellung: Was zeitlich vorübergegangen ist, ist eigentlich geistig nicht vorübergegangen, sondern ist noch da. Das ist eine Vorstellung, die man im physischen Leben nur in bezug auf den Raum hat. Wenn Sie vor einem Baume stehen und dann weggehen, später zurückschauen, so verschwindet er nicht; er ist noch da. So ist es mit der Zeit in der geistigen Welt. Wenn Sie jetzt etwas erleben, so ist es weg für das physische Bewußtsein; geistig angesehen ist es nicht weg. Sie können darauf zurückschauen wie zum Baume. Es ist sehr merkwürdig, daß *Richard Wagner*, wie seine Worte zeigen: Zum Raum wird hier die Zeit – von dieser Sache gewußt hat. Das ist ein Geheimnis, daß eigentlich im Geistigen es Entfernungen gibt, die hier auf dem physischen Plan nicht zum Ausdruck kommen. Vorübersein eines Ereignisses bedeutet nur: Es ist weiter von uns. Das bitte ich Sie für den Fall, den wir jetzt betrachten, besonders ins Auge zu fassen. Denn für den Erdenbewohner im physischen Leibe ist es so, daß im Moment des Aufwachens der Moment des Einschlafens vorbei ist; wenn wir in der geistigen Welt sind, stehen wir, wenn wir aufwachen, nur ein bißchen weiter weg vom Moment des Einschlafens. Nun, das muß man ins Auge fassen. Wir stehen einem Toten gegenüber – wie gesagt, wir tun es fortwährend, es bleibt nur gewöhnlich im Unterbewußten –, wenn wir einschlafen; wenn wir aufwachen, stehen wir einem Toten gegenüber. Das sind für das physische Bewußtsein zwei verschiedene Momente. Für das geistige Bewußtsein ist nur das eine etwas weiter weg von dem anderen als das unmittelbar Daranstoßende. Das bitte ich Sie bei dem, was ich jetzt erörtern werde, ins Auge zu fassen, sonst werden Sie es vielleicht nicht so ohne weiteres durchdringen können.

Aufwachen und Einschlafen, sagte ich, sind für den Verkehr mit den Toten ganz besonders wichtig. Es gibt gar nicht im Menschenleben Augenblicke des Einschlafens und Aufwachens, ohne daß man mit den Toten in Beziehung tritt. Nun ist der Moment des Einschlafens in bezug auf den Verkehr mit den Toten besonders günstig dafür, daß wir uns an den Toten wenden. Wenn wir den Toten etwas fragen wollen, und wir können die Frage in unserer Seele hegen und sie erhalten bis zum Moment des Einschlafens, so daß wir unsere Fragen, unsere Anrede, oder das, was wir mitteilen wollen, bis zum Moment des Einschlafens halten: da ist das der günstigste Moment, da bringen wir unsere Fragen am besten an den Toten heran, da ist dieses am leichtesten. Es ist sonst auch vorhanden, aber hier ist es am leichtesten. Wenn wir also den Toten vorlesen, so kommen wir schon an die Toten heran, aber ich meine: Unmittelbarer Verkehr ist am günstigsten mit Bezug auf das, was wir an den Toten richten, wenn wir das, was wir zu sagen haben, im Momente des Einschlafens sagen. Dagegen für das, was der Tote uns mitzuteilen hat, ist der Moment des Aufwachens das Günstigste. Und wiederum ist es so, daß es für niemanden so ist, daß er nicht vom Moment des Aufwachens, wenn er es wissen könnte, zahlreiche Botschaften von Toten hereinbringt. Wir reden eigentlich fortwährend mit den Toten in dem Unbewußten unserer Seele. Beim Einschlafen stellen wir Fragen an die Toten. Wir sagen ihnen das, was wir ihnen zu sagen haben in den Tiefen unserer Seele. Beim Aufwachen reden die Toten mit uns. Da geben sie uns die Antworten. Nur müssen wir eben diese Vorstellung haben, daß das nur zwei verschiedene Punkte sind, und daß im höheren Sinne, was nacheinander ist, eigentlich gleichzeitig ist, wie zwei Orte im physischen Plan gleichzeitig sind. Nun ist für den Verkehr mit den Toten das eine günstiger, das andere ungünstiger.

Man kann sich schon die Frage vorhalten: Was begünstigt unseren Verkehr mit den Toten? Nun, meine lieben Freunde, aus denselben Motiven heraus, aus denen man zumeist mit den Lebenden redet, kann man mit den Toten nicht gut verkehren. Das hören sie nicht, das vernehmen sie nicht. Also, wenn man aus derselben Stimmung heraus, wie man bei Five o'clock-Teas oder bei Kaffeegesellschaften miteinander redet, auch mit den Toten plaudern wollte, so würde man das nicht können. Das, was möglich macht, daß wir Fragen an die Toten stellen, daß wir den Toten etwas mitteilen, das ist das Verbinden des Gefühlslebens mit den Vorstellungen. Nehmen Sie an, irgend jemand ist durch die Pforte des Todes gegangen. Sie wollen, daß Ihr Unterbewußtes am Abend dem Toten etwas mitteilt. Sie brauchen es nicht im Bewußtsein mitzuteilen. Sie können das am ganzen Tage vorbereiten. Wenn Sie um die zwölfte Stunde mittags es vorbereiten und am Abend um zehn Uhr schlafen gehen, es geht zum Toten hinüber beim Einschlafen. Aber die Frage muß in einer bestimmten Weise gestellt sein; nicht bloß gedankenmäßig, vorstellungsgemäß, sondern im Gefühl und im Willen müssen Sie die Fragen richten an den Toten. So müssen Sie sie richten, daß Sie ein herzliches, ein seelisches Interesseverhältnis zum Toten entwickeln. Sie müssen sich erinnern, wo Sie sich besonders zu dem Toten hier in Liebe gewendet haben, und in einer solch lieben Stimmung an den Toten sich wenden. Nicht also abstrakt, sondern mit Anteil, mit Wärme müssen Sie sich an den Toten wenden. Dann kann sich das so in der Seele fortsetzen, daß es am Abend bis zum Einschlafen, ohne daß Sie es wissen, zur Frage an den Toten wird. Oder Sie versuchen, rege zu machen in Ihrer Seele, was das besondere Interesse für den Toten war. Oder namentlich gut ist das Folgende: Sie denken darüber nach, wie Sie mit dem Toten hier gelebt haben. Sie vergegenwärtigen sich konkrete Momente, wo Sie mit ihm zusammen gelebt haben, und fragen sich dann: Was hat mich von dem Toten besonders interessiert? Was hat mich gefangengenommen? Wo habe ich wirklich einen Eindruck gehabt, wo habe ich damals gesagt: Es ist mir lieb, daß er es sagt, er hat mich gefördert, es war mir wert; ich habe tiefes Interesse genommen an dem, was er gesagt hat. – Wenn Sie sich solche Momente vergegenwärtigen, wo Sie stark verbunden waren mit dem Toten, wo Sie namentlich starkes Interesse genommen haben, und wenn Sie das so wenden, als ob Sie mit dem Toten reden wollten, als ob Sie ihm etwas sagen wollten – wenn Sie das Gefühl rein entwickeln, und aus dem Interesse, das Sie genommen haben, diese Frage entwickeln, so bleibt diese Frage in der Seele, und abends beim Einschlafen wandert die Frage oder die Mitteilung hinüber an den Toten. Da kann dann das gewöhnliche Bewußtsein in der Regel nicht viel davon wissen, weil man hinterher einschläft, aber es bleibt doch sehr häufig in den Träumen das vorhanden, was da hinübergegangen ist. Und weitaus die meisten Träume, wenn sie auch inhaltlich nicht zutreffend sind, die meisten Träume, die wir gerade von Toten haben, die deuten wir nur falsch. Wir deuten sie wie Botschaften von Toten, aber sie sind nichts anderes als das Nachklingen der Fragen oder Mitteilungen, die wir zu den Toten hin gerichtet haben. Wir sollen nicht glauben, die Toten sagen uns etwas, wenn wir träumen, sondern wir sollen in den Träumen etwas sehen, was von unserer eigenen Seele weggeht, und was also hin zu den Toten geht. Der Traum ist der Nachklang dessen. Würden wir soweit entwickelt sein, daß wir unsere Frage oder Mitteilung an den Toten im Moment des Einschlafens wahrnehmen könnten, dann würde es uns so erscheinen, als ob der Tote sprechen würde. Daher erscheint uns auch der Nachklang im Traum, als ob es eine Botschaft von ihm wäre; es ist aber aus uns heraus. Man versteht das nur, wenn man das hellseherische Verhältnis zum Toten versteht. Gerade wenn der Tote scheinbar zu uns spricht, ist es das, was wir zu ihm sagen; das kann man nicht wissen, wenn man nicht lernt zu vergleichen.

Also der Moment des Aufwachens ist so, daß der Tote besonders gut an uns herankommt. Es kommt sehr viel an jeden Menschen von Toten heran im Moment des Aufwachens. Nicht wahr, es ist überhaupt vieles von dem, was wir im Leben unternehmen, eigentlich von den Toten oder auch von Wesenheiten der höheren Hierarchien inspiriert; wir schreiben es nur uns zu als aus unserer eigenen Seele herauskommend. Was die Toten sagen, kommt aus unserer Seele heraus. Das Tagesleben kommt heran, der Moment des Aufwachens geht vorüber, und wir sind selten geneigt, die intimen Dinge, die aus unserer Seele aufsteigen, zu beobachten. Und wenn wir sie beobachten, sind wir eitel genug dazu, alles, was aus unserer Seele herauskommt, uns selbst zuzuschreiben. Aber in alledem lebt – viel mehr, als was aus unserer Seele kommt – dasjenige, was unsere hingegangenen Toten zu sagen haben. Denn das, was die Toten zu uns sagen, steigt scheinbar aus unserer eigenen Seele herauf. Würden die Menschen überhaupt wissen, wie das Leben wirklich ist, dann würde sich aus diesem Wissen ein ganz besonderes pietätvolles Empfinden entwickeln gegenüber der geistigen Welt, in der wir fortwährend sind und in der unsere Toten sind. Und wir würden wissen bei vielem, was wir tun, daß eigentlich die Toten in uns wirken. Das muß sich in der Geisteswissenschaft nicht als äußerlich theoretisches Wissen entwickeln, sondern als etwas, was als innerliches Leben die Seele immer mehr durchziehen wird. Das muß sich entwickeln, dieses Wissen, daß rings um uns herum wie die Luft, die wir atmen, eine geistige Welt ist, und daß die Toten um uns sind, daß wir nur nicht geeignet sind, sie wahrzunehmen. Diese Toten sprechen zu unserem Inneren, aber unser Inneres, das deuten wir unrichtig aus. Würden wir es richtig deuten, so würden wir gerade durch die Wahrnehmung unseres Inneren uns verbunden wissen mit den Seelen, die die sogenannten Toten sind.

Nun ist ein großer Unterschied zwischen den Toten, je nachdem eine Seele durch die Pforte des Todes verhältnismäßig früh geht oder in späteren Jahren. Ob junge Kinder dahinsterben, die uns gerne gehabt haben, oder ob uns als jüngeren Leuten ältere dahinsterben, ist ein großer Unterschied. Wenn man nach den Erfahrungen mit der geistigen Welt diesen Unterschied charakterisieren will, so könnte man es etwa in der folgenden Weise tun. Wenn junge Kinder dahinsterben, so ist das Geheimnis des Zusammenseins mit den Kindern, die gestorben sind, dadurch auszusprechen, daß man sagt: Geistig betrachtet verliert man eigentlich diese Kinder nicht. Sie bleiben geistig da. Kinder, die früh im Leben sterben, sind eigentlich wirklich in hohem Grade immer geistig unmittelbar da. – Wir werden gleich näher auf die Sache noch eingehen. Ich möchte als Meditationssatz vor Ihre Seelen hinstellen, den man weiter durchdenken kann, daß Kinder, wenn sie uns hinsterben, für uns nicht verloren sind; wir verlieren sie nicht, sie bleiben geistig immer da. Und bei älteren Leuten, die hinsterben, kann man das Umgekehrte sagen. Da kann man sagen: Sie verlieren uns nicht. Kinder verlieren wir nicht und ältere Leute verlieren uns nicht. Ältere Leute, wenn sie hinsterben, haben nämlich eine große Anziehungskraft zu der geistigen Welt, aber sie haben dadurch auch die Macht, so hineinzuwirken in die physische Welt, daß sie an uns leichter herankommen. Sie entfernen sich zwar viel mehr als die Kinder, die bei uns bleiben, von der physischen Welt, aber sie sind mit höheren Wahrnehmungsfähigkeiten ausgestattet als die Leute, die jünger sterben. Sie behalten uns. Wenn man mit verschiedenen Seelen in der geistigen Welt bekannt wird, ob sie jung oder alt gestorben sind: die älter Gestorbenen, die leben dadurch, daß sie die Kraft haben, in Erdenseelen leichter einzudringen, die verlieren die Erdenseelen nicht; und die Kinder, die verlieren wir nicht, die bleiben mehr oder weniger in der Sphäre des Erdenmenschen.

Das kann man auch noch an etwas anderem charakterisieren. Sehen Sie, auch für das, was der Mensch so mit seiner Seele auf dem gewöhnlichen physischen Plane erlebt, hat er ja nicht eigentlich immer die ganz tiefen Empfindungen. Wenn uns Menschen hinsterben, so haben wir Trauer; Schmerz empfinden wir darüber. Ich habe oftmals gesagt, gerade wenn uns selber gute Freunde aus der Gesellschaft gestorben sind: Anthroposophisch orientierte Geisteswissenschaft hat nicht die Aufgabe, in schaler Weise die Leute über den Schmerz zu trösten, ihnen den Schmerz auszureden. Schmerz ist berechtigt, man soll stark werden, ihn zu tragen, aber man soll ihn sich nicht ausreden lassen. Aber man unterscheidet mit Bezug auf den Schmerz nicht danach, ob man diesen Schmerz über den Hingang jung Verstorbener oder den Hingang älterer Menschen hat. Und dennoch, geistig angesehen ist da ein großer, großer Unterschied. Man kann sagen: Derjenige, der hier als Hinterbliebener ist, hat mit Bezug auf Kinder, die ihm hinweggestorben sind, seien es seine eigenen oder solche, die er sonst geliebt hat, er hat, wenn ich es technisch sozusagen ausdrücken darf, einen gewissen Mitgefühlsschmerz. – Kinder bleiben eigentlich bei uns, und dadurch, daß wir mit ihnen verbunden waren, bleiben sie uns so nahe, übertragen sie ihren Schmerz auf unsere Seelen, und wir fühlen ihren Schmerz, daß sie noch gerne da wären. Dadurch wird ihnen der Schmerz leichter, daß wir ihn mittragen. Eigentlich fühlt das Kind in uns. Es ist gut, wenn es mit uns fühlen kann, dadurch wird ihm sein Schmerz erleichtert. Dagegen kann man den Schmerz, den wir empfinden, wenn ältere Menschen dahinsterben, seien es die Eltern oder auch Freunde, einen egoistischen Schmerz nennen. Der älter Gestorbene, der verliert uns nicht, er hat daher auch nicht das Gefühl, das der jung Verstorbene hat. Er behält uns, er verliert uns nicht. Wir hier im Leibe, wir haben das Gefühl, daß wir ihn verloren haben; daher geht der Schmerz nur uns an. Es ist ein egoistischer Schmerz. Wir fühlen nicht sein Gefühl wie bei den Kindern, sondern fühlen den Schmerz für uns.

Man kann wirklich diese zwei Arten des Schmerzes sehr genau unterscheiden: Egoistischer Schmerz älteren Leuten gegenüber, Mitgefühlsschmerz für jüngere Leute. Das Kind lebt in uns weiter, und wir fühlen eigentlich, was das Kind fühlt. So richtig mit unserer eigenen Seele traurig sind wir nur den älteren Dahingestorbenen gegenüber. Dies ist nicht bedeutungslos.

Nun, gerade an solch einer Sache kann man so recht sehen, daß das Wissen von der geistigen Welt doch eine große Bedeutung hat. Denn sehen Sie: Nach diesem kann sich in gewissem Sinne der Totenkultus schon einrichten. Dem Kinde gegenüber, das uns hingestorben ist, wird das ganz Individuelle im Totenkultus nicht ganz angebracht sein, sondern dem Kinde gegenüber, weil das ja ohnedies in uns weiterlebt und bei uns bleibt, ist es gut, wenn man das Andenken so belebt, daß es mehr ins Allgemeine geht, daß man dem mit uns lebenden Kinde etwas Allgemeines gibt. Daher ist zum Beispiel bei dem Totenkultus für Kinder das Zeremoniell bei der Leichenfeier vorzuziehen gegenüber einer besonderen Leichenrede. Ich möchte sagen, auf die beiden Konfessionen, katholische und protestantische, verteilt sich da je nachdem das Bessere. Der Katholizismus hat nicht die eigentliche Leichenrede, sondern ein Trauerzeremoniell, einen Ritus. Das ist etwas Allgemeines, das ist für alle gleich. Dasjenige nun, was für alle gleich sein kann, ist besonders für Kinder gut; wenn wir das Andenken überhaupt so einrichten können, daß es für alle gleich sein kann. Für den älter Gestorbenen ist das Individuelle bedeutsamer. Bei den älter Gestorbenen wird das beste Trauerzeremoniell das sein, wenn wir geradezu sein Leben betrachten. Das Protestantische, die besondere Leichenrede, die sich auf das Leben des Toten bezieht, wird große Bedeutung haben für den Hingestorbenen; da würde der katholische Ritus weniger Bedeutung haben. Aber auch sonst im Andenken an den Toten: Für das Kind ist es am besten, man versetzt sich in eine Stimmung, wo man verbunden ist mit dem Kinde; dann versucht man Gedanken an das Kind zu richten, die dann zu ihm hinziehen werden beim Einschlafen. Diese Gedanken können mehr allgemein gehalten sein, also zum Beispiel Dinge, die mehr oder weniger an alle Toten gerichtet werden können. Bei Älteren, da ist es schon notwendig, daß man im Andenken an diesen speziellen Menschen sich richtet, daß man also individuell an diesen speziellen Menschen sich richtet und nachdenkt über dasjenige, was ihm nahegelegen hat, was man mit ihm gemeinschaftlich durchlebt hat. Namentlich ist es von großer Bedeutung bei einem älteren Menschen, um mit ihm in den richtigen Verkehr zu kommen, sich sein Wesen zu vergegenwärtigen, sein Wesen in einem selbst lebendig zu machen. Also nicht bloß, daß man sich erinnert an das, was er einem gesagt hat und wofür man besonderes Gefühl hatte, sondern was er als Individualität war, was er wert war für die Welt: das in sich rege zu machen, das wird einen befähigen, zu einem älteren Verstorbenen in Beziehung zu kommen und das richtige Andenken zu haben. Sie sehen also: Für die Pietät, die wir entwickeln, hat es Bedeutung, zu wissen, wie man sich verhalten muß zu jüngeren und älteren Verstorbenen.

Bedenken Sie, wie sehr es für die Gegenwart immerhin in Betracht kommt, wo so viele Leute in jüngeren Jahren sterben, sich sagen zu können: Sie sind eigentlich in einem hohen Grade immer da, sie sind nicht verloren für die Welt. – Ich habe das zu Ihnen auch hier schon von anderen Gesichtspunkten aus gesagt, aber man muß im Geistigen die Dinge von verschiedenen Gesichtspunkten aus betrachten. Und bringt man es zuwege, Bewußtsein zu haben von der geistigen Welt, dann wird aus dieser unendlichen Traurigkeit der

Gegenwart wohl das eine in geistiger Beziehung sich entwickeln können, daß, weil die Toten dageblieben sind, sofern es junge Leute sind, durch diese Gemeinschaft mit den Toten ein reges geistiges Leben entstehen kann. Das wird entstehen, wenn der Materialismus nicht so stark seine Kraft entfalten kann, daß Ahriman die Fänge ausstrecken und über alle Menschenkraft siegen kann.

Das, was ich Ihnen heute gesagt habe, ist eben von der Art, daß gewiß mancher hier sich sagen kann auf dem physischen Plan: Ja, es liegt mir fern; ich möchte lieber etwas haben, was man morgens und abends machen kann, um in das richtige Verhältnis zur geistigen Welt zu kommen. – Man denkt dann aber nicht ganz richtig. Der geistigen Welt gegenüber kommt es wirklich darauf an, daß man überhaupt über sie Gedanken entwickelt. Und wenn einem auch scheinbar die Toten fern stehen und einem das eigene Leben nahe liegt: daß wir gerade solche Gedanken, wie sie heute entwickelt worden sind, durch unsere Seelen ziehen lassen, daß wir etwas, was dem unmittelbaren äußeren Leben scheinbar fremd gegenübersteht, durchdenken, das ist etwas, was unsere Seelen höher bringt, was unseren Seelen geistige Kraft und geistige Nahrung gibt. Denn nicht das, was einem scheinbar naheliegt, bringt einen in die geistige Welt hinein, sondern das, was aus der geistigen Welt zuerst herauskommt. Daher scheuen Sie es nicht, solche Gedanken gerade immer durchzudenken, diese Gedanken in der Seele öfter leben zu lassen. Denn es gibt nichts Wichtigeres für das Leben, auch sogar für das materielle Leben, als durchgreifende Überzeugungen von dem Zusammensein mit dem Geistigen haben zu können. Hätten die Menschen der neueren Zeit den Zusammenhang mit dem Geistigen nicht so sehr verloren, so wären diese schwierigen Zeiten in der Gegenwart nicht gekommen. Diesen tieferen Zusammenhang sehen nur die wenigsten Menschen heute ein; in der Zukunft wird er schon eingesehen werden. Heute glaubt man: Wenn der Mensch durch die Pforte des Todes gegangen ist, hört seine Tätigkeit in bezug auf die physische Welt auf. Nein, sie hört nicht auf. Ein fortwährender reger Verkehr findet statt zwischen den sogenannten Toten und den sogenannten Lebenden. Und wir können sagen: Diejenigen, die durch die Pforte des Todes gegangen sind, sie haben nicht aufgehört, da zu sein, nur unsere Augen haben aufgehört, sie zu sehen; sie aber sind da. Unsere Gedanken, unsere Gefühle, unsere Willensimpulse, sie stehen mit ihnen in Verbindung. Denn gerade auch für die Toten gilt das Evangelienwort: «Suchet sie nicht in äußeren Gebärden, das Reich des Geistes ist mitten unter euch.»

So soll man auch nicht die Toten suchen durch irgendwelche Äußerlichkeiten, sondern man soll nur sich recht bewußt werden, daß sie fortwährend da sind. Alles geschichtliche, alles soziale, alles ethische Leben geht durch das Zusammenwirken der sogenannten Lebenden mit den sogenannten Toten vor sich, und der Mensch kann eine besondere Stärkung seines ganzen Wesens dadurch erleben, daß er sich immer mehr und mehr durchdringt nicht nur mit dem Bewußtsein, das ihm kommt, wenn er einen sicheren Stand hier in der physischen Welt hat, sondern auch sich durchdringt mit dem Bewußtsein, das ihm kommt, wenn er sich aus rechtem innerem Sinne heraus gegenüber den lieben Dahingegangenen zu sagen vermag: Die Toten, sie sind mitten unter uns. – Denn dieses gehört auch zu einem rechten Wissen, zu einer rechten Erkenntnis von der geistigen Welt, die sich aus verschiedenen Stücken zusammensetzt. Man kann sagen: von der geistigen Welt wissen wir im rechten Sinne, wenn die Art, wie wir denken, wie wir sprechen über diese geistige Welt, aus dieser geistigen Welt selbst heraus ist.

Der Satz: Die Toten sind mitten unter uns – er ist selbst eine Bekräftigung der geistigen Welt, und nur die geistige Welt kann uns ein wahres Bewußtsein davon hervorrufen, daß die Toten mitten unter uns sind.

MENSCH UND WELT

Heidenheim, 29. April 1918

Heute wollen wir einiges von dem betrachten, was ich nennen möchte das Verhältnis, das sich herausbilden kann zwischen der einzelnen menschlichen Seele und dem, was wir unter anthroposophisch orientierter Geisteswissenschaft meinen. Man betrachtet heute da, wo man von dieser Geisteswissenschaft hört, vielfach noch nicht genügend durchgreifend, wie anders dieses Verhältnis der Menschenseele zur Geisteswissenschaft sein soll als das Verhältnis irgendeines anderen Wissens, irgendeiner anderen Erkenntnis zu dieser Menschenseele. Geisteswissenschaft, wie sie hier gemeint ist, ist allerdings so geartet, daß sie zu ganz anderem in der Menschenseele spricht als irgendein anderes Wissen. Durch irgendein anderes Wissen lernt man dieses oder jenes kennen; man erfährt etwas über das eine oder über das andere in der Welt; man weiß dann mehr, als man vorher gewußt hat. In einer solchen Art steht Geisteswissenschaft nicht zur menschlichen Seele, daß sie nur übermitteln würde etwas, was man nachher weiß. Geisteswissenschaft appelliert an viel tiefere Impulse der menschlichen Seele, als an das bloße Wissen, als an das bloße Denken. Geisteswissenschaft ergreift, oder will wenigstens das tiefste Wesen in uns ergreifen, das, aus geistigen Welten kommend, in unser menschliches Erdenwesen mit der Geburt einzieht und das dieses menschliche Erdenwesen dann im Tode verläßt, um in die geistigen Welten zu anderen Aufgaben hinüberzuwandern. Geisteswissenschaft wird man nur dann in ihrer vollen Bedeutung für die Menschenseele erfassen können, wenn man dieses ihr wirkliches Verhältnis zur äußeren Welt und zum menschlichen Leben auch ganz gefühlsmäßig ins Auge faßt.

Man betrachtet den Menschen durchaus nicht vollständig, wenn man sich nicht klarmacht: Das, was in mir als Mensch lebt, was in mir als Mensch sich dadurch ausbildet, daß ich einen physischen Leib angenommen habe durch die Geburt, was mich im Laufe meines Lebens begleitet, indem ich zuerst als Kind unerfahren, ungeschickt bin, dann immer erfahrener, immer geschickter werde, das, was sich als Schicksal in mir abspielt, alles das, was in meinem Leibe und in meinem Leben vorhanden ist, es ist eigentlich die Umwandlung eines geistig-seelischen Wesens, welches im Geistig-Seelischen gelebt hat, bevor der Mensch empfangen oder geboren worden ist. Und an dieses Geistig-Seelische, welches im Leibe wohnt, wendet sich eigentlich das, was als Geisteswissenschaft gemeint ist.

Nun könnte man vielleicht glauben, es sei nicht nötig, daß der Mensch sich beschäftigt mit diesem seinem geistig-seelischen Wesen, weil ja dieses geistig-seelische Wesen schon in der Welt seinen Weg finden werde. Aber das ist nicht der Fall. Das, was in uns geistig-seelisch ist, das ergreift uns und steckt in uns, das hüllt sich gewissermaßen zum Teil in unseren Leib, zum Teil in unsere Fähigkeiten, zum Teil in unser Schicksal ein. Und man könnte sagen: Gerade in dem gegenwärtigen Entwickelungszyklus der Menschheit, in dem die Menschheit jetzt angekommen ist und in deren Sinn sie sich immer weiter gegen die Zukunft hin entwickeln wird, gerade im Sinne dieser Gegenwart und der Zukunft liegt es, daß der Mensch das, was sich so in ihn einlebt als geistiges Prinzip seines Leibes, als geistiges Prinzip seines Lebenslaufes und seiner Fähigkeiten, als geistiges Prinzip seines Schicksals, gewissermaßen erlöst. Dem Geiste entkommen wir nicht. Der Geist lebt einmal in uns. Wir können ihn unberücksichtigt lassen, dann lebt er trotzdem in uns. Wir können den faulsten, den bequemsten, den lässigsten Menschen ansehen, der niemals in seinem Leben sich Mühe gegeben hat, irgend etwas, was als religiöse oder geistige Anlagen in seinem Gemüte liegt, zur selbständigen Ausbildung zu bringen, der gewissermaßen ganz stumpf geblieben ist, wir können ihn ansehen: geistlos ist er nicht. Als geistlos von den Menschen zu sprechen, ist nur ein unrichtiges Wort. Es gibt keine geistlosen Menschen; es gibt auch nicht die Möglichkeit, im Leben geistlos zu sein. Denn das Geistige und das Seelische ist unsere Mitgabe, indem wir aus den geistigen Welten in die physische Welt eintreten; es ist uns zugeteilt nach Maßgabe desjenigen, was wir durchgemacht haben, bevor wir zu diesem jetzigen Erdenleben heruntergestiegen sind. Wir können nicht geistlos sein, aber wir können den Geist in uns unberücksichtigt lassen. Wir können uns gewissermaßen gegen ihn versündigen, wir können ihn nicht erlösen wollen. Wir können wollen, daß er nur in uns hineinschlüpft, in uns sich verhüllt: dann ist er in uns vorhanden, aber wir haben ihn nicht in uns befreit, wir haben ihn nicht erlöst.

Auch so müssen wir lernen, allmählich auf das Leben der Menschen hinzuschauen. Und unsere Lebensauffassung wird eine ganz andere werden, und sie muß im Laufe der Zeit eine ganz andere werden. Wir können im Leben Menschen finden, die stumpf, gemütlos geworden sind. Wir werden nicht sagen, sie seien geistlos, aber wir werden sagen: Sie haben die Sünde begangen, den Geist zu begraben während ihres Lebens, den Geist in seiner Verzauberung zu lassen, den Geist ins Fleisch, in den bloß äußeren Lebensgang hineinschlüpfen zu lassen, den Geist im Schicksal verkommen zu lassen. Wenn wir geboren werden, können wir nur dadurch Menschen werden, daß die geistig-seelische Individualität heruntersteigt aus geistig-seelischen Welten. Und indem das Kind in seiner ersten Organisation auftritt, ist es ein noch unvollkommenes Bild der geistigen Individualität. Die liegt in ihm. Die kann man unberücksichtigt lassen, oder man kann sie entzaubern, oder nach und nach aus dem Fleisch herausholen, aus dem Lebensgang herausholen, aus dem Schicksal herausholen. Das aber ist des Menschen Aufgabe und wird in der Zukunft immer mehr und mehr des Menschen Aufgabe werden, daß er den Geist nicht verkommen läßt. Ertöten können wir den Geist nicht, aber verkommen lassen können wir den Geist, indem wir ihn zwingen, einen anderen Weg zu gehen als den, den er geht, wenn wir ihn herausholen.

Wenn wir von einem Tage an uns bemühen, etwas über die geistigen Welten zu erfahren, etwas über die geistigen Welten zu empfinden: wir holen es eigentlich aus uns selbst. Das andere ist nur eine Anregung. Wir holen es aus uns selbst. Was Sie sich jemals über Geisteswissenschaft gesagt haben, Sie haben es aus sich selbst geholt, denn es steckt in Ihrem tiefsten Inneren drinnen, und es will heraus. Und es ist dazu bestimmt, herauszukommen, und es ist eine Versündigung gegen die Weltenordnung, den Geist im bloßen Fleische drinnen zu lassen, denn da geht er Irrwege; da überlassen wir ihn einem Schicksal, das er nicht einschlagen soll. Wir befreien den Geist, indem wir ihn herausholen aus dem Fleische. Und indem wir uns bewußt durchdringen mit dem Geiste, erlösen wir dasjenige, was erlöst sein will, aus dem Untergrund des Daseins heraus. Das wird man immer mehr und mehr einsehen. Man wird immer mehr einsehen, wie der Materialismus nicht darin besteht, daß er einfach eine [andere] Theorie nicht heraufkommen läßt, oder daß er eine falsche Theorie heraufkommen läßt, sondern wie der Materialismus darin besteht, daß er dasjenige, was ins Wissen, in die Empfindung der Menschenseele einziehen will, herunterströmen läßt in die grobe Materie und in der groben Materie wuchern läßt. Das ist dasjenige, worüber sich die Menschheit in der nächsten Zukunft zu entscheiden hat: ob sie den Geist in der Materie wird wuchern lassen wollen – dadurch wird der Geist zur Mißbildung, dadurch kommt er in diabolischen, in teuflischen, in ahrimanischen Wahn hinein –, oder ob die Menschheit den Geist wird verwandeln wollen in Gedanken, in Gefühle, in Willensimpulse: dann wird der Geist unter den Menschen leben und das erreichen, was er erreichen will, indem er durch die Menschen in das Leben der Erde einziehen will. Denn der Geist will das ja: durch die Menschen in das Leben der Erde einziehen. Wir sollen ihn nicht zurückhalten. Und jedesmal, wenn wir uns wehren gegen das Kennenlernen des Geistes, halten wir ihn zurück: er muß gewissermaßen hinuntertauchen in die Materie, muß die Materie schlechter machen als sie ist. Denn der Geist hat seine zugeteilte Aufgabe: er soll durch die menschheitliche seelische Entwickelung ins Erdenleben eintreten; da wirkt er dann segensreich. Wird er in die Materie zurückgestoßen, dann wirkt er in der Materie verheerend, dann wirkt er schlimm.

Nehmen Sie das als das Wesen geisteswissenschaftlicher Erkenntnis, dann werden Sie sehen, daß dies mit unserem Menschenleben viel zu tun hat. Geisteswissenschaft will nicht eine Theorie sein wie andere Theorien, sondern sie will gerade dem Menschen die Möglichkeit geben, den Geist, der in der Menschennatur verzaubert ist, zu erlösen, zu befreien, das in der Welt zu wirken, was gewirkt werden will von den geistigen Welten aus. Das ist allerdings auch der Grund, warum viele Menschen Geisteswissenschaft heute noch sehr energisch zurückweisen. Andere Wissenschaft nehmen die Leute gerne an, denn diese andere Wissenschaft schmeichelt dem Stolz, der Eitelkeit der Menschen, aber sie macht nicht den Anspruch an die Menschen, etwas Reales zu sein, sondern sie macht bloß den Anspruch, Gedanken zu geben, den Verstand auszubilden, vielleicht auch einige nützliche Moralbegriffe den Menschen beizubringen; sie macht nicht den Anspruch, an des Menschen Kern heranzukommen, selbst geholt zu sein aus Welten, in denen dem Geiste eine Aufgabe zuerteilt ist. Ich möchte sagen: Durch die Geisteswissenschaft wird es erst ernst mit dem menschlichen Wissen, und davor scheuen die Menschen zurück. Sie möchten auch die Geisteswissenschaft nur als etwas haben, was so oben plätschert an der Oberfläche des Daseins. Daß es an des Menschen Kern und Wesenheit herangeht, davor fürchten sich die Menschen. Deshalb wollen sie die Geisteswissenschaft nicht annehmen. Würden sie die Geisteswissenschaft annehmen, dann würde es mit manchem im sozialen Leben, im geschichtlichen Leben in der allernächsten Zukunft anders werden müssen, dann würden die Menschen im alleralltäglichsten Leben anders denken müssen. Und darauf kommt es an. Daher ist es auch so, daß man die andere Wissenschaft aufnehmen kann, aber man bleibt derselbe das ganze Leben hindurch, man wird nur reicher an Wissen. Geisteswissenschaft soll man nicht aufnehmen, ohne daß sie einen umwandelt, und man kann sie nicht aufnehmen, ohne daß sie einen umwandelt. Sie macht einen langsam und allmählich zu einem anderen Menschen. Man muß Geduld haben, aber sie macht einen zu einem anderen Menschen, denn sie appelliert an ganz andere Menschheitsaufgaben, und sie appelliert an ganz anderes in der menschlichen Natur.

Sehen wir uns doch einmal diese Menschennatur an, sehen wir, wie mannigfaltig dieses menschliche Leben ist. In drei Strömungen lebt sich der Mensch dar: als vorstellender Mensch, als fühlender Mensch und als wollender Mensch. Im Vorstellen, Fühlen und Wollen erschöpft sich eigentlich dasjenige, was wir darleben können.

Nun, alle drei Impulse der menschlichen Seele, Vorstellen, Fühlen und Wollen, stehen in einem ganz bestimmten Verhältnis zu dem, was eigentlich Geisteswissenschaft in der menschlichen Seele, in dem Kern der menschlichen Seele angreifen will.

Nehmen wir zuerst das Vorstellen. Das Vorstellen wird ja gewiß durch die gewöhnliche Wissenschaft und durch dasjenige, was heute von dieser gewöhnlichen Wissenschaft immer mehr in die Kindererziehung hineingeht und daher für die ganze Entwickelung des Menschheitsgeschickes, auch für das praktische Leben so bedeutungsvoll ist, weil es das Kind durchdringen soll, das Vorstellen wird durch die gewöhnliche Wissenschaft [nicht] bildsam. Es ist noch nicht lange her, ein paar Jahrhunderte, daß das in eminentester Art so ist, daher bemerken es heute die Menschen nicht. Aber es wird nicht lange dauern, dann wird das, was ich jetzt sage, in geradezu umfassender Weise bemerkt werden können. Man kann naturwissenschaftliche Begriffe, wie sie heute gerade den jüngsten Menschen, den Kindern beigebracht werden, sein ganzes Leben lang aufnehmen, ohne daß man durch dieses Aufnehmen so vieler Begriffe im Sinne der heutigen Wissenschaft anders zu werden braucht in bezug auf sein Vorstellen. Man bleibt derselbe. Ja man bleibt nicht nur derselbe, sondern es ist gar nicht zu leugnen, daß man durch die gewöhnlichen wissenschaftlichen Begriffe, die immer mehr und mehr in die allgemeine Bildung übergehen, sogar in intellektueller Beziehung immer beschränkter wird. Der Geist, insofern er ein denkender ist, verliert die Beweglichkeit, sich hineinzufinden in die Lebensverhältnisse, die viel komplizierter sind als das, was der Mensch durch das gewöhnliche Wissen aufnehmen kann.

Sehen Sie, es geht einem tief ins Herz, wenn man einige Möglichkeiten hat, heute in das Leben hineinzusehen. Wer ganz an die Begriffe gewöhnt worden ist, welche die Naturwissenschaften heute geben können, der wird immer unfähiger und unfähiger, die lebensvollen sozialen Zusammenhänge und sozialen Anforderungen zu begreifen. Er wird geradezu abgedrängt von dem wirklichen Leben. Und ich habe daher in diesen Tagen auch hier und sonst an verschiedenen Orten gesagt: Machen Sie Parlamente und Staatsvertretungen aus lauter Leuten, die gelehrt sind im Sinne der heutigen Weltanschauung. Sie werden sehen, was diese Gelehrten beschließen, die naturwissenschaftlich denken! Das ist ganz sicher geeignet, die Menschen in Grund und Boden hinein zu verderben in bezug auf soziale Einrichtungen, denn auf diesem Gebiete des sozialen Lebens kann von naturwissenschaftlichen Begriffen aus nur unfruchtbar gedacht werden. – So ist es in vieler, vieler Beziehung. Man verliert eine gewisse Beweglichkeit des Geistes durch dieses bloß intellektuelle Wissen. Das wird anders, sobald man sich auf die Begriffe der Geisteswissenschaft einläßt. Versuchen Sie sich dies einmal klarzumachen, wie anders Sie Ihren Geist stimmen müssen, wenn Sie das begreifen wollen, was in der Geisteswissenschaft geboten wird, und wenn Sie begreifen wollen das, was in der äußeren Welt heute an Bildung geboten wird. Gewiß, Geisteswissenschaft findet soviel Widerstände, weil es mehr Beweglichkeit, mehr Flüssigkeit des Geistes erfordert, sich in sie hineinzufinden. In dem, was heute die populär gebildete Literatur gibt – oder gar ihre Ableger, die durch die Kanäle in die Journalistik einfließen, wo dann die Leute so in ihren Sonntagsblättchen die Bildung aufnehmen –, in dem können sich die Menschen außerordentlich leicht bewegen. Und wenn sie gar in die heutigen Vorträge gehen, wo den Leuten in Augen und Mund hineingeschmiert wird dasjenige, was man ihnen noch – damit sie gar nicht zu denken brauchen – in allen möglichen Lichtbildern vorführt, so daß sie selber nicht zu denken brauchen, nicht den Geist in Bewegung zu setzen brauchen, so finden Sie in alledem nichts, was den Geist als denkenden, als vorstellenden frei macht. Die Unbefangenheit geht ihm verloren. Engherzig wird der Geist und beschränkt. Unsere intellektuelle Bildung ist der Weg zur geistigen Beschränktheit. Gewiß, unsere intellektuelle Bildung hat großartige Fortschritte gemacht auf naturwissenschaftlich-technischen Gebieten, aber sie ist der Weg zur Beschränktheit, sie engt das Denken, das Vorstellen ein. Und man muß an etwas ganz anderes im Vorstellen appellieren, wenn man Geisteswissenschaft verstehen will. Wenn die Leute daher heute an Geisteswissenschaft herankommen, so fürchten sie schon den ersten Schritt! Wenn sie nur ein paar Seiten gelesen haben, sagen manche: Da verliere ich mich ja, da komme ich nicht weiter, das geht in die Phantastik hinein! – Das geht gar nicht in die Phantastik hinein, sondern der Betreffende hat nur die Möglichkeit verloren, seine Gedanken wirklich frei zu bekommen, mit seinen Gedanken in die Wirklichkeit einzutauchen, wenn sie nicht die äußere Sinnenwelt am Gängelbande führt.

Das ist das eine, daß Geisteswissenschaft an diejenige Kraft in der Menschennatur appelliert, die uns die Beschränktheit nimmt, die unser Denken, unser Vorstellungsleben in die Fähigkeit versetzt, nicht nur wenig, sondern vieles zu begreifen. Es ist wirklich sehr ernst gemeint gewesen, wenn ich in diesen Tagen im öffentlichen Vortrag in Stuttgart gesagt habe: Dem Geistesforscher ist es einerlei, ob einer Materialist oder Spiritualist ist; darauf kommt es nicht an, das ist nebensächlich. Worauf es ankommt, das ist, genügend Geisteskraft zu entwickeln, um richtig vorwärtszuschreiten. Wer diese Kraft hat, diese Geisteskraft, der mag Materialist sein, er findet in der Materie und ihren Vorgängen den Geist, wenn er nur konsequent ist. Und derjenige, der Spiritualist ist, bleibt auch nicht dabei stehen, zu sagen: Geist und Geist und Geist ...! sondern er taucht unter in das materielle Leben, in das praktische Leben auch, er läßt sein Denken bis in die Handgriffe fruchtbar werden. Vielseitigkeit, wie es das heutige Leben verlangt – und das Leben der Zukunft wird es noch mehr tun –, Vielseitigkeit ist dasjenige, was zunächst aus der Geisteswissenschaft den Menschen wird. Und das braucht die Menschheit, die der Zukunft entgegenwirkt. Wer das Leben heute kennt und sich die katastrophalen Ereignisse, die um uns herum sind, anschaut, der weiß, daß zu den tieferen Ursachen der heutigen Katastrophe das gehört, daß die Menschen einseitig geworden sind, trotz aller hohen wissenschaftlichen Bildung, daß ihnen die Möglichkeit fehlt, vielseitig in die Dinge einzudringen. Es fehlt ihnen die Beweglichkeit des Geistes, um unterzutauchen in die Wirklichkeit. Vielseitigkeit, das ist dasjenige, was durch Geisteswissenschaft gewonnen wird für das Vorstellen.

Auch für das Fühlen wird etwas gewonnen durch die Geisteswissenschaft. Denn derjenige, der so denken will, wie Geisteswissenschaft es notwendig macht, der sich an diese viel beweglichere Welt gewöhnen muß, der macht etwas, was sonst nur [verborgen] im Menschen lebt, frei, so daß es aus dem Menschen heraus sich entfaltet. In unserem Fühlen, wie wir es mitgebracht haben in unsere Geburt, lebt der Weltenrhythmus. Mehr als man glaubt, lebt der ganze Weltenrhythmus in uns. Das läßt sich sogar zahlenmäßig nachweisen, nur wissen die wenigsten Menschen etwas von diesen Geheimnissen des Daseins. Scheuen Sie es nicht, mit mir diese Betrachtungen anzustellen, wie der ganze Weltenrhythmus lebt in unserem eigenen Organismus, in dem, was in uns vorgeht. Sie wissen: Der Sonnenaufgang rückt jedes Jahr ein Stückchen weiter. Wenn wir zurückgehen in alte Zeiten, war der sogenannte Frühlingspunkt der Sonne im Stier; dann kam er in den Widder, aber in dem Widder jedes Jahr weiterrückend; jetzt ist er in den Fischen. Die Sonne geht nicht jedes Jahr am 21. März an demselben Punkte auf; dadurch kommt sie ja die ganze Kreisbahn herum. Und nach 25 920 Jahren ungefähr geht die Sonne ganz herum, scheinbar natürlich, beschreibt die ganze Ellipse. Wenn sie heute in einem bestimmten Punkt der Fische aufgeht, kommt sie in 25 920 Jahren wieder dahin zurück. Das Kuriose ist: Wenn Sie diese ungefähr 25 920 Jahre betrachten als das große Weltenjahr, wie es die alten Griechen betrachtet haben, und Sie suchen nun einen Tag dieses Weltenjahres, so müssen Sie durch 365 dividieren. Was ist dann ein Tag dieses großen Weltenjahres? Das sind ungefähr 70 bis 71 Jahre. Das ist nämlich im Durchschnitt ein Menschenleben, wenn der Mensch alt wird. Wenn Sie sich das Menschenleben, wie es hier auf der Erde zugebracht wird, als einen Tag denken, und das ganze platonische Jahr nehmen, so ist das 365 mal so viel. Das braucht die Sonne, um einmal in der Welt ihren Umgang zu machen: 365 Tage, von denen der Mensch einen in einem Erdenleben durchlebt. Es ist ein schöner Rhythmus, aber dieser Rhythmus geht viel weiter. Bedenken Sie, daß wir in einer Minute ungefähr 18 Atemzüge machen. Diese 18 Atemzüge, multipliziert mit 60, geben die Atemzüge einer Stunde; dieses multipliziert mit 24 gibt die Atemzüge in einem Tag und einer Nacht. Wenn Sie 18 mal 60 mal 24 rechnen, so bekommen Sie heraus:

25 920. Das heißt, Sie machen soviel Atemzüge in einem Tage, als die Sonne [Erdenjahre] braucht, um durch ihr eigenes Jahr durchzugehen. Derselbe Rhythmus ist in Ihrem Atmen innerlich, der äußerlich im Gang der Sonne ist. Und wiederum ist das Merkwürdige: Da bringen Sie einen Tag zu, indem Sie in einem Tag 25 920 mal atmen. Nehmen Sie einen Tag so, daß Sie ihn behandeln wie einen Atemzug: er ist in gewissem Sinne ein Atemzug, so ein Tag, denn morgens atmet unser Leib und unser Ätherleib unser Ich und den Astralleib ein, und am Abend beim Einschlafen atmen wir unser Ich und den Astralleib aus; ein Einatmen und Ausatmen ist das. Wie oft machen wir das in einem Sonnentage, in ungefähr 70 bis 71 Jahren? Wir machen dieses Atmen, das heißt das Leben in einem Tage – rechnen Sie es aus – fast genau 25 920 mal. Soviel Tage leben wir nämlich in 71 Jahren. Der einzelne Atemzug verhält sich also zu den Atemzügen des ganzen vierundzwanzigstündigen Tages wie das Vorrücken des Frühlingspunktes in einem Jahr zu dem Vorrücken der Sonne durch 25 920 Jahre. Das einzelne menschliche Erdenleben ist im Verhältnis zum großen Sonnenjahr von 25 920 wie ein Tag, ein Tag unseres Lebens, ein vierundzwanzigstündiger Tag ist ebenso viele Male in unserem 71 Jahre währenden Leben drinnen wie ein Jahr im Sonnenumlauf. Denken Sie sich, was das eigentlich bedeutet, daß wir so in dem wunderbaren Rhythmus des sonnendurchglänzten Kosmos drinnenstehen, daß unser Leben, insofern es inneres Menschenleben ist, rein rechnerisch ausdrückt die große Sphärenmusik des Kosmos!

Fängt der Mensch an, sich in diese Dinge gefühlsmäßig zu vertiefen, dann empfindet er sich erst als Mikrokosmos gegenüber dem Makrokosmos. Dann empfindet er erst, wie diese ganze große unendliche Gotteswelt ihr Abbild geschaffen hat in seiner Menschennatur. Das ist aber eben etwas zum Empfinden, zum Fühlen. Dieses Empfinden, dieses Fühlen, dieses Sich-Fühlen im Universum, dieses Sich-Fühlen in der ganzen Geistigkeit der Welt, das ist etwas, was uns zuletzt aus der Geisteswissenschaft kommt! Wir schließen uns auf gegenüber der Welt, während wir uns sonst in unserem engbegrenzten Ich abschließen. Wir sind ein Gottesbild, aber wir wissen es sonst nicht; wir fangen an, uns zu fühlen als das Gottesweltenbild, als der Mikrokosmos im Makrokosmos. Wir lernen uns fühlend erkennen. Das geht stückweise, langsam. Ich möchte sagen: So wie wir diese langsame Folge der Tage durchlaufen durch unser Leben, so bringt uns das Fühlen mit der Geisteswissenschaft dieses Weltengefühl hervor. Aber es muß sich der Mensch erwerben dieses Weltengefühl. Denn dieses Weltengefühl wird ihn wiederum inspirieren zu den großen Aufgaben, die die Menschheit in der Zukunft hat. So sonderbar es heute noch klingt: Nicht fünfzig Jahre werden vergehen, und die Menschen werden keine Fabriken mehr bauen, keinen Acker mehr bebauen können nach den Anforderungen, die kommen werden über die Menschheit, wenn sie nicht dieses Gefühl haben! Diese Katastrophe, in der wir gegenwärtig stehen, ist nur der Ausdruck der Sackgasse, in welche die Menschheit hineingekommen ist. Die Welt ist schon weiter, und die Menschen sind mit ihren Gedanken und Gefühlen noch nicht weit genug gekommen; daher reichen die Gedanken und Empfindungen nicht aus, um diese Welt wirklich zu durchdringen und die Menschheitsarbeit harmonisch zusammenstimmend zu machen. Die Menschheit wird verurteilt sein, immer mehr und mehr die Disharmonie im sozialen Zusammenleben zu entwickeln, und immer mehr und mehr Kriegsstoff über die Welt auszusäen, wenn sie sich nicht hineinfinden wird in den Zusammenklang mit dem Kosmos in dem Fühlen, um dieses hineinzutragen in alles, was man tut, auch in das Alleralltäglichste. Es hängt deshalb Geisteswissenschaft schon zusammen mit dem, was unmittelbar eingreifen muß in den Gang der alleräußersten Kultur, oder es wird die Menschheit aus der Sackgasse nicht herauskommen. Man wird keine Fabriken, keine Schulen halten können in der Zukunft, wenn man nicht entwickeln wird Begriffe aus den großen Aufgaben des Universums heraus. Aufgaben waren es schon heute, aber die Menschen haben sie nicht berücksichtigt; daher ist diese Katastrophe gekommen. Die tieferen Ursachen liegen schon in dem eben Ausgesprochenen. Diese Gotteszeichen, die sich äußern in diesen katastrophalen Ereignissen, die müssen von der Menschheit berücksichtigt werden. Die Menschen müssen lernen, in ein bewußtes

Verhältnis zum Kosmos sich zu setzen, weil es anders nicht mehr gehen wird.

Lassen Sie mich Ihnen ein Beispiel angeben, das heute noch viele als töricht ansehen werden, manche als wahnsinnig verketzern werden: Man hat gewiß große Fortschritte gemacht, sagen wir auf dem Gebiete der Chemie, aber man hat sie gemacht ohne ein solches Weltgefühl, wie ich es eben zum Ausdruck gebracht habe. Man wird in der Zukunft dieses Weltgefühl hinzuentwickeln müssen: der Laboratoriumstisch wird zum Altar werden müssen. Der Naturdienst, den man entwickelt, selbst im chemischen Experiment, wird sich bewußt sein müssen, daß das große Weltengesetz über den Laboratoriumstisch läuft, wenn man irgendeinen Stoff mit einem anderen löst, um den Niederschlag zu bekommen oder dergleichen. In dem ganzen Universum wird man sich drinnen fühlen müssen, dann wird man anders zu Werke gehen, und dann wird noch ganz anderes gefunden werden, als was die Leute heute gefunden haben, was groß ist, aber nicht die rechte Frucht wird tragen können, weil es ohne Ehrfurcht gefunden wird, ohne das Gefühl, das sich durchdringt mit der Harmonie des Universums. Wieviel Leute haben abstrahiert das, was man Sphärenmusik bei Pythagoras genannt hat! Hier haben Sie ein Gefühl von der Sphärenmusik im Erleben des Rhythmus, der durch das Weltenall geht. Nichts Abstraktes hat man sich darunter vorzustellen, sondern etwas, was in das lebendige Gefühl hineingeht (siehe Hinweis).

Wissen Sie, was kommen würde, wenn diese Weitherzigkeit der Seele im Fühlen nicht eintreten würde? Wir haben gerade gesagt: Beweglichkeit des Denkens, Vielseitigkeit des Denkens und Vorstellens, das ist das eine, was für das Denken, für das Vorstellen eintritt. Für das Fühlen soll eintreten Weitherzigkeit, Sinn für Aufgeschlossensein gegenüber der Welt. Das Gegenteil – Sie können es schon herankommen sehen, wenn Sie nur mit ein wenig Mut die Welt betrachten – ist das Banausentum, die Philistrosität. Was hat denn die große, für viele materialistisch Denkende «gesegnete» Kultur der neueren Zeit heraufgebracht dem Menschen? Auf dem Grund der Seele ruht das Banausentum, die Philistrosität. Philistrosität und Banausentum, sie werden nur besiegt werden durch jene Aufgeschlossenheit, jene Weitherzigkeit der Seele, die sich fühlt als Mikrokosmos im Makrokosmos drinnen, die Ehrfurcht haben kann vor allem dem, was als Göttlich-Geistiges die Welt durchschwebt und durchpulst. So wie die Beschränktheit, die intellektuelle Beschränktheit im Vorstellungsleben durch die Geisteswissenschaft besiegt werden muß, so muß das Banausentum und die Philistrosität durch die Geisteswissenschaft auf dem Gebiete des Fühlens besiegt werden.

Und ein drittes bietet sich uns dar, wenn wir auf das Wollen sehen. Die Sachen sind ja vielfach mit Bezug auf das Wollen im Anfang. Nur der Psychologe, der Seelenkenner sieht, was sich vorbereitet, aber es wird schon kommen! Freilich, die Menschen glauben heute vielfach ein anderes, aber wer den tieferen Gang der Menschheitsentwickelung zu durchschauen vermag, der merkt schon, daß nichts so verbreitet ist im allgemeinen Menschenleben auf dem Gebiete des Wollens – in der neueren Zeit viel mehr als in älteren Zeiten – als die Ungeschicklichkeit. Die Ungeschicklichkeit ist etwas, was gegen die Zukunft hin zu einem furchtbaren Übel der Menschheitsentwickelung auszuarten droht. Ich meine, heute schon merkt man es ganz klar: Die Menschen werden heute angeleitet, in einseitiger Weise das oder jenes zu tun. Sollen sie sich anschicken, etwas zu tun, was sie nicht den Handgriffen nach gelernt haben, sie finden sich nicht hinein. Wie wenige Menschen sind heute imstande – gestatten Sie schon, daß ich solche Dinge erwähne –, wenn es nötig ist in besonderen Lagen, sich einmal einen Hosenknopf anzunähen. Wenig Menschen sind imstande, irgend etwas anderes, was nicht gerade mit dem, was sie im engsten Sinne gelernt haben, zusammenhängt, auszuführen. Das ist etwas, was nicht über die Menschheit kommen darf. Die Menschen würden verkümmern lassen dasjenige, was als geistiges Erbgut in ihnen war, als sie heruntergestiegen sind aus der geistigen Welt durch die Geburt zum Dasein, wenn sie so einseitig würden, wie es die «gesegnete» Kultur vielfach verlangt. Wer nur die Sache theoretisch ansieht, der sieht die Zusammenhänge nicht. Wer aber Geisteswissenschaft wirklich lebensvoll sich aneignet, der ist ein innerer Feind der Einseitigkeit; denn Geisteswissenschaft bringt in der Menschenseele eine Stimmung hervor, die auch da zur Vielseitigkeit geht. Sie werden – wenn Sie nicht bloß mit dem Kopfe Geisteswissenschaft aufnehmen, sondern wenn Sie sich so in Geisteswissenschaft hineinversetzen, daß diese Geisteswissenschaft in Ihrer Seele pulsiert wie das Blut im Leibe –, Sie werden sicherlich auch eine gewisse Versatilität im Anpassen an die Umgebung gewinnen. Sie werden die Möglichkeit gewinnen, Dinge zu tun, die Sie sonst zu tun einfach nicht geschickt sind. Die Geschicklichkeit im Wollen bildet sich aus, der Mensch wird anpassungsfähig an die Umgebung. Freilich können Sie sagen, wenn Sie dies sagen wollen: An den Anthroposophen, die da in der Gesellschaft vereinigt sind, da merken wir allerdings nicht gerade, daß sie furchtbar geschickter geworden sind, daß sie lebenstüchtiger geworden sind. – Das sagen viele. Nicht ich sage es, aber es wird gesagt. Ja, das rührt von etwas anderem her. So weit ist die Sache noch nicht gekommen, daß den Menschen das anthroposophische Leben in den Seelen so pulsiert, wie das Blut im Leibe pulsiert, sondern die Unart, alles nur in den Verstand, in den Intellekt hereinzunehmen, das ist von außen hereingetragen worden. Auch Geisteswissenschaft wird für viele nur eine Theorie; es wird nur etwas, was sie denken, aber das ist nicht ihr Wesen. Wenn Sie Geisteswissenschaft nur denken, so ist es gleichgültig, ob Sie ein geisteswissenschaftliches Buch oder ein Kochbuch lesen. Da wird vielleicht ein Kochbuch noch nützlicher sein. Geisteswissenschaft muß so ernst werden, daß sie wirklich den ganzen Menschen in seiner ganzen Seele ergreift. Dann geht sie über in die Glieder, dann werden die Glieder beweglich, der Mensch wird tauglicher zum Leben. Da handelt es sich allerdings darum, daß man eine innere Überzeugungskraft an den Sachen gewinnt, daß man sich mit der äußeren Überzeugung nicht begnügt, sondern eine innere Überzeugung gewinnt.

Wer Geisteswissenschaft in ihrem inneren Lebenswerte kennt, der weiß, daß sie allerdings geeignet ist, wenn sie lebensfrisch und lebensvoll aufgenommen wird, auch das physische Leben des Menschen zu verlängern. Es können natürlich Leute kommen und können sagen: Nun, da ist einer, der ist doch nur fünfundvierzig Jahre alt geworden, oder gar siebenundzwanzig Jahre alt geworden! – Ja, stellen Sie doch die Gegenfrage: Wie alt wäre der Mensch geworden, der mit der Geisteswissenschaft fünfundvierzig Jahre alt wurde, wenn er diese nicht aufgenommen hätte in den Zwanzigerjahren? Stellen Sie doch die Gegenfrage! Die äußeren Beweisarten, die gelten nicht für diese inneren Dinge. Statistik und dergleichen, das hat keinen Wert, wenn man das Innere berücksichtigen will. Statistik hat im äußeren Leben ihren großen Wert, aber auch da beschränkt sie sich auf das Äußere und ergreift gar nicht dasjenige, was Lebensprinzip ist. Das können Sie ganz einfach sehen: es ist vollständig gerechtfertigt, daß man die Versicherungsgesellschaften nach Statistik und Arithmetik einrichtet; die richten sich ein danach, wie groß die voraussichtliche Lebensdauer eines Menschen ist, und danach versichern sie die Menschen. Aber es wird Ihnen doch nicht einfallen, daß Sie dann zu sterben haben, wenn nach der Wahrscheinlichkeitsrechnung Ihr Todesjahr für die Versicherungsgesellschaft eintritt! Also für die Wirklichkeit betrachten Sie das doch nicht als maßgebend, was für das äußere Leben tatsächlich das Maßgebende ist. Alles das, was Statistik, Wahrscheinlichkeitsrechnungen für das äußere Leben an gutem Wert besitzen, das hört auf, eine Bedeutung zu haben, wenn der Überzeugungswert für das Geistige beginnt. Den werden Sie aber nur gewinnen, wenn Sie Geisteswissenschaft selber als lebendiges Lebenselixier aufnehmen. Dann wird es aber zum Lebenselixier so, daß der Mensch sich hineinpaßt in die Verhältnisse.

Dann wird ein Umgekehrtes stattfinden. Ich war einmal ungemein betrübt – man kann ja sagen: das ist ein sonderbarer Mensch, darüber betrübt zu sein! –, als ich einmal in einem Hause mitaß und der Hausherr auf einer Waage sich immer genau abwiegen mußte, wieviel Fleisch, wieviel Gemüse er zu essen hatte. Er mußte sich alle einzelnen Speisen abwiegen! Bedenken Sie, wie für die Menschheit eine Instinktunsicherheit kommen würde, wenn jeder bei jeder Mahlzeit seinen Reis und seinen Kohl abwiegen wollte. Diese Instinktunsicherheit würde durch rein intellektuelle Wissenschaft kommen, denn die kann nur das Äußere statistisch aufzeigen. Aber es handelt sich nicht darum, daß wir den Instinkt verlieren – und durch intellektuelle Bildung verlieren wir ihn –, sondern daß wir ihn spiritualisieren; daß wir so sicher werden, wie der Instinkt sonst ist, aber der geistige.

Das ist das, was ich als besonders bedeutsam zu charakterisieren habe, indem ich auf das Wollen Rücksicht nehme. In das Wollen hinein schleicht sich die Geisteswissenschaft, bereitet es zu, so daß der Mensch geschickt wird für die Umgebung, indem er gar nicht bemerkt, wie er eigentlich hineinwächst in das, was in seiner Umgebung ist. Indem er mit dem Geiste zusammenwächst, wächst er in die Umwelt hinein.

Sehen Sie, man muß den Geist erleben lernen. Das tut man aber durch Geisteswissenschaft. Und die Menschheit wird es immer mehr und mehr nötig haben gegen die Zukunft hin, den Geist zu erleben.

Denn, wie erlebt der Mensch das, was ihm mitgegeben ist durch die Empfängnis oder Geburt? Stellen Sie sich vor: In einiger Entfernung von Ihnen wird eine Kanone losgeschossen. Sie hören den Knall. Das Licht sehen Sie etwas früher. Aber denken Sie sich nun einmal, die Sache wäre so: Sie stünden neben der Kanone, und Sie würden durch irgendein Ereignis gerade so schnell losgeschossen wie der Schall. Sie flögen mit dem Schall durch die Luft, ebenso schnell wie der Schall geht: dann würden Sie den Schall nicht hören; in dem Augenblick hören Sie auf, den Schall zu hören, wo Sie sich mit Schallgeschwindigkeit weiterbewegen. Das ist der Grund, warum der Mensch den Geist nicht bemerkt, weil er mit derselben Schnelligkeit, wie der Geist wirkt, sich bewegt von der Geburt bis zum Tode. In dem Augenblick, wo Sie geisteswissenschaftliche Wahrheiten aufnehmen, versetzen Sie sich in eine andere Geschwindigkeit als der Körper. Daher fangen Sie an, die Welt in einem anderen Lichte wahrzunehmen. So wie Sie den Schall wahrnehmen, weil Sie nicht die gleiche Geschwindigkeit haben, so nehmen Sie den Geist im Lebenslaufe dadurch wahr, daß Sie sich in ein anderes Tempo bringen, innere Ruhe herstellen, wie Sie es lesen können in meinem Buche «Wie erlangt man Erkenntnisse der höheren Welten?». Nicht mitleben mit dem Körper, sondern ein anderes Tempo herstellen! Aber das ist etwas, was die Menschheit sich überhaupt aneignen muß, was von ungeheurer Bedeutung ist.

Die Menschen berücksichtigen heute gar nicht, wie es eigentlich in früheren Zeiten war. Geschichte ist ja wirklich eine Art Fable convenue, aber das soll uns heute nicht beschäftigen. Man war in früheren Zeiten anders erzogen. Man nahm bei der früheren Erziehung doch viel mehr Rücksicht auf das Leben des Gemütes. Dieses rein intellektuelle Leben, das ist eigentlich erst in den letzten vier bis fünf Jahrhunderten heraufgekommen. Dabei wird nicht berücksichtigt, daß der Mensch ein mehrteiliges Wesen ist. Der Intellekt ist sehr bildungsfähig beim Menschen; er kann sich entwickeln, aber er ist leider nicht das ganze Menschenleben hindurch entwickelungsfähig, und insbesondere in unserem heutigen Zeitenzyklus nicht. Er ist an das Haupt des Menschen gebunden, und das Haupt bleibt nur entwickelungsfähig höchstens bis zum achtundzwanzigsten Lebensjahr. Der Mensch hat nötig, dreimal so lange sein Leben auf der Erde zu fristen, als sein Haupt entwickelungsfähig ist. Gewiß, wir sind in unserer Jugend intellektuell entwickelungsfähig, aber wir bleiben es nur bis ungefähr zum achtundzwanzigsten Jahr. Unser übriger Organismus bleibt das ganze übrige Leben hindurch entwickelungsfähig; er verlangt auch das ganze Leben hindurch von uns etwas. Das, was man heute den Menschen gibt, ist nur Kopfwissen, ist kein Herzenswissen. Ich nenne Herzenswissen dasjenige, was zum ganzen Organismus spricht, Kopfwissen dasjenige, was nur intellektuell ist und nur zum Kopfe spricht. Nun muß der Kopf mit dem Herzen in einer fortwährenden Wechselbeziehung auch moralisch, auch seelisch stehen. Das kann heute nicht stattfinden, weil wir unseren Kindern so wenig für das Herz, sozusagen für den ganzen übrigen Organismus geben, und nur etwas für den Kopf geben. Der Mensch wird fünfunddreißig Jahre alt. Jetzt hat er höchstens ein Kopfwissen; wenn es hoch kommt, hat er die Erinnerung an das Kopfwissen, das er aufnimmt. Er erinnert sich rein intellektuell an das, was er sich angeeignet hat. Aber fragen Sie, ob der heutige Unterricht in der Lage ist, das zu erreichen, daß man sich später im Leben nicht nur gedächtnismäßig an das erinnert, was man gelernt hat, sondern daß man sich mit dem Gefühl liebevoll zurückversetzt in dasjenige, was man in der Jugend aufgenommen hat; daß man wirklich noch etwas hat von dem, was einem da beigebracht worden ist, so daß man es neu auffrischen kann. Das muß aber das Ideal werden der Geisteswissenschaft in der Erziehung, daß man sich nicht nur zurückerinnert. Nun, heute tut man nicht einmal das. Man hat sein Examen gemacht und vergißt dann, was man geochst hat. Aber nehmen wir den Fall, die Leute erinnern sich zurück: Ist denn das, was die Menschen durch die Schule gehabt haben, ein Paradies, in das man sich gern zurückversetzt? Versetzen Sie sich so zurück, daß Sie sagen: Indem ich zurückdenke, strahlt mir der Lebensmorgen herein, und indem ich jetzt älter geworden bin, verwandelt sich das durch das Altwerden in mir in ein Neues; es ist mir eben so angeeignet worden, daß ich es umwandeln kann, ich erinnere mich nicht nur daran, ich wandele es um, es wird mir neu.

Lebensvoll wird der Seeleninhalt der Menschen werden, wenn die geisteswissenschaftlichen Grundsätze unsere ganze Erziehung, unsere ganze Geisteskultur erneuern. Und immer seltener und seltener werden dann die Wirkungen des frühen Alterns in der Menschheit werden. Wer die Menschheitsentwickelung verfolgt, der weiß: So alt sind vor dem 15. Jahrhundert die ältesten Leute nicht gewesen, wie heute die jüngsten Leute schon alt sind. Die Greisenhaftigkeit nimmt in verheerendem Maße zu. Dieser Greisenhaftigkeit ist nur dadurch zu steuern, daß eben diese Stimmung eintritt, daß wir in der Jugend das bekommen, was man im Alter umwandeln kann, was uns neu werden kann; woran wir uns nicht nur erinnern, sondern was wir umwandeln, weil wir wie an ein Paradies zurückdenken. Das wird Geisteswissenschaft als ein wirkliches Lebenselixier auch hineinbringen in das unmittelbare Leben. Die Schule wird zu etwas ganz anderem werden. Die Schule wird zu etwas werden, wo man sich bewußt ist: Man hat da für das ganze Leben des Menschen zu sorgen. Denn dasjenige, was dem Kinde geboten wird, es kommt in einer ganz anderen Weise im Alter heraus. Dem Kinde werden gewisse Dinge geboten in der Form, sagen wir, daß es lernt, mit Bewunderung, mit Ehrfurcht zu etwas aufzusehen. Das tritt im Alter wieder auf. Das bleibt in der mittleren Zeit mehr zurückgezogen, im Alter tritt es auf, indem es uns die Macht gibt, auf Kinder gut zu wirken. Oder wie ich einmal in einem öffentlichen Vortrag gesagt habe: Wer nicht in der Kindheit gelernt hat, die Hände zu falten, kann im Alter nicht segnen. Das innere Gefühl, das mit dem Falten der Hände zusammenhängt, es tritt in uns wie verwandelt im späteren Alter wieder auf in der Fähigkeit, zu segnen. Wir wissen heute gar nicht, wenn wir nur der heutigen Bildung folgen, was wir dem Kinde gerade für das spätere Alter, in dem Alter vom siebenten bis vierzehnten Jahre und noch früher, und gar erst über das vierzehnte Jahr hinaus geben mit dem, was der heutigen Jugend geboten wird. Das ist das furchtbar Ernste, denn da wird der Grund gelegt zu all der Großmannssucht, die heute in die Jugend verpflanzt wird, zu all dem Dünkel und Vorurteil, als ob man schon irgendwie einen «Standpunkt» haben könnte! Man hört es heute von den jüngsten Leuten: Das ist aber nicht mein Standpunkt. – Jeder hat einen Standpunkt. Es geht natürlich nicht, daß man mit zwanzig Jahren einen Standpunkt haben kann. Dieses Bewußtsein wird heute gerade nicht gefördert.

Das alles sind Dinge, die man damit umfassen kann, daß man sagt: Was im Menschen lebt, wird wiederum an die Wirklichkeit herangebracht werden. Die Wirklichkeit wird in ein gesundes Verhältnis zur menschlichen Seele gesetzt. Das ist dasjenige, was das Ideal der Geisteswissenschaft mit Bezug auf das Verhältnis der menschlichen Seele zur Wirklichkeit werden muß. Gerade auf dem großen Plan des Lebens reden heute die Leute ohne alle Beziehung zur Wirklichkeit. Wer versteht, was in der menschlichen Seele an Beziehung zur Wirklichkeit leben muß, der kann rein durch die Form, die das heutige Denken hat, manchmal Qualen ausstehen. Das Kind steht dann, wenn der Lehrer so denkt, diese Qualen unbewußt aus. Ein Beispiel: Ein sehr berühmter Literaturprofessor hielt eine Antrittsvorlesung, bei der ich anwesend war. Er fing an: Wir können dieses fragen, wir können jenes fragen. – Er stellte eine Reihe von Fragen, die alle im Laufe des Semesters beantwortet werden sollten, auf; dann sagte er: Meine Herren! Ich habe Sie in einen Wald von

Fragezeichen geführt. – Ich mußte den Wald von lauter Fragezeichen mir vorstellen! Denken Sie, was das Bildhafte, das reale Vorstellen eines Menschen ist, der, ohne das Bild sich vor die Seele zu malen, vor einem Wald von Fragezeichen steht! Das ist etwas, was man unterschätzt. Das, was eben angestrebt werden muß, ist ein lebensvolles Verhältnis zur Wirklichkeit.

Jüngst hat ein Staatsmann die Worte gesagt: Unser Verhältnis zur benachbarten Monarchie ist der Punkt, der in unserem ganzen zukünftigen Leben zur politischen Richtung werden muß. – Also stellen Sie sich vor: Das Verhältnis des einen Landes zum anderen Lande ist ein Punkt, und der Punkt wird zur Richtung. Man kann nicht unwirklicher denken! Stellen Sie sich aber vor, was für eine Konfiguration das ganze Seelenleben hat, das so ferne der Wirklichkeit steht, um solche Begriffshülsen auszudrechseln! Aber ein solches Seelenleben steht auch dem äußeren sozialen Leben ebenso fern, es taucht nicht unter in das soziale Leben. Was es ausdenkt, das wird nicht wirklich. Das ist in der Geisteswissenschaft unmöglich, daß man so unwirklich denkt wie die Begriffshülsen, zu denen man es allmählich in der neueren Zeit gebracht hat. Die Gegenwart ist so dünkelhaft, daß sie sich denkt, ganz besonders praktisch geworden zu sein. Sie ist aber nur schulmeisterlich geworden, lebensfremd geworden. Und ein künftiges Zeitalter wird unser Zeitalter dadurch charakterisieren, daß doch merkwürdigerweise auf so viele Menschen höchst imponierend der Weltenschulmeister wirkte: *Woodrow Wilson*, der auch nicht mit einem dünnen Faden in seinem Denken mit der Wirklichkeit zusammenhängt, sondern bei dem alle Worte der Unwirklichkeit entsprechen. Sie werden aber bewundert von denen, die nur ein wenig gehindert werden dadurch, daß sie mit ihm im Kriege sind. Aber gerade unter den Angehörigen der Mittelmächte gibt es heute viele, die Woodrow Wilson bewundern! Das wird in der Zukunft ganz besonders schwer zu begreifen sein, wie politische Programme, ohne Beziehung zur Wirklichkeit, gefunden werden, in denen die tollen Ideen von Weltenverträgen und Friedensverträgen unter Völkern und so weiter festgelegt werden. Wenn man das hätte so leicht machen können! Die Abstraktlinge seit den

Stoikern denken ja an diese Dinge! Was als Wilsonsche Ideen heute auftaucht: für den, der die Sachen weiß, war dieses da, seitdem überhaupt Menschen da sind. Ein gesundes Denken sagt sich natürlich: Weil das immer da war und nicht realisiert werden konnte, ist es ungesund! Das heutige Denken ist der Wirklichkeit fremd geworden, deshalb hat es auch seine Freude an solch unwirklichen Gedanken.

Die Dinge hängen schon zusammen mit den tiefsten Lebensprinzipien und Lebensimpulsen. Und daß heute soviel Verwirrung herrscht, daß soviel Chaos herrscht, das rührt davon her, daß die Menschheit zu einem Denken gekommen ist, von dem sie zwar glaubt, es meistere die Lebenspraxis, das aber im Grunde genommen ganz ferne der wahren Wirklichkeit ist. Ein Zusammenschluß mit der wahren Wirklichkeit in einem energischen Denken, was so starke Kräfte entwickelt, daß es in die Wirklichkeit eindringen kann, das ist dasjenige, was der Menschheit von der Geisteswissenschaft kommen muß als Ideal. Dazu müssen wir aber beim Kleinen anfangen. Wir müssen beim Kinde schon den Sinn entwickeln nicht für den abstrakten Begriff, aber für das Reale, das Vorstellbare; wir müssen nur selber erst damit den Zusammenhang haben. Derjenige, der dem Kinde beibringen will die Idee der Unsterblichkeit im Bilde von dem Schmetterling, der aus der Puppe kommt, der aber selber nicht an diese Unsterblichkeit glaubt, der bringt auch dem Kinde nichts bei. Wer aber auf dem Gebiete der Geisteswissenschaft steht, der weiß, daß der Schmetterling das wirkliche, von dem Weltengeist geschaffene Bild der Unsterblichkeit ist. Wir glauben selber an dieses Bild, und wir wählen nichts anderes als das, woran wir selber glauben, weil wir es wissen, oder uns bestreben, es zu wissen. Dadurch suchen wir unterzutauchen in die Wirklichkeit, suchen den Egoismus zu überwinden, der im Denken noch etwas Abstraktes haben will. Wir suchen einzudringen in den Geist der Wirklichkeit, und dadurch werden wir die Wege finden, die der neueren Menschheit notwendig sind, und um so mehr notwendig sind, weil sie am meisten verlassen worden sind von denjenigen, die sich gerade die praktischen Menschen nennen. Sie sind nicht die Praktiker, sondern diejenigen, die verarmt sind, und durch Brutalität ihre Verarmung der

Menschheit aufdrängen. Hilfe wird in dieser schwierigen Lage nur kommen, wenn die Menschheit den Geist sucht und durch den Geist die Wirklichkeit.

Das wollte ich heute zu Ihnen sprechen als etwas, was wir uns als Empfindung aneignen müssen über das Verhältnis der menschlichen Seele zur Welt, wie es sich ergibt als Grundstimmung der Seele aus der Geisteswissenschaft heraus. Und wichtiger als die einzelnen geisteswissenschaftlichen Wahrheiten ist diese Grundstimmung, mit der wir dann durchs Leben gehen, wenn sie in uns entzündet worden ist durch die Geisteswissenschaft.

ZEICHEN DER ZEIT
OSTEN, WESTEN, MITTELEUROPA

Ulm, 30. April 1918

Die Freunde unserer geistigen Bewegung, die hier in Ulm sind, haben sich vor einiger Zeit zusammengefunden, um die Gedanken, die Bestrebungen, die Impulse dieser unserer geistigen Bewegung auch hier zu pflegen. Wir sind hier, Freunde von auswärts, mit unseren Ulmer Freunden heute vereinigt, um dieses Ereignisses gemeinsam zu gedenken, das eben darin besteht, daß sich auch in dieser Stadt Ulm Freunde unserer Bewegung zusammengetan haben. Zusammengetan haben in ernster Zeit, in schwerer Zeit, in einer Zeit, die durch bedeutsame Zeichen zu den Menschheitsgemütern spricht. Und da darf es bei dieser Gelegenheit heute wohl geschehen, daß wir größerer Zusammenhänge gedenken, geistiger Zusammenhänge der Menschheitsentwickelung, in die sich für unsere Zeit und für die nächste Zukunft unsere geistige Bewegung hineinstellen wird. Ich möchte sagen: Einmal wollen wir den Blick hinwenden von dem, was mit den allernächsten der Menschheitsinteressen auch im Geistigen zusammenhängt, auf das Umfassende, jenes Umfassende, mit dem unsere Bewegung zusammenhängt.

Wir wissen ja, diejenigen Persönlichkeiten der Gegenwart, die sich im Zeichen unserer geistigen Impulse zusammenschließen, müssen in ihren Seelen, in ihren Herzen tief fühlen, daß sie etwas suchen wollen, was ihnen eine andere geistige Bewegung, eine andere geistige Bestrebung in der Gegenwart nicht geben kann und was zusammenhängt gerade mit dem, was auf seelischem Gebiete der Mensch in unserer Zeit und in der nächsten Zukunft suchen muß, wenn er in vollem Sinne des Wortes sich seiner Menschheit bewußt werden will. In diesem Suchen, gerade so, wie es sich ausspricht in unserer Bewegung, finden wir viele Gegner. Und gerade diejenigen sind unsere Gegner, welche glauben, von diesem oder jenem Gesichtspunkte aus die wahren Güter der Menschheitsentwickelung schützen zu müssen, schützen zu müssen vor einer, wie sie meinen, solchen Abirrung des menschlichen Geistes, wie sie in unserer Bewegung gegeben ist. So glauben gerade viele religiös gestimmte oder scheinbar religiös gestimmte Menschen der Gegenwart, daß unsere Bewegung geeignet sei, hinwegzuführen von dem, was sie brauchen zur wirklichen religiösen Vertiefung.

Nun könnte man allerdings schon in einem etwas oberflächlichen, aber doch nicht minder treffenden Urteil manchem, der so spricht, entgegnen: Hat es zum Beispiel die Vertretung auch der christlichen Idee im Laufe der letzten Jahrhunderte verstanden, die Menschheit auf eine Höhe zu bringen, welche die gegenwärtige furchtbare Katastrophe, ich will nicht einmal sagen: aus der Welt schaffen, sondern auch nur hätte mildern können? – Das hat sie nicht vermocht! Aber diejenigen Menschen, die niemals aus den Ereignissen lernen wollen, die lernen auch daraus nichts, daß sich in ihrem Sinne das religiöse Leben seit Jahrhunderten, ja Jahrtausenden entfaltet hat, und jetzt über die ganze Erde hin trotzdem, trotz dieses religiösen Lebens diese Katastrophe hat ausbrechen können. Aber wenn das auch naheliegt, so zu fragen, so wollen wir unsere Gedanken doch nicht gerade in dieser Richtung bewegen. Wir wollen einmal einleitend heute eine andere Frage aufwerfen, die vielleicht recht wenig berücksichtigt wird, die aber doch mit recht, recht tiefen Dingen der Gegenwart zusammenhängt.

Wissen Sie, welches Wort seinem Ursprung, seiner Entstehung nach den gegenwärtigen Gelehrten, den philologischen Gelehrten am allerunbekanntesten ist? Wissen Sie, bei welchem Wort Sie am allermeisten finden, selbst in den gelehrtesten Werken, wenn Sie sich Rat holen, daß man nicht sagen kann, wo es herkommt, was es eigentlich heißt, was es bedeutet? – Das Wort, nach dessen sprachlichem und geistigem Ursprung Sie am meisten vergeblich suchen werden in den gelehrten Hilfsmitteln, das ist das Wort «Gott». Keine Wissenschaft vermag Ihnen heute Auskunft zu geben über den sprachlichen und geistigen Ursprung des Wortes Gott. Das ist doch eine eigentümliche Tatsache. Denn diese Tatsache weist nicht bloß auf Äußerlichkeiten hin, nicht auf etwas, was in dieser oder jener Tatsachenreihe ist, sondern es weist hin auf etwas, was ganz tief, tief mit dem Menschengemüte zusammenhängt. Die Menschen glauben alle, etwas zu sagen, wenn sie von dem Göttlichen, wenn sie von ihrer Hinwendung zu Gott sprechen. Und sie wissen mit allen Mitteln der gegenwärtigen Gelehrsamkeit nicht einmal den Ursprung des Wortes Gott irgendwie anzugeben. Es weist dies darauf hin, daß weitaus die meisten Menschen in der Gegenwart, die heute auf religiösen oder sonstigen geistigen Gebieten sprechen, in Wahrheit gar nicht wissen, wovon sie reden. Wenn man nur tief genug eingehen würde darauf, was damit eigentlich gesagt ist, daß die Menschen nicht wissen, wovon sie reden, wenn sie glauben, von dem zu reden, was am allerinnersten mit dem menschlichen Seelenstreben zusammenhängt! Das fühlen, wenn auch nicht klar bewußt, so doch instinktiv diejenigen, welche sich gedrängt fühlen, aus den verschiedenen geistigen Wirrnissen der Gegenwart heraus zu unseren geistigen Impulsen zu kommen. Daß diese geistigen Impulse, die gerade aus der anthroposophisch orientierten Geisteswissenschaft kommen, zusammenhängen mit den dringendsten Bedürfnissen unserer Zeit, das ist von mir immer wieder und wiederum betont worden in den Zeiten, in denen sich das gegenwärtige schwere Gewitter seit langem eigentlich zusammengezogen hat.

Ich darf da erinnern an einen Satz, den ich öfter ausgesprochen habe, wie diejenigen Freunde wissen, die unserer Bewegung nun schon seit Jahren folgen. Ich habe es öfter ausgesprochen, daß im Laufe der letzten drei bis vier Jahrhunderte die Erde mit ihren verschiedenen Völkern in kommerzieller, in industrieller, in bankmäßiger Beziehung und so weiter eine Einheit geworden ist. Ich habe darauf hingewiesen, wie die modernen Verkehrsmittel und das, was durch die modernen Verkehrsmittel bis vor kurzem über die ganze Erde hingerollt ist, über die ganze Erde hin eben eine Einheit des Wirtschaftlichen, des äußeren wirtschaftlichen Lebens ausgegossen hat, eine Einheit, wenn wir so sagen dürfen, des physischen Erdenlebens. Wir hatten eine Einheit des physischen Erdenlebens. Ein Scheck, der in New York ausgestellt wurde, konnte in Tokio oder in Berlin oder wo immer eingelöst werden. Zu dieser Tatsache habe ich immer die Forderung hinzugefügt in den Jahren, die diesem

Kriege vorangegangen sind: Nicht nur der menschliche Leib braucht eine Seele, sondern ein jeglicher Leib braucht eine Seele, kann nicht ohne Seele leben. Was als physischer Leib in kommerzieller, industrieller, in sonstiger Beziehung über die Erde hin wie ein physischer Leib eben sich ausgebreitet hat, das bedarf einer Seele, einer solchen Seele, die die Möglichkeit bietet, daß über die Erde hin die Menschen sich so, wie sie sich kommerziell, so, wie sie sich geldlich verstehen, sich auch geistig verstehen. Dem Erdenleib eine Erdenseele zu geben, das ist etwas, was ich öfter als erstrebenswert ausgesprochen habe.

Nun, so etwas bildet sich ja gewiß nicht in einem Tage, so etwas braucht Zeit, und das, was ich hier ausspreche, will nicht eine Kritik der Zeit, sondern nur eine Charakteristik sein; es soll in den Menschenseelen anfachen das, was Impulse des Handelns, des Denkens, des Empfindens, des Wollens sein sollen. Es soll nicht anklagen, sondern es soll aussprechen, was geschehen soll. Daher ist es nicht in Form eines Vorwurfes gemeint, [wenn gesagt wurde] daß die Menschen es versäumt haben in den letzten Jahrzehnten, in denen sich besonders intensiv der gemeinsame Erdenleib herausgebildet hat, diesem Erdenleibe eine gemeinsame Erdenseele zu bilden. Diese Erdenseele kann ja nur gefunden werden, wenn man das dem Menschen zum Verständnis bringt, was in geistiger Beziehung den Menschen so gemeinsam ist wie in physischer Beziehung die Sonne, und was durch die anthroposophisch orientierte Geisteswissenschaft in der Menschheit verbreitet werden soll.

Das ist aber bis jetzt versäumt worden. Und in dieser gegenwärtigen katastrophalen Zeit erleben wir es in der furchtbarsten Weise, wie es noch nie geschehen ist innerhalb der Entwicklungsgeschichte der Menschheit, die mit Dokumenten verfolgt werden kann, daß sich die Menschheit in eine Sackgasse versetzt sieht, in eine wirkliche Sackgasse. Und im Ernste wird sie aus dieser Sackgasse nur herauskommen, wenn sie sich entschließt, zu dem, was physische Kultur ist, auf die die Menschheit so stolz ist, wirklich die geistige Kultur der Erdenseele für unsere Zeit und für die nächste Zukunft, die zu dieser physischen Kultur gehört, hinzuzufügen.

Man mag sich gegen diese Bestrebungen, eine neue Geistigkeit der Erde zu geben, stemmen, so viel man will, die Wahrheit wird sich unter allen Umständen geltend machen müssen. Die Menschheit lebt jetzt in einer furchtbaren Katastrophe drinnen. Wird die Menschheit sich nicht dazu entschließen, die hier gemeinte neue Geistigkeit wirklich sich einzufügen, dann werden in immer neuen Perioden, vielleicht in recht kurzen Perioden, diese Katastrophen immer wiederkehren. Mit den Mitteln, die die Menschheit schon gekannt hat, bevor diese Katastrophe ausgebrochen ist, wird diese Katastrophe und alle ihre Folgen niemals geheilt werden. Wer dieses noch glaubt, denkt nicht im Sinne der irdischen Entwickelung der Menschheit. Und so lange wird diese katastrophale Zeit dauern – wenn sie auch für einige Jahre zwischenhinein überbrückt werden kann, scheinbar –, bis die Menschheit sie in der einzig richtigen Weise interpretieren, auslegen wird, nämlich dahingehend, daß sie ein Zeichen ist, daß die Menschen nach dem Geiste, der das rein physische Leben durchdringen muß, sich hinwenden. Das mag heute noch für viele eine bittere, weil unbequeme Wahrheit sein, aber es ist eine Wahrheit.

Fragen wir uns einmal, was denn eigentlich bis heute trotz der seit drei bis vier Jahrhunderten immer intensiver auftretenden rein materialistischen Erdenkultur den Zusammenhang mit der geistigen Welt noch etwas aufrechterhalten hat? Wer Erfahrung auf diesem Gebiete hat, der weiß, daß mit der geistigen Welt den Zusammenhang eigentlich nur noch eine einzige, für die Menschheit schwerwiegende Tatsache aufrechterhalten hat. Ein Mann, der einer der bedeutendsten Leiter der unfruchtbaren «Gesellschaft für ethische Kultur» in den letzten Jahren war, sagte mir einmal eines Tages, er habe lange nachgedacht, wie es denn komme, daß in unserer aufgeklärten Zeit, in der die Menschheit doch wisse, daß ein Heil nur im Begreifen der materiellen Welt noch liegen könne, wie es möglich sei, daß in dieser aufgeklärten Zeit es noch Kirchen gebe, Kirchen neben den verschiedenen Staaten. Und er sagte, er wäre darauf gekommen, warum es noch Kirchen gibt. Er kleidete diese Lösung, mit der er meinte, ein tiefes Geheimnis zum Ausdruck zu bringen, etwa in folgende

Worte: Die Staaten verwalten das Leben, die Kirchen verwalten den Tod; und da die Menschen sich noch nicht abgewöhnt haben, in dem Tod etwas Furchtbares zu denken, besteht die Macht der Kirche darin, daß sie den Tod verwaltet. – Es ist eine echt materialistische Denkweise, denn der Mann wollte damit zum Ausdruck bringen, daß, wenn sich die Menschen endlich abgewöhnt haben würden, den Tod als etwas bedeutungsvoll in das Menschenleben Eingreifendes anzusehen, wenn sie sich angewöhnt haben würden, den Tod über sich so kommen zu lassen wie das Tier, dann würden die Kirchen ihre Gewalt verloren haben.

Nun, selbstverständlich ist dieser Ausspruch ein vollständiger Unsinn, ein geradezu glänzender Unsinn; aber er ist, wenn man auf das Geistesleben der Gegenwart blickt, nicht so ganz unbegründet. Die Gegenwart muß manchmal, um sich selbst zu begreifen, um das auszudrücken, was sie in geistiger Beziehung ist, einen Unsinn sagen. Das wird man in der Zukunft als besonderes Charakteristikum unserer Zeit anführen, daß die geistreichsten Menschen der Gegenwart genötigt waren, wenn sie so recht treffend den Charakter der Gegenwart, das heißt der Zeit um die Wende des 19. zum 20. Jahrhundert, zum Ausdruck zu bringen suchten, daß sie dann einen Unsinn sagen mußten. Nun aber, etwas Wahres ist eben in diesem Unsinn, nämlich das Wahre, daß fast die einzige Verbindungsbrücke mit der geistigen Welt für zahlreiche Menschen der Gegenwart ist, daß sie in gewisser Beziehung entweder Furcht vor dem Tode haben oder den Gedanken nicht ertragen, wenn ihre Lieben hingegangen sind, diese irgendwie in einem Nichts zu denken. Gewiß, es soll nicht verkannt werden, daß diese Gedanken noch immer bedeutungsvoll genug sind, daß sie noch immer mit tiefsten Interessen der Menschenseele zusammenhängen. Allein, zu einem wirklichen Verbundensein mit der geistigen Welt kann weder die Furcht noch eine andere Empfindung gegenüber dem Tode führen. Dazu muß kommen wirkliche, wahre Erkenntnis der geistigen Welt, muß kommen Verständnis für die Wirklichkeit der geistigen Welt. Und dieses Verständnis für die Wirklichkeit der geistigen Welt ist heute nicht anders möglich als dadurch, daß man zu der naturwissenschaftlichen Gesinnung eine geisteswissenschaftliche Gesinnung hinzufügt.

Wenn die Menschen nicht wissen, woher eigentlich das Wort Gott kommt, was eigentlich das Göttliche ist, was tun denn eigentlich die Menschen, die heute von Bedürfnissen dieser oder jener religiösen Verehrung, die von dem Göttlichen sprechen? Die Menschen, die da oftmals glauben, tief religiös zu sein, indem sie vorgeben, das höchste Göttliche anzubeten, was tun die eigentlich? Diese Frage sich in einem ernsten Augenblick einmal vor die Seele zu führen, ist gar nicht unwichtig. Was schließt diese Frage ein? Diese Frage schließt ein: Was ist eigentlich der Gott, von dem die meisten Menschen der Gegenwart sprechen, die vorgeben, religiöser Natur zu sein?

Nun, die Menschen weisen es ab, wenn wir vom Standpunkte der Geisteswissenschaft aus davon sprechen, daß über uns andere Wesenheiten sind, die Angeloi, Archangeloi, Archai und so weiter, so daß wir eine Hierarchie von geistigen Wesenheiten schauen, und daß der Weg weit hinauf ist zu dem, was das höchste Göttliche ist. Diese erkenntnismäßige Bescheidenheit wollen die Menschen der Gegenwart nicht haben. Sie drücken es oftmals so aus, daß sie sagen: Sie wollen keine Vermittlung haben zwischen sich und dem Gotte, sie wollen immer sich direkt, unmittelbar an den allerhöchsten Gott wenden. Es handelt sich aber nicht darum, was man glaubt über ein solches Hinwenden, sondern darum handelt es sich, was man in seiner Seele wirklich tut, was man in seiner Seele wirklich erlebt.

Nehmen Sie alles das, was Ihnen heute ein Prediger irgendeiner anerkannten Religionsgemeinschaft über das Göttliche vorbringt, was er redet über das Göttliche. Worauf bezieht sich das, wenn man nun nicht nach seinen Worten geht, sondern nach der Wirklichkeit? Es bezieht sich auf zweierlei. Entweder bezieht sich das, wovon er redet, auf kein höheres Wesen als auf seinen Engel, der als leitende Wesenheit über jedem einzelnen von uns steht. Er betet diesen Engel an, er nennt ihn den höchsten Gott. Derjenige, der weiß, was Worte wirklich für einen Inhalt haben können, der weiß, daß alles, was in den modernen Predigten gesagt wird von Gott, niemals auf irgendeinen höheren Gott als auf einen Engel sich bezieht oder, wenn nicht auf einen Engel, so noch auf etwas anderes. Geht man nämlich der Frage nach, woher denn das eigentlich stammt, was solche Menschen fühlen, die von ihrem Gotte sprechen, die von ihrem Gotte predigen in ihren Kirchen, die oftmals sogar vorgeben, ein Gotteserlebnis in ihren Seelen zu haben, wie es manche Menschen der Gegenwart tun – sie nennen sich dann mit einem gewissen Hochmut «evangelisierte Menschen» und dergleichen –, von welchen Impulsen in ihren Seelen solche Menschen ausgehen, der kommt zu folgendem: Solche Menschen fühlen in ihren Seelen den Impuls ihres eigenen Wesens, wie sich dieses Wesen entwickelt hat in einer rein geistigen Umgebung zwischen dem letzten Tode und der Geburt. Dieses geistige Wesen, das sich zwischen dem letzten Tode und unserer Geburt in uns entwickelt hat, das ist jetzt in unserem Leibe, das hat unseren Leib bezogen. Vieles von dem, in dem wir jetzt leben, kommt nur aus diesem Wesen, aus diesem vorgeburtlichen Wesen. Dieses vorgeburtliche Wesen fühlt der Mensch als ein Geistiges; dieses vorgeburtliche Wesen ist es, mit dem er sich vereinigt fühlt. Ja sogar sogenannte Theosophen der verschiedensten Richtungen haben den Menschen immer wieder und wiederum vorgesagt, um ihnen so etwas geistig Honigsüßes zu geben, es käme darauf an, daß sich der Mensch mit seinem Gotte in sich vereinigt. Aber das, was da der Mensch fühlt, indem er sich angeblich mit seinem Gotte vereinigt, das ist er selbst, das ist nur sein geistig-seelisches Wesen in der Zeit zwischen dem letzten Tode und der letzten Geburt. Und das, wovon zahlreiche Pastoren und Priester sprechen, wenn sie von dem Gott, den sie in ihrer Seele fühlen, sprechen, ist nichts anderes, als daß sie ihr eigenes Ich ahnen, nicht wie es sich hier im physischen Leibe, in der physischen Umgebung entwickelt, sondern wie es sich in der geistigen Welt entwickelt hat zwischen Tod und Geburt. Das empfinden sie, und dann fangen sie an zu beten. Und was beten sie an? Sich selber.

Das ist dasjenige, was einem aus vielen geistigen Strömungen der Gegenwart so herzzerreißend entgegenkommt. Wenn man diese Dinge der Wirklichkeit nach anschaut, so muß man sich gestehen, daß die Menschen nach und nach dazu gekommen sind, unterbewußt, ohne daß sie es wissen, sich selber anzubeten. Und wenn einmal einer dahinterkommt, so drückt er es in merkwürdigen Formen aus, wie es *Friedrich Nietzsche* getan hat. Dieses muß man sich durchaus klarmachen: Entweder betet derjenige, der die Hierarchien, der die wunderbare Breite und Größe der geistigen Welt nicht anerkennen will, bloß seinen Engel an – was ja auch ein egoistisches Anbeten ist –, oder er betet sich selber an. Dieses ist die geistige Form des Egoismus, zu dem die Menschheit allmählich unter dem Einfluß der materialistischen Entwickelung der neueren Zeit gekommen ist.

Nun werden Sie sagen: Was erzählt er uns denn alles? Das ist doch nicht wahr! Die Leute sagen doch nicht, daß sie sich selber anbeten, daß sie nur ihren Engel anbeten! – Gewiß, sie sagen es nicht, aber sie tun es; und dasjenige, was sie sprechen, das geschieht nur, um sich gegenüber der Tatsache, die deshalb nicht minder real ist, zu betäuben. Dasjenige, was heute gesprochen wird, das ist vielfach ein Betäubungsmittel für die Menschheit, weil natürlich die Menschen sich nicht gestehen wollen das, um was es sich eigentlich handelt. Die Menschen finden es heute vielfach zu unbequem, in innerer Arbeit sich zu erheben zu den geistigen Welten. Das wollen sie nicht. Sie wollen auf eine viel einfachere Weise zu den geistigen Welten vordringen, so einfach als man eben kann. Daher täuschen sie sich, daher betäuben sie sich. Aber man kann sich nicht ungestraft betäuben. Die Welt geht ihren Gang. In der Welt wirkt das Göttlich-Geistige, wenn man es auch nicht anerkennen will. Es wirkt und webt darinnen. Und das ist die tiefste Aufgabe unserer Zeit, den Zusammenhang mit dem wirklichen Geistigen wiederzufinden, aus sich wieder herauszubekommen den vergeistigten Egoismus, den wir eben geschildert haben, ihn zu überwinden. Das ist dasjenige, was einem so zu Herzen spricht, wenn man den eigentlichen tieferen Impuls geistiger Wissenschaft für die Gegenwart begriffen hat. Die Welt – ich habe vorhin schon darauf aufmerksam gemacht –, sie wird schon durch ihre gewaltigen Zeichen die Menschen zwingen, den Geist wieder zu suchen. Aber es muß ein gewisser Kern strebender Menschheit da sein, welcher sich in dieses geistige Streben hineinfindet, das einzig und allein das Richtige und Wahrhaftige und Wirkliche für die Gegenwart sein kann.

Sehen Sie, die Erde hat verschiedene Aufgaben durchgemacht. Es hat ja nicht nur der einzelne Mensch eine Aufgabe, die ganze Erde hat fortwährend ihre verschiedenen Aufgaben. Eine andere Aufgabe hatten in der Zeit, die unmittelbar auf die große atlantische Katastrophe folgte, die Menschen der indischen Kultur, eine andere Aufgabe wieder etwas später die Menschen der persischen Kultur; eine andere Aufgabe hatten die Menschen, als die Ägypter und Chaldäer tonangebend waren, eine andere Aufgabe, als die griechisch-römischen Völker den Ton angegeben haben. Dieser bestand fort bis in das 15. Jahrhundert hinein. Eine andere Aufgabe ist wiederum vom 15. Jahrhundert bis heute uns zugeteilt. Und diese Aufgabe, die uns jetzt zugeteilt ist, die ist eine ganz andere, als sie jemals war auf der Erde. Man kann diese Aufgabe, die der Menschheit gegenwärtig zugeteilt ist, die mit dem 15. Jahrhundert begonnen hat und die bis in das 4. Jahrtausend hinein dauern wird, dadurch charakterisieren, daß man auf das Wesentlichste hinweist, was gerade in diesem Zeitraum auf der Erde geschieht.

Sieht man noch zurück in die Zeit bis zum 15. Jahrhundert, sieht man das sich geisteswissenschaftlich an, so sieht man, wie bis zum 15. Jahrhundert alles, was die Menschen getrieben haben, von einer gewissen Geistigkeit durchdrungen ist. Die äußere Geschichte erzählt davon nichts, denn sie ist eine Fable convenue, die wir auf den Schulen, auf den Universitäten lernen. Studieren Sie nur wirklich, was die Menschen geschaffen haben im Alltag, es war von einer gewissen Geistigkeit durchdrungen. Das ist das Charakteristische unserer Epoche, daß diese Geistigkeit zurückgegangen ist, daß sie sich allmählich ganz verlieren muß, wenn der Mensch nicht eine neue Geistigkeit zu der rein äußeren, materiellen Kultur hinzufügt. Durch die rein äußeren Verhältnisse ist die Erdenentwickelung dazu verurteilt, rein materialistisch zu werden. Den Geist, der gewissermaßen von selbst kam in früheren Erdenentwickelungsepochen, muß die Menschheit aus freier innerer Tat hinzufügen zu dem, was sich darbietet.

Wenn man absieht von dem, was die Menschen aus ihrer inneren Freiheit, aus ihrem Bewußtsein in die Erdenkultur hereinbringen können, und nur auf das sieht, was in unserem fünften Zeitraum, der seit der Mitte des 15. Jahrhunderts währt, sich von selbst ergibt, dann stellt sich heraus, daß dieses der Zeitraum ist, in dem die Erde allmählich anfängt, für den ganzen Kosmos, für das ganze Universum zu ersterben. Der fünfte Zeitraum ist der Beginn des Erdentodes. Während alle früheren Zeiträume zu dem genannten Geiste des Universums durch dasjenige, was sich aus der Erde selbst ergab, einen Beitrag liefern konnten, hat all die glänzende Kultur, die sich in diesem fünften Zeitraum entwickelte – der Telegraph, das Telephon, die Eisenbahn –, ihre große Bedeutung für die Erde, aber keine Bedeutung außerhalb der Erde. Nichts von dem, was im Ägyptertum, im Griechentum entstanden ist, geht mit der Erde zugrunde; aber das, was in unserer Zeit entsteht auf dem Boden der rein materialistischen Kultur, geht mit der Erde zugrunde, wenn die Erde selbst Weltenleichnam sein wird. Das, was die gegenwärtige materielle Kultur schafft, geht mit der Erde zugrunde. Diese Zeit mußte kommen. Denn die Menschen müssen frei werden. Sie mußten nicht gezwungen sein, den Geist zu finden, sie mußten das Geistige aus freier innerer Bewußtseinstat finden. Daher kam dieser jetzige Zeitraum, in dem alles das, was wir äußerlich finden können, worauf wir so stolz sein können, äußerlich nur für die Erde da ist, doch nicht da ist für die geistige Welt. Daher ist es aber auch die Zeit, die dem Menschen es freistellt, zum Geiste sich zu erheben, die die Menschen auf ihr Inneres, auf ihre Seele, auf ihr Herz, auf ihr Gemüt verweist, wenn sie geistiger werden wollen, die die Menschen nicht zwingt, geistiger zu sein, aber die den Menschen freistellt, ob sie verfallen wollen mit der äußeren verfallenden Kultur, oder ob sie nicht verfallen wollen mit dieser Kultur.

Man kann eine solche Wahrheit, wie sie eben ausgesprochen worden ist, das heißt dasjenige, was der Menschheit durchaus notwendig ist, entweder aus der Geisteswissenschaft heraus einsehen – und alles dasjenige, was Sie in der geisteswissenschaftlichen Literatur finden, gibt Ihnen Bausteine zum Einsehen dessen, was ich jetzt zusammengefaßt habe –, oder man kann auch, wenn man ein wenig vorbereitet ist durch die Geisteswissenschaft, die Dinge ablesen an den gewaltigen Zeichen, die in unsere Zeit hereinspielen. Aber die Menschen sind noch wenig geneigt, abzulesen von den Zeichen der Zeit.

Bedenken Sie das Folgende. Wer in den letzten Jahrzehnten sich ein wenig umgesehen hat auf den Feldern der Menschheitsentwickelung, der hat sehr merkwürdige Beobachtungen machen können. Wenn er sich gefragt hat: Wie streben die Menschen nach Zukunftsidealen, nach einer geistigen Erneuerung? –, und wenn er dann hingegangen ist, um diese Dinge wirklich kennenzulernen, dann fand er reges Streben, er fand geistiges Streben, geistige Betätigung, Sinn dafür, daß es auf der Erde anders werden muß auf dem Gebiete, das man gewohnt worden ist, das Sozialistische zu nennen in der Arbeiterwelt, in der Arbeiterbewegung. Rein materielle, aber richtige Zukunftsideale, die immer fragen, wie die Welt umgestaltet werden muß, wie etwas Neues kommen muß, das war das eine.

Fragt man auf anderen Gebieten als dem Gebiet des Sozialismus – unsere Geistesbewegung ist ja noch ein ganz kleines Häuflein von einigen, wie die Leute sagen, schrullenhaften, halbverrückten Menschen –, fragt man bei den gescheiten Menschen an, bei denen, die die Ideen der Zeit so wirklich verstanden haben, so findet man in den letzten Jahrzehnten überall ungeheuerlichste geistige Öde. Innerhalb der Kirchentheologie entstanden die sonderbarsten Diskussionen: Ob ein Christus Jesus überhaupt gelebt hat oder nicht, jedenfalls daß er nicht irgendein außerirdisches Wesen gewesen sein könne; der «schlichte Mann aus Nazareth», das war schließlich noch dasjenige, um was man sich kümmerte. Und sonst? Ja, was fand man denn? Man fand in dieser Zeit, da die Menschen «frei geworden sind von allem Autoritätsglauben», in der die Menschen nur sich richten nach dem Grundsatz: Prüfet alles, und das beste behaltet –, den blindesten Autoritätsglauben in dasjenige, was, wie man sagt, die Wissenschaft fordert. Blinder Autoritätsglauben auf allen Gebieten! Blinder Autoritätsglauben von dem geschichtlichen Zweige an bis hinein in das Medizinische. Es fand es ja niemand sehr bequem, irgendwie viel zu wissen über das, wovon die Gesundheit abhängt; das läßt man sich von dem, der eine Autorität auf diesem Gebiete ist, besorgen. Einfach furchtbarster Autoritätsglaube! Hängen an den Resten und Fetzen desjenigen, was man sich gerettet hat aus der Vergangenheit, was man aus Bequemlichkeit festhielt. Kein Streben, das von dem Bewußtsein ausgegangen wäre, daß eine Erneuerung der Menschheit in geistiger Beziehung notwendig ist!

Dabei zeigte sich dem, der wiederum geisteswissenschaftlich beobachten konnte, daß im Osten Europas, ich möchte sagen, unter Flammenzeichen sich durch reine Naturvorgänge etwas von einem neuen Geiste ankündigte, daß unter dem schmachvollsten äußerlichen Joche im Osten Europas sich eine künftige Zeit in den Gemütern selbst der stumpfen Bewohner dieses Ostens von Europa entwickelte. Merkwürdig, wie seit dem 9. Jahrhundert von dem übrigen Europa doch wie zurückgeschoben worden ist nach dem Osten dasjenige, was bleiben sollte, was nicht angefressen werden sollte von dem Westen, wie es dann in der äußeren Form des sogenannten Russischen Reiches in den verschiedenen Jahrhunderten auftritt, innerlich merkwürdig das Alte bewahrend und in der Hülle des Alten wie in einer Puppenhülle ein Neues vorbereitend für eine spätere Kultur! Mysterienkulte, möchte man sagen, haben sich noch erhalten innerhalb dieses russischen Volkes, mit Mysterienvorstellungen lebt dieses russische Volk, welches wenig verstanden hat von den abstrakten religiösen Begriffen des Westens, welches aber viel erfühlt, im tiefsten, tiefsten Inneren erfühlt von den Kultformen, von dem, was des Menschen Gemüt in bildhafter Form zu dem Göttlichen hinüberbringt. In der eigenen Seele fühlt im Osten der Mensch dasjenige, wovon der westliche Religionsherrscher den Namen trägt: «Pontifex», das heißt Brückenmacher, Brückenmacher zum Geistigen hinüber. Aber im Osten, da bewahrte man sich von dem Alten noch so viel, als nötig war, um unberührt von dem Neuen, dem neuen Materialistischen, die Brücke wenigstens sich freizuhalten ins Geistige.

Und jetzt nehmen Sie mit diesem zusammen die heutigen Zeichen der Zeit! Man möchte sagen: Die allerallerbitterste Ironie der menschlichen Entwickelung ist gerade über den Osten von Europa ausgegossen, die bitterste Ironie! Die Karikatur jedes höheren Menschheitsstrebens, die im Leninismus, im Trotzkismus als letzte karikaturenhafte Konsequenz der rein materialistischen sozialistischen Ideen sich geltend gemacht hat, ist wie ein Kleid, das nicht zum Leibe paßt, übergezogen den Menschen des Ostens. Noch nie sind größere Gegensätze zusammengestoßen als die Seele des europäischen Ostens und der widermenschliche *Trotzki*smus oder *Lenin*ismus. Das ist nicht aus irgendeiner Sympathie oder Antipathie heraus gesprochen, das ist aus der Erkenntnis heraus gesprochen, aus der Erkenntnis, die uns zeigen soll, was furchtbar sich braut im europäischen Osten durch die Zusammenfügung der größten Gegensätze, die jemals zusammengekommen sind. Das soll uns auch hinweisen darauf, daß die Zeichen der Zeit bedeutsam sprechen. Das soll uns zeigen, vor allen Dingen noch einmal damit zu beginnen, mit der Geisteswissenschaft soweit Ernst zu machen, daß wir durch sie eintreten wollen in die Wirklichkeit; denn man kann mit ihr eindringen in die Wirklichkeit der Gegenwart.

Eine merkwürdige Rede hat Tagore den Japanern gehalten, *Rabindranath Tagore,* über den Geist Japans. Er spricht als Orientale, Tagore; aber der Orientale spricht heute schon so, daß ihn der Europäer, wenn er nur will, ein bißchen verstehen könnte. Aber gerade wenn man sich hineinvertieft in das, was Tagore gesagt hat über den Geist Japans, was er gewissermaßen der ganzen Welt sagen wollte, dann findet man, daß dieser Tagore mit allen einsichtigen Menschen des Ostens weiß: Der Osten bewahrt eine alte spirituelle Kultur, eine spirituelle Kultur, welche die Weisen des Ostens sorgfältig geheimgehalten haben, welche sie nicht haben herauskommen lassen unter das gewöhnliche Volk. Aber es ist eine spirituelle Kultur, die sie den sozialen Einrichtungen einverleibt haben bis in die neueste Zeit. Eine Kultur, die durch und durch spirituell ist, deren Zeit aber abgelaufen ist. Daher das eigentümlich Unnatürliche, das uns entgegentritt, ich möchte sagen, durch den ganzen asiatischen Orient. Die Leute eignen sich an zu ihrer alten spirituellen Empfindungsweise die westlichen Denkformen, die westlichen Kulturformen. Es kommt dadurch im Grunde etwas Furchtbares heraus, weil spirituelles Denken, namentlich wie es der Japaner ausgebildet hat, beweglich ist, eindringend ist in die Wirklichkeit. Verbrüdert es sich mit dem europäisch-amerikanischen Materialismus, dann wird es, wenn der europäische Materialismus sich nicht vergeistigen will, ihm ganz gewiß den Rang ablaufen. Denn der Europäer hat nicht die Beweglichkeit des Geistes, die der Japaner hat. Die hat dieser als ein Erbgut seiner alten Spiritualität.

Nun, wie durch eine wunderbare Weisheit, möchte ich sagen, war die russische Volksseele vor allem, was in abgründige Entwickelung, in die Dekadenz führt, bewahrt geblieben. Aber sie soll nun vergiftet werden durch den Leninismus und Trotzkismus. Sie soll infiziert werden von demjenigen, was überhaupt den Geist aus der ganzen Erdenkultur auslöschen würde, wenn es zur Herrschaft kommen würde. Das darf selbstverständlich nicht sein. Aber es hängt, wenn es nicht sein soll, der Erfolg, der geistige Erfolg davon ab, daß man sich entschließt, Geisteswissenschaft nicht bloß als eine abstrakte Theorie zu betrachten, nicht bloß als ein bequemes Mittel, eine gewisse innere Wollust, ein gewisses mystisches Träumen in der Seele zu entwickeln, in dem man sich wohlfühlt, durch das man sich vortäuscht, daß man mit der Welt nichts zu tun hat – diese schnöde Welt verachtet man, man fühlt sich hinein in ein geistiges Jenseits. Das ist doch nur Egoismus, ein höherer Egoismus, aber doch nur Egoismus. Mit solcher Mystik, solcher Theosophie sollte man nichts zu tun haben wollen, sondern allein mit jener geistigen Erfassung des Daseins, die wirklich den Geist begreift, den Geist erlebt, aber durch den Geist die Wirklichkeit erfassen will.

Nun muß man das, um was es sich da handelt, als eine Aufgabe erkennen, als eine ernste Aufgabe für die Gegenwart. Aber die Dinge sind zuweilen unbequem. Und gerade weil sie unbequem sind, haben gewisse Bruderschaften, die sie bisher aufbewahrt haben, sie vor der breiten Masse geheimgehalten, gehütet. Das ist nicht mehr an der Zeit. An der Zeit ist, daß die Menschen aus dem bewußten Inneren heraus in freier Geistigkeit streben. Die Dinge, die durch Jahrtausende geheimgehalten worden sind, müssen jetzt den Menschen mitgeteilt werden. Einsehen muß man, daß im Osten in alten abgelebten

Epochen eine spirituelle Weisheit schon vorhanden war, aber die Zeit für diese spirituelle Weisheit ist vorüber. Eine andere spirituelle Weisheit muß kommen. Darüber wollen sich die Menschen vielfach täuschen. Wie viele Menschen sind doch aufgetreten in unserer jetzigen Zeit des Suchens und haben den Europäern bequem sein wollen, weil denen so etwas wie unsere Geisteswissenschaft viel zu schwierig ist, denn da muß man ja denken; das Denken ist etwas so Unbequemes! Da muß man geistig wach sein; geistig wach sein ist etwas so Unbequemes! Da haben sich denn viele Menschen gefunden, die haben es den Europäern ersparen wollen, den eigenen Weg zum Geiste zu suchen, und haben ihnen allerlei orientalische Weisheit beigebracht, zarathustrische Weisheit und alles mögliche andere. Die Europäer fühlten sich so wohl, wenn sie nicht selbst den Geist zu suchen brauchten, sondern wenn man ihnen den Geist fertig vom alten Indien her brachte. Es war das ein Betäubungsmittel, denn man wollte nicht durch den Geist das Weltenall suchen. Man wollte sich betäuben, indem man ein altes Erkenntnismittel ergriff. Das war der Fehler, den man auf vielen Gebieten nach dem Osten hin machte.

Und einen anderen Fehler hat man gemacht. Dieser andere Fehler hängt damit zusammen, daß diese neuere Zeit, welche gewissermaßen die Erde zum Absterben führt in ihrer Kultur, in den Menschen die unbewußte Notwendigkeit hereinbringt, sein eigenes Innere zu suchen. Der Drang, dieses eigene Innere zu suchen und zu finden, dieser Drang ist schon da. Oh, die Menschen werden immer zahlreicher, die darauf ausgehen, dieses eigene Innere zu suchen! Es verkappt sich, maskiert sich sogar das Suchen nach dem eigenen Inneren in der Anbetung des Gottes, die entweder eine Anbetung des Engels oder des eigenen Selbstes ist. Das Suchen nach dem Inneren, das wird immer lebhafter und lebhafter in der modernen Menschheit werden. Je mehr Naturwissenschaft, je mehr Technik die Menschen in der neueren Zeit ergreifen, desto lebendiger wird der Gegendrang des Suchens nach dem Inneren kommen. Die Menschen suchen heute vielfach auf Irrwegen, aber sie suchen danach. Diejenigen, die am wenigsten suchen, das sind die, die als offizielle Organe angestellt sind, nach dem Geiste zu suchen; die suchen nach den

«Grenzen der Erkenntnis». Sie suchen das festzustellen, was der Mensch von der geistigen Welt nicht wissen kann. Und so haben wir heute geistige Führer, die vor allen Dingen bemüht sind, den Menschen zu sagen, wie man nicht in die geistige Welt eindringen kann, und eine Menschheit, die zwar sucht, aber kein rechtes Bewußtsein von ihrem Suchen hat.

Das ist die auffälligste Erscheinung. Verstehen Sie es, die Seelen wirklich zu enträtseln über die Erde hin, da finden Sie in den Menschen, die Laien sind, die in der Not und im Kampfe des Lebens drinnenstehen, überall das Suchen nach der Seele. Fragen Sie nach den Führern, die von den Kanzeln und Kathedern herunter zu den Menschen so sprechen müßten, daß das Suchen befriedigt wird, dann reden diese ihnen vor, die Wissenschaft gestatte das nicht, daß man die Grenzen der Erkenntnis überschreite, der Mensch könne nicht in die geistige Welt eindringen. *Kant* habe für alle Zeiten die Grenzen der menschlichen Erkenntnis festgestellt, und wer nicht darauf eingehe, der sei ein Tor. – Das ist die auffälligste Erscheinung der Gegenwart. Aber der Drang ist in den weitesten Kreisen da, wenn sich diese auch nicht bewußt sind dieses Dranges, nach dem Inneren zu suchen. Wo ein solcher Drang vorhanden ist, wird man sich auf die Dauer doch nicht mit den bloßen Grenzen befriedigen, sondern man wird noch nach etwas anderem suchen.

So wie der Osten herübergeschickt hat das Betäubungsmittel einer alten Kultur, einer abgelebten Kultur, so schickt der ferne Westen den Menschen ein anderes Betäubungsmittel. Das ist es, was man nach und nach einsehen wird: der Anglo-Amerikanismus ist kulturell das Betäubungsmittel in der modernen Zeit für das Suchen des Geistes in dem menschlichen Inneren. Englisch-amerikanische Kultur hat auf der einen Seite die Aufgabe, das Materielle über die Erde hin zu organisieren, zu verbreiten, aber sie verbindet diese Aufgabe vermöge einer inneren Eigenart des anglo-amerikanischen Wesens damit, durch die Amerikanismen den Menschen zu betäuben über das Suchen nach dem Geistigen in der Seele. Je mehr man orientalisch werden würde in Europa, desto mehr würde man sich betäuben in bezug auf spirituelle Welterkenntnis; je mehr man angloamerikanisch werden würde in Europa, desto mehr würde man sich betäuben über das Suchen des wahren Geistes, des wahren Ich in dem menschlichen Inneren.

Nicht um Chauvinismus zu entwickeln, nicht um allerlei Tiraden zu reden über diese oder jene Weltmission, werden diese Dinge hier gesagt, sondern weil – in bescheidenster Weise – das durchschaut werden muß, um die verantwortungsvolle Lage des mitteleuropäischen Menschen zu begreifen. Denn seit den Zeiten der geistigen Vertiefung durch *Lessing, Herder, Goethe, Schiller,* durch alles das, was ich versucht habe, im Buche «Vom Menschenrätsel» zu schildern als vergessenen Klang des deutschen Geisteslebens, ist der mitteleuropäische Geist dazu berufen, die Menschheit hinwegzuführen über diese zwei Betäubungsmittel: über das Betäubungsmittel des Orientalismus, über das Betäubungsmittel des Amerikanismus.

Das einzusehen, wie sich das geistige Tableau über die Erde hinstellt, das einzusehen, was auf unsere Seelen gelegt ist, dazu soll Geisteswissenschaft eine Anleitung sein. Können denn die Menschen draußen in der Welt heute wissen, welche spirituellen Impulse von Mitteleuropa in die Welt kommen können? Können sie das wissen? Stellen wir die Frage in einer anderen Weise: Haben wir uns würdig erwiesen eines solchen geistigen Suchens, wie es durch Herder, durch Goethe angeregt worden ist? – Meine lieben Freunde, Meditation wird uns mit Recht anempfohlen in der Geisteswissenschaft. Wissen Sie, was eine wunderbare Meditation wäre, die man schon anfangen könnte mit den kleinsten Kindern? Lesen Sie bei Herder, wie er jeden Sonnenaufgang am Morgen als eine Neuschöpfung in einem grandiosen Weltenbilde darstellt. Und lesen Sie die unzähligen Bilder, die bei Herder sich finden in seinen «Ideen zu einer Philosophie der Geschichte der Menschheit». Vergessen, verklungen! In diesen Tagen sagte mir ein Herr, dem es ernst ist um das mitteleuropäische Geistesleben: Von all dem bei Herder habe ich nie etwas gehört!

Ja, eine Aufgabe obliegt uns; diese Aufgabe müssen wir einsehen. Hören Sie heute solch einen Chinesen wie den *Ku Hung-Ming*. Hören Sie einen Inder, wie Tagore es ist. Glauben Sie etwa, diese Menschen haben die Möglichkeit, wirklich einzusehen, nach dem, was vorgeht, welche geistigen Impulse im mitteleuropäischen Geistesleben sind? Sie schauen hin und sagen sich: Nun, Goethe hat gelebt; sogar eine Goethe-Gesellschaft ist gegründet worden zur Pflege des Goetheanismus. Aber was ist geschehen? In den letzten Jahren hat man gesucht, wer diese Goethe-Gesellschaft leiten solle, wer an der Spitze dieser Goethe-Gesellschaft stehen soll; man hat die Frage auch nicht einmal aufgeworfen: Soll es ein Mann sein, der im Geiste des Goetheanismus wirkt, der etwas für die Spiritualität in dem Sinne, wie sie jetzt gedacht werden soll, hundert Jahre nach Goethe, wirken könnte? Nein, man hat einen Mann an die Spitze der Goethe-Gesellschaft gestellt, der ein früherer Finanzminister war. Den sieht die Welt draußen als den Verwalter der Goetheschen Spiritualität. Keinen anderen als einen ehemaligen Finanzminister sieht man als Verwalter der Goetheschen Spiritualität!

Es genügt eben nicht, daß man ruft: Geist, Geist, Geist –, sondern daß man die Wirklichkeit durchdringt mit dem, was man aus der geistigen Anschauung gewonnen hat, daß man diese geistige Anschauung aber auch in die Wirklichkeit hineinführt. Eine Aufgabe ist gerade dem Mitteleuropäer zugeteilt, und diese Aufgabe hat begonnen. Denn Geisteswissenschaft, wie sie hier gedacht ist, ist nichts anderes als die Fortsetzung desjenigen, was heraufgekommen ist um die große Wende des neueren Geisteslebens, auf die ich eben jetzt hingedeutet habe. Es hätte einen Widerpart finden müssen das rein materielle sozialistische Streben, das durch Jahrzehnte hindurch die einzige impulsive Bewegung war, in einer geistigen Bewegung! Wohl ist es nie zu spät, aber es muß eben endlich begriffen werden, damit es nicht verfällt, dasjenige, was gerade unsere Aufgabe ist. Es muß endlich begriffen werden, daß man mit all den Schlagworten nicht weiterkommen kann, daß ein neuer Geist die Menschheit ergreifen muß. Aber die Menschen gehen heute am Geiste vorbei. Dafür gibt uns das Leben unzählige Beispiele.

Ein Beispiel nur, das in Tausenden und Tausenden angeführt werden könnte. Vor kurzem erschien ein merkwürdiger Aufsatz eines sehr gescheiten Mannes in einer vielgelesenen deutschen Zeitung.

Dieser geistreiche Mann «vermöbelte» ein Buch, das unglückseligerweise erschienen ist in der Sammlung «Aus Natur und Geisteswelt»; er schimpfte grauenhaft über dieses kleine Büchelchen. Und wenn man diesen Aufsatz las, man konnte nicht dahinterkommen: Ja, warum schimpft der Mann denn eigentlich? Denn in diesem Buche wird über die Entwickelung der Astrologie und des Horoskops geredet, wie ein normaler heutiger Universitätsprofessor, der ganz brav ist und den «Aberglauben» der Astrologie selbstverständlich nicht mitmacht, eben redet. Und am Schlusse entwickelt er noch seine Ansicht, in dem er das Horoskop Goethes beschreibt, und er macht sich eigentlich darüber lustig, daß man alles mögliche in diesem Horoskop finden könne. Ein ganz braver Universitätsprofessor hat also vom heutigen Standpunkte aus geschrieben. Man kann gar nicht ein anständigerer Universitätsprofessor sein als derjenige, der das Büchelchen geschrieben hat. Aber *Fritz Mauthner* schimpft wie ein Rohrspatz über dieses Buch, daß da einer einen Aberglauben verbreite. Er schimpft und schimpft und weiß nicht, warum! Ein paar Tage darauf erschien von dem Verfasser eine Richtigstellung, in der er darauf hinweist: Ich bin ja ganz einig mit Fritz Mauthner, er macht sich lustig über Astrologie und Horoskope, ich auch! Ich habe doch das Horoskop nur angeführt, um zu zeigen, daß man eben alles daraus lesen kann, was man will. Wir sind also ganz einig. – Das «Berliner Tageblatt», dessen früherer Theaterkritiker Fritz Mauthner war, hatte nichts dazu zu erwidern, denn es fand nicht, daß der Mauthner das mißverstanden hat. Mauthner findet auch kein Wort der Aufklärung. Kurz, es stießen zwei Leute, die absolut einig waren, in der wütendsten Weise aufeinander, man wußte gar nicht, warum. Es war nicht der geringste Grund dazu.

So geht es ja überhaupt zu in der Gegenwart, das ist das Charakteristische der Gegenwart! Die Leute hören gar nicht mehr, was sie einander zu sagen haben; sie haben auch meist sehr wenig einander zu sagen. Aber dasjenige, was sie entwickeln, was sie widereinander haben, das geht aus etwas ganz anderem hervor als das ist, was sie sich gestehen. Man lebt in einem vollständig Unerklärlichen drinnen, in einem ganz Irrationellen drinnen, weil man von dem, was

Wirklichkeit ist, sich entfremdet hat und gar nicht mehr hineinkommen kann.

Wenn Sie solche Dinge durchdenken, durchempfinden, dann werden Sie die Wichtigkeit, die Bedeutsamkeit dessen, was Geisteswissenschaft ist, schon in Ihren Seelen empfinden. Derjenige ist auf sehr, sehr falscher Fährte, der heute glaubt, Geisteswissenschaft sei etwas Unpraktisches. Man wird in fünfzig Jahren keine Fabriken mehr gründen können, keine irgendwie geartete Arbeitsgemeinschaften begründen können, ohne die Dinge zu durchdringen mit Geisteswissenschaft, denn sie wird allein den Weg zur Wirklichkeit finden. Wenn man verstehen wird, richtig verstehen wird, daß alle alten Schlagworte in Sackgassen führen, daß wir zum alleräußersten materiellen Leben Einsicht in den Geist brauchen, der die Welt beherrscht, dann wird man Geisteswissenschaft verstehen, dann wird man nicht in egoistischer Weise durch die «einzige Brücke des Todes» hinüberkommen wollen in die geistige Welt, sondern dann wird man auch aus dem Tode das Leben ziehen.

Wer sich ernsthaftig mit Geistesforschung befaßt hat, darf vielleicht in solch intimem Kreise von solchen Dingen sprechen. Ich habe, der ich jetzt seit mehr als dreißig Jahren auch über Goethe schreibe, nicht in äußerlich philologischer oder philosophischer oder sonstiger gelehrter Weise über Goethe schreiben wollen, sondern mir war es von jeher darum zu tun, durch das Verhältnis zu Goethe eine Möglichkeit zu bieten und das in meinen Büchern zum Ausdruck zu bringen, was Goethe jetzt der Menschheit sagen will auf einem bestimmten Gebiet, das mir naheliegt. Nicht zu dem toten Goethe wollte ich hin, um ihn zu studieren, sondern ich wollte durch dasjenige, was Goethe zurückgelassen hat, den Weg finden zu dem lebendigen Goethe. Zu dem Goethe, der in unsere Seelen hineinspricht, wenn wir wissen, daß die Toten Lebendige sind wie wir, daß sie sich hereinleben in die Welt, in der wir selber leben, nur daß wir im Leibe herumwandeln, die Toten aber unter uns im Geiste sind.

Ist denn ein wahres Zusammenleben mit den Toten vorhanden in den religiösen Gemeinschaften? Egoistischer Unsterblichkeitsglaube ist zwar vorhanden, er soll nicht getadelt werden; aber fruchtbar machen das Leben der Toten, das wird erst wieder die Geisteswissenschaft. Denn die Menschen werden durch Geisteswissenschaft den Weg finden zu denjenigen, mit denen sie karmisch verbunden waren und die hinübergegangen sind in die andere Welt und noch mit tausend und aber tausend Fäden mit der Welt zusammenhängen. Denn in dem, was hier geschieht auf der Erde, wirken nicht nur die Impulse der Lebendigen. Der Mensch hört nicht auf, für die Welt zu wirken, wenn er durch die Pforte des Todes gegangen ist.

Wir sind nur zum Teil wachend. Indem wir wahrnehmen, Vorstellungen uns bilden, sind wir wachend. Indem wir fühlen, sind wir träumend. Unsere Gefühle leben nicht stärker in unserem Bewußtsein als unsere Träume. Und gar unsere Willensimpulse, die verschlafen wir. Wir wissen in Vorstellungen, wie wir uns an Träume erinnern, allein im gewöhnlichen Bewußtsein wissen wir nicht einmal, wie der Wille wirkt, wenn wir den Arm bewegen. Im Fühlen träumen wir, im Wollen schlafen wir. Um uns herum ist, indem wir fühlende und wollende Wesen sind, eine Welt des Geistes, in die wir nicht hineinschauen im gewöhnlichen Bewußtsein. Wir sind aus dieser Welt durch Wahrnehmen und Denken herausgerissen. Dadurch, daß wir Wahrnehmende sind und Denkende und die physische Welt Genießende, wissen wir nicht, daß mitten unter uns die Toten wandeln. Die Toten wandeln mitten unter uns. Der Mensch, wenn er sich sein Leben hindurch entwickelt hat, geht durch die Pforte des Todes. Er bleibt verbunden mit dem Erdendasein, die Fäden gehen von ihm in das Erdendasein hinunter. Fühlen und wollen können wir nicht, ohne daß in unser Fühlen und Wollen diejenigen Toten wirken, die mit uns karmisch verbunden waren. Anerkenntnis desjenigen, was da hineinschaut als ein der Erde unverlorenes Leben, das man sonst im Nichts glaubt, in lebendiger Weise, das gibt die Geisteswissenschaft. Darauf beruhen auch die geistigen Anlagen des Menschen des Ostens. Die Völker der europäischen Mitte haben die Aufgabe, aus der Freiheit der Seele heraus bis in das 4. Jahrtausend alles dasjenige zu ziehen, was der Mensch aus der Freiheit seiner Seele bewußt erschaffen kann. Dazu muß aber allerdings die äußere materielle Wirklichkeit geistig-spirituell durchdrungen werden. Aber nicht darf sie in *Wilson*ismus eintauchen, der das Gegenteil aller Geistigkeit ist. Im Osten muß aus jenen furchtbaren Gegensätzen, aus jenem nicht Zusammengehörigen, das sich ausgebildet hat aus dem Aufgepfropftsein des Trotzkismus und Leninismus auf die keimende Spiritualität, wieder das erlöst werden, was sich als die nächste Kultur vorbereitet, was dazu berufen sein wird, jedesmal zu fragen, wenn auf der Erde etwas geschieht: Was sagen dazu die Toten?

Ja, das ist heute eine viel wichtigere Sache, zu wissen, daß das etwas ist, dem man sich nähert in der Erdenentwickelung. Heute sind die Menschen gescheit, sind schon so gescheit mit zwanzig Jahren! Sie lassen sich mit zwanzig Jahren in die Parlamente wählen, weil heute jeder schon mit zwanzig Jahren seinen Standpunkt hat, ein fertiger Mensch ist. Daß das Leben uns von zwanzig Jahren an bis zum Sterben hin nicht vergeblich gegeben ist, sondern daß wir immerfort zunehmen, daß uns Neues sich offenbart, daß, wenn wir durch die Pforte des Todes getreten sind, die Weisheit weitergeht, das Leben weitergeht, wir gescheiter werden, das ist etwas, womit sich die Menschen durchdringen müssen. Und in Zukunft wird man einsehen, daß die weisesten Menschen, die man zu fragen hat, was auf der Erde zu geschehen hat, die Toten sind.

Die Bewußtseinsseele – wenn Sie nachlesen, was das ist, in meinem Buche «Theosophie» – bildet die Gegenwart aus, das Geistselbst die nächste Kultur. Das Geistselbst bildet sich dadurch aus, daß die Toten die Berater sein werden der Lebenden auf der Erde. Heute gilt das noch als phantastische Träumerei, als halber Wahnsinn. Eine Realität wird es werden. Es werden Zeiten kommen, in denen die Menschen, die vereinigt sind auf der Erde, um etwas Vernünftiges zu machen, was für die Erdenentwickelung Bedeutung hat, nicht nur die Lebenden fragen, sondern die Toten. Auf die nähere Form, wie das sogar in der Zukunft politische Gestaltung annehmen wird, wie es vorbereitet werden muß, kann heute noch nicht eingegangen werden; das kann nur Mysterium noch bleiben. Aber durchdringen kann man sich schon damit, daß dieses lebendige Bewußtsein in der Menschheit auftreten muß, daß wir mit den Toten zusammen sind; daß der Mensch nicht nur egoistisches Streben nach Unsterblichkeit entwickeln soll, sondern jenes lebendige Streben, das im Wirken, in der Tat sich auslebt.

Sich bewußt zu werden, daß Geist-Erkenntnis das einzelne menschliche Streben in das Allstreben der Erde hineinstellen möchte, das hielt ich für besonders geeignet, bei dieser Gelegenheit einmal bedacht zu werden, wo sich unsere Freunde hier zusammengetan haben, um die geisteswissenschaftlichen Antworten auf gewisse Lebensfragen zu finden. Daß es sich nicht bloß um engherzige menschliche Seelenbedürfnisse handelt, sondern daß es sich heute, wenn wir ernsthaftig an dem hängen, was geisteswissenschaftliche Pflege ist, um das Schicksal der Erdenkultur handelt, das sich zum Bewußtsein zu bringen, ist nicht eine Überhebung, nicht ein Größenwahn, das kann in aller Demut geschehen, muß aber geschehen, weil es heute Menschen geben muß, die den Ernst des menschlichen Strebens auf der Erde wirklich durchschauen. Vertiefen Sie sich so in die Geisteswissenschaft, dann werden Sie finden: So klein ein solcher Zweig auch noch sein mag, er kann das seinige beitragen zu dem, was werden soll in der Menschheitsentwickelung, was werden muß, wenn die Erde ihrem Ziele entgegengehen soll!

DAS SICH-AUFBÄUMEN DER MENSCHEN GEGEN DEN GEIST

Hamburg, 30. Juni 1918

Wir sind ja öfter an die Frage herangetreten, die uns alle interessieren muß: Woher es denn eigentlich komme, daß in der Gegenwart noch verhältnismäßig wenig Menschen den Zugang finden zur geistigen Erkenntnis der Weltenordnung. Von den allerverschiedensten Gesichtspunkten aus kann diese Frage beantwortet werden. Wir wollen heute eines Gesichtspunktes gedenken, der uns dann gewisse Gedanken nahebringen kann, die vielleicht gerade in der gegenwärtigen Zeit in uns aufzunehmen ganz wichtig sein kann.

Wenn wir des Menschen Verhältnis zur geistigen Welt ins Auge fassen, so interessiert uns natürlich verschiedenes auf diesem Gebiet. Eines, das uns ganz vorzüglich interessiert, ist das Verhältnis, in dem der Mensch stehen kann zu jenen Menschenseelen, die aus seinem Kreise heraus, aus dem Kreise heraus, mit dem er karmisch verbunden ist, durch des Todes Pforten gegangen sind, also sich bereits im geistigen Reiche aufhalten. Das Verhältnis zu den sogenannten Toten wird immer wieder und wiederum ein höchstes Interesse abgeben für das Verhältnis des Menschen zur geistigen Welt. Gerade an diesem Verhältnis zeigt sich ganz besonders, wie prinzipiell anders die Anschauung der geistigen Welt an den Menschen herantritt als die Anschauung der physisch-sinnlichen Welt. Ich habe es ja öfters erwähnt: Wenn sich der Mensch der geistigen Welt gegenüberstellt, so kommt es sehr häufig vor, daß er geradezu radikal brechen muß mit den Vorstellungen, die er sich über das physische Dasein gebildet hat; radikal brechen deshalb, weil die Dinge und die Vorgänge der geistigen Welt oftmals gerade durch entgegengesetzte Begriffe erfaßt werden müssen als die Dinge der physischen Welt. Nur darf man nicht glauben, daß man zu einer Erkenntnis der geistigen Welt kommen kann, wenn man sich etwa vorstellt, daß man die physische Welt nur einfach auf den Kopf zu stellen, alles umzukehren brauche. Das ist nicht der Fall. Es muß jedes einzelne besonders erfahren, besonders untersucht werden. Aber gerade wenn es sich um das Verhältnis des Menschen zu den sogenannten Toten handelt, da liegt - für die Anschauung zunächst wenigstens - die Sache allerdings so, daß wir den gewöhnlichen, den physischen Begriffen entgegengesetzte Begriffe uns aneignen müssen.

Der Geistesforscher kann zunächst nur erzählen, wie die Dinge sind. Dasjenige, was er insbesondere aber über das Verhältnis zu den sogenannten Toten zu erzählen hat, das ist in der Wirklichkeit bei jedem Menschen mehr oder weniger vorhanden, nur bleibt es, wenn der Mensch nicht ein Geistesforscher ist, im Unterbewußten. Ich werde also Dinge erzählen, die für Sie alle vorhanden sind. Ich werde von Verhältnissen zu den sogenannten Toten sprechen, in denen Sie alle drinnenstehen. Nur liegt das Drinnenstehen zunächst im Unbewußten. Geisteswissenschaft hat die Dinge ins Bewußtsein heraufzuholen.

Nehmen Sie einmal an: Derjenige, dem sich die geistige Welt geoffenbart hat, steht einem bestimmten Toten gegenüber. Da zeigt sich, daß, wenn wir uns sprechend an den Toten richten, wir dies dann selbstverständlich nicht mit physischen Worten tun, sondern in Gedanken. Wenn wir uns denkend-sprechend an den Toten wenden, dann tritt, wenn das Verhältnis zum Toten ein reales, ein wirkliches ist, das Empfinden ein: Das, was man selbst den Toten frägt, oder was man dem Toten mitteilt, das kommt von ihm. - Nicht wahr, aus dem physischen Leben sind wir gewöhnt, uns die Sache so vorzustellen: Wenn wir irgend jemanden etwas fragen, ihm etwas sagen, so hören wir uns selbst sprechen, wir richten die Worte an ihn. Gerade umgekehrt ist es, wenn wir in das Verhältnis zum Toten treten. Da haben wir, wenn wir ihm etwas mitteilen wollen und das Verhältnis ein wirkliches sein soll, das Gefühl: Wir selbst sind innerlich in aller Ruhe. Denn wenn dasjenige, was wir zu fragen oder mitzuteilen haben, wirklich an ihn herankommt, dann scheint es uns für die Anschauung so, als ob die Worte, also die Gedanken, von ihm zu uns kämen. Da spricht er zu uns. Und was er uns sagt, das steigt aus den Tiefen unserer eigenen Seele als eine Antwort oder als Mitteilung herauf. Das Verhältnis, das ich eben geschildert habe, das ganz umgekehrt ist zum Verhältnis, in dem wir stehen zu einem Menschen auf dem physischen Plan, das ist natürlich etwas, worauf der Mensch deshalb im gewöhnlichen Leben nicht leicht aufmerksam wird, weil es ganz anders ist als das, woran er gewöhnt ist. Würde es der Mensch nicht so außergewöhnlich schwer damit haben, sich an Ungewohntes zu gewöhnen, so würden viel mehr Menschen erzählen können von ihrem Verhältnis zu den Toten.

Nehmen Sie einen besonderen Fall. Sie stehen ja immer in Verhältnissen zu irgendwelchen karmisch mit Ihnen verbundenen Toten. Wenn Sie dieses Verhältnis zu einem besonders innigen, zu einem besonders realen gestalten wollen, dann tun Sie gut, vorerst eine wichtige Regel ins Auge zu fassen, nämlich, daß abstrakte Gedanken, abstrakte Vorstellungen am wenigsten Bedeutung haben für die geistige Welt. Alles, was im Abstrakten bleibt, das reicht nicht hinüber in die geistige Welt. Also wenn Sie nur in abstracto, sagen wir, an den Toten denken, wenn Sie – man kann das auch so sagen – abstrakt den Toten lieben, so kommt nicht viel hinüber. Dagegen wenn Sie stark dieses Verhältnis an Konkretes anknüpfen, dann kommt es hinüber. Ich meine so: Sie erinnern sich zum Beispiel an eine bestimmte Situation, in der Sie, als der Tote noch lebte, mit ihm waren. Sie stellen sich ganz genau gegenständlich vor: So stand oder saß er Ihnen gegenüber, so gingen Sie mit ihm auf einem Spaziergang. Sie stellen sich ihn in ganz konkreten Situationen vor, malen sich aus, wie es war, was er gesagt hat, was Sie zu ihm gesagt haben, malen sich aus den Ton seiner Stimme und versuchen – was ja das Schwierigste ist –, die Gefühle, die Sie ihm gegenüber gehegt haben, wiederum in Ihrer Seele gegenwärtig werden zu lassen. An Bestimmtes, das Sie mit ihm erlebt haben, knüpfen Sie an. Und dann versuchen Sie, von da ausgehend, sagen wir, etwas zum Toten zu sagen, was Sie, wenn er noch lebte, aus irgendeiner Situation heraus sagen würden, was Sie ihn fragen wollen, was Sie ihm sagen wollen. Und das machen Sie so durch, wie wenn er noch da wäre, wiederum ganz konkret. Das reicht hinüber. In dem Augenblick, in dem Sie das Gefühl haben: Jetzt teile ich dem Toten etwas mit –, oder: Jetzt frage ich den Toten noch etwas –, da wird die Verbindung sich allerdings nicht unmittelbar herstellen. Man muß in dieser Beziehung mit der Zeit rechnen. Die Zeit ist wirklich etwas, was für das geistige Leben eine ganz andere Bedeutung noch hat, als hier im physischen Dasein.

Wenn Sie selbst auch nicht Geistesforscher sind, so können Sie doch durchaus, so daß es eine Wirklichkeit ist, durch das, was ich eben charakterisiert habe, eine Verbindung mit dem Toten herstellen. Aber es wird gewissermaßen sich die Zeit selber abwarten, damit dasjenige, was Sie einem Toten hinübersenden wollen, wirklich zu ihm hinüberkommt. Zumeist wird sich bei dem, der nicht bewußt eingeweiht ist, der nicht bewußt eine Beziehung zur geistigen Welt hat, die Sache so stellen, daß ein Augenblick besonders wichtig sich ausnimmt für die Herstellung dieses Verhältnisses zum Toten: das ist der Augenblick des Einschlafens. Der Augenblick des Überganges vom Wachen zum Schlafen ist zugleich der Augenblick, der zumeist das, was Sie in des Tages Lauf an den Toten gerichtet haben, wie ich es geschildert habe, zum Toten hinüberträgt. Der Weg, der Sie selber hineinführt in die geistige Welt mit dem Einschlafen, der führt das, was Sie zum Toten hinaufgerichtet haben, auch in das Reich des Toten hinein. Daher müssen Sie vorsichtig sein in der Auslegung von Träumen. Träume sind sehr häufig nur Reminiszenzen, Erinnerungen an das Tagesleben, aber sie brauchen es nicht zu sein; sie können durchaus Spiegelungen von Wirklichkeiten sein. Und insbesondere sind – nicht immer, aber sehr häufig – diejenigen Träume, in denen von Toten geträumt wird, tatsächlich herrührend von dem Zusammenhang mit wirklichen Toten. Aber die Menschen glauben gewöhnlich, was ihnen im Traum erscheint, was ihnen der Tote mitteilt, das sei so unmittelbar eine Wirklichkeit, wie es im Traume erscheint. So ist es nicht, sondern was Sie mitteilen wollten an den Toten beim Einschlafen, das nimmt der Tote auf, und was im Traume erscheint, das ist, wie er es aufnimmt. Also gerade wenn der Tote im Traume Ihnen etwas mitteilt, so ist es dasjenige, was Ihnen anzeigen soll, daß Sie ihm etwas mitteilen konnten. Da haben Sie das, was ich charakterisiert habe: Sie können viel eher, als daß Sie glauben, im Traume erscheine Ihnen der Tote und sage Ihnen etwas, sagen: Ich habe geträumt vom Toten, also ist das, was ich dem Toten gesagt habe, wirklich an den Toten herangekommen; er zeigt mir, indem ich von ihm träume, daß das zu ihm gelangt ist, was ich ihm mitteilen wollte.

Für das Zurückkommen einer Mitteilung des Toten - sagen wir einer Antwort oder dergleichen - ist wiederum der Moment des Aufwachens von besonderer Bedeutung. Herübergetragen wird aus den geistigen Reichen das, was der Tote uns Lebenden, wie wir sagen, mitzuteilen hat, im Moment des Aufwachens. Und dann kommt es aus den Tiefen der eigenen Seele herauf. Das ist den Menschen eigentümlich, daß sie nicht gerne achtgeben auf dasjenige, was aus den Tiefen der eigenen Seele heraufkommt. In unserer Zeit haben die Menschen überhaupt nicht viel Sinn für das Achtgeben auf das, was aus den Tiefen der Seele heraufkommt. Die Menschen wollen sich gerne von der Außenwelt nur beeindrucken lassen, wollen nur das aufnehmen, was Außenwelt ist; sie möchten sich am liebsten betäuben gegen das, was aus der Tiefe der Seele heraufsteigt. Aber wenn einer in Wirklichkeit gewahr wird: Aus den Tiefen der Seele steigt etwas herauf, ein Gedanke, eine Idee -, so hält er es für seine Eingebung. Das befriedigt die Eitelkeit mehr. Wir halten ja alle Dinge, die so aus der Tiefe heraufkommen, für unsere Eingebung. Sie können das sein, aber meistens ist es nicht der Fall. Meistens sind die Dinge, die als Eingebung aus unserer Seele heraufkommen, die Antwort, die uns die Toten geben. Denn die Toten leben durchaus mit uns. Was also scheinbar aus Ihnen selber spricht, das ist eigentlich dasjenige, was die Toten sagen. Nur kommt es darauf an, daß wir in der richtigen Weise das Erleben deuten. Was im einzelnen gesagt werden kann für den Verkehr mit den Toten, habe ich öfter erwähnt: das Vorlesen und so weiter. Je lebendiger, je gefühlsinniger, je bildhafter namentlich man in diesen Dingen lebt, desto bedeutungsvoller wird sich der Zusammenhang mit dem Toten herstellen.

Es ist nicht bedeutungslos, daß man gerade diese Verhältnisse sich klar vor die Seele führt. Denn unsere Zeit hat es gar sehr notwendig, die Wahrheiten, die sich gerade auf solche Dinge beziehen, wie ich sie jetzt ausgesprochen habe, sich näherkommen zu lassen. Wir leben in einer Zeit, in der seit langen Zeitaltern schon der menschliche Organismus eigentlich im Niedergang begriffen ist. Wir sind alle viel geistiger, viel weiser schon, als es – wegen des Niederganges unseres Leibes – herauskommt. Die griechischen Leiber konnten noch besser widerspiegeln, was der Mensch aus dem Geiste heraus war. Es ist eigentlich schon seit der Mitte der atlantischen Zeit der Mensch im Niedergang in bezug auf seinen Leib, und in unserem Zeitalter wird es besonders stark, daß der Leib nicht mehr das widerspiegeln kann, was der Mensch eigentlich dem Geiste nach ist. So kommt es geradezu ungemein häufig in unserem Zeitalter vor, daß wir, wenn wir sterben – ich möchte es so nennen –, noch nicht fertig sind mit unserer Entwickelung. Wenn man das nur richtig begreifen würde! Wir entwickeln uns das ganze Leben hindurch, aber bewußt kann uns diese Entwickelung nur werden dem Teile nach, den der Körper widerspiegelt. Wir sind zuweilen als Menschen, wenn wir sterben, schon so weise – nur ist unser im Niedergang begriffener Leib nicht fähig, diese Dinge für uns selber herauszubringen –, daß wir noch sehr wichtige Dienste der Erde leisten könnten, nicht bloß dem geistigen Gebiete, sondern der Erde durch unsere Erkenntnisse große Dienste leisten könnten, wenn man sie anwenden könnte. Diese Dienste könnten dann angewendet werden, wenn die Menschen, so wie ich es angedeutet habe, Verhältnisse zu den Toten herstellen würden. Die Toten wollen noch hereinwirken in das physische Leben, aber sie können es nur auf dem Umwege durch Menschenseelen, wenn Menschenseelen sich in der entsprechenden Weise ihnen hingeben.

Ich habe wohl schon einmal hier erwähnt, daß ich gerade über diesen Punkt auch wirklich das persönlich Naheliegende aussprechen kann: Ich habe nie geglaubt, daß ich nur literar-historisch oder historisch dasjenige auf Weltanschauungsgebieten verarbeite, was an *Goethe* anknüpft, sondern ich war immer der Meinung, daß ich nicht nur mit dem Goethe vom Jahre 1832 es zu tun habe, sondern mit dem Goethe vom Ende des 19., Anfang des 20. Jahrhunderts: mit dem lebendigen Goethe. Mit dem Goethe, der 1832 vieles hinausgetragen hat aus der physischen Welt, was aber noch hereinwirken kann, wenn man es nur auffassen will. Daher ist das, was ich geschrieben habe, nicht bloß literar-historische Forschung gewesen, sondern Mitteilung dessen, was er mir gesagt hat. Unsere sogenannte Zeitkultur, unsere Zeitbildung wirkt aber radikal dem entgegen, was ich jetzt eben ausgeführt habe.

Es ist eigentlich notwendig, daß Geisteswissenschaft immer ans Leben anknüpft, dem Leben fruchtbar gemacht wird. In unserer Zeit herrscht ein Ideal, möchte ich sagen, das ganz und gar dem widerstrebt, was ich eben als eine Eigentümlichkeit unserer Zeit ausgesprochen habe. Dieses Ideal kann man etwa so charakterisieren: Die Menschen streben immer mehr und mehr dahin, an das Leben möglichst wenig zu glauben. Sie glauben eigentlich nur an das Leben bis in die Zwanzigerjahre hinein. Das zeigt sich schon in den praktischen Zielen, welche die Menschen hinstellen. Noch wenn wir nach Griechenland gehen, sieht man: Die Menschen haben daran geglaubt, daß, wenn sie älter werden, sie weiser sind, als wenn sie jung sind. Der ältere Mensch kann bessere Dinge wissen über Staats- und Stadteinrichtungen als ein junger Mensch. Dieser Glaube ist ganz ad acta gelegt, denn das Ideal der meisten Menschen besteht heute darin, das Alter, wo man in Stadt- oder Staatsparlamente gewählt werden kann, so früh wie möglich zu setzen, weil die Menschen nurmehr bis in den Anfang der Zwanzigerjahre hinein an das Leben glauben. Aber das Leben erfordert eigentlich gerade so recht von uns, daß wir an es als ein Ganzes glauben, daß wir an die Entwickelung des ganzen Lebens glauben. Denken Sie nur einmal, wie geändert würde unser soziales Zusammenleben durch moralische Impulse, wenn wir wiederum wüßten: Das ganze Leben läßt den Menschen in Entwickelung sein –, wie sich die Jungen zu den Alten verhalten würden, wenn dies tief eingewurzelt wäre in den Menschenseelen! Denken Sie, was es für ein anderes Bewußtsein gibt, wenn man sich immer wieder und wiederum sagt: Jetzt bin ich eben ein junger Dachs von dreißig, fünfunddreißig Jahren, aber ich werde auch einmal älter werden, und das Älterwerden bedeutet für mich eine Hoffnung, eine Erwartung: es wird etwas herankommen, wenn ich älter werde, was nicht herankommen kann, solange ich jung bin. – Denken Sie, mit wieviel Lebensfreudigkeit und Lebenskraft der Mensch lebt, wenn er dieses Bewußtsein durch sein ganzes Leben bis zum Tode hat und noch vor dem Tode sich sagt: Ja, ich kann gar nicht so weit kommen, alles das, was mir das Leben bietet, hineinzuspiegeln in mein Bewußtsein, ich werde etwas durch den Tod tragen; dann werden die Menschen kommen, die glauben an die Toten und lassen die Toten Mitberater sein. – Denken Sie bloß, für wie blödsinnig man angesehen würde, wenn man dieses, was aber heute ein praktischer Grundsatz werden muß, als solches aussprechen würde. Ich meine es ganz im Ernste, wenn ich sage: Unsere Parlamente über die ganze Erde hin würden wahrhaftig Gescheiteres ausdenken, als sie heute ausdenken, wenn die Toten mitberaten würden, wenn man heute fragen würde: Was sagen nicht nur die jungen Dachse von dreißig, fünfunddreißig Jahren dazu? –, sondern: Was sagt zum Beispiel Goethe, oder was sagen andere Tote dazu, die hundert und so und so viel Jahre alt sind? – Das ist etwas, was unmittelbar praktische Wirklichkeit werden muß gegen die Zukunft hin.

Es gibt heute gewisse, nun, sagen wir Geheimgesellschaften; sie pflegen allerlei alte Symbole. Sie täten besser, wenn sie ihre Zeit verstehen würden und sich zu Stätten machen würden, wo erforscht wird der Ratschlag der Toten. Das ist so unendlich bedeutsam! Denn die Menschheit kommt nicht vorwärts, wenn sie nicht mit dem Bewußtsein sich durchdringt: das Göttlich-Geistige wirkt in der Entwickelung unseres ganzen Lebens; wir sind nicht in den Zwanzigerjahren fertig.

Ich habe Sie auch hier schon aufmerksam gemacht: In älteren Zeiten der Menschheitsentwickelung war es so, daß die Menschen rein durch ihre physisch-körperliche Entwickelung das ganze Leben hindurch eine Entwickelung fühlten auch seelisch-geistig. Wie der Mensch heute nur in der Geschlechtsreife oder sonst nur bis in die Zwanzigerjahre hinein das seelisch-geistige Leben mitgehend fühlt mit dem physisch-leiblichen, so fühlte man in den uralten Zeiten bis in die Vierziger-, Fünfzigerjahre hinauf das Seelisch-Geistige abhängig vom Physisch-Leiblichen. Aber vom fünfunddreißigsten Jahre ab, wenn man entwickelungsfähig bleibt, entwickeln sich, weil der

Leib dann abwärtsgeht, gerade die geistigen Kräfte, zu denen der Mensch nicht kommt, wenn er sie nicht hervorsprießen läßt durch die Geisteswissenschaft. Früher verehrte man die Alten, weil man wußte: In ihnen offenbart sich etwas, was sich eben der Jugend noch nicht offenbaren kann. Ich habe darauf aufmerksam gemacht: Die Menschheit wird immer jünger. Wenn wir in die urindische Kultur zurückgehen, so war es da so, daß damals die Menschen bis in die Fünfzigerjahre hinauf entwickelungsfähig blieben. In der urpersischen Kultur blieben sie entwickelungsfähig bis in die Vierzigerjahre, in der ägyptisch-chaldäischen Kultur bis in die zweite Hälfte der Dreißigerjahre, in der griechisch-lateinischen Kultur bis ins fünfunddreißigste Jahr. Als die griechisch-lateinische Kultur zu Ende ging im 15. Jahrhundert, da waren die Menschen nur noch entwickelungsfähig bis zum achtundzwanzigsten Jahr, heute bis zum siebenundzwanzigsten Jahr. Welcher Mensch ist für die heutige Zeit daher wohl besonders charakteristisch, für dieses heutige Zeitalter der materialistischen Entwickelung? Sehen Sie, das wäre ein Mensch, der es ganz und gar ablehnte, aus der Seele heraus sich anregen zu lassen für eine geistige Entwickelung, der nur das aufnimmt, was von außen in ihn einströmt, was die Gegenwart selbst hergibt.

Stellen wir ideell, möchte ich sagen, eine Figur hin, die besonders für die Gegenwart charakteristisch ist. Es wäre eine solche Persönlichkeit, die nichts von unseren intellektuellen Gymnasien durchmacht – denn da nimmt man Altes auf, da regt man schon die Seele an –, sondern die nur das, was von außen an die Menschen herandringt, in sich aufnimmt. Ein Selfmademan, ein Selbst-sich-Machender Mensch, der auch sonst, was man an Gefühlen, an Empfindungen, an Emotionen heute aus der Wirklichkeit erlebt, in sich aufnimmt. Also der vom siebenten, achten, neunten Jahre an so heranwächst mit dem gewissen sozialen Widerwillen gegen die bevorzugten Klassen, der nicht das Hütchen zieht vor irgendeinem, der einen Titel oder eine Macht hat oder dergleichen, der dann nicht eine griechisch-lateinische Schule besucht, sondern durch das Leben allein lernt. Der dann einen advokat-ähnlichen Beruf bekommt, auch wieder nicht dadurch, daß er Advokatur studiert, sondern dadurch, daß er praktisch in einer Kanzlei die Sache durchmacht und sich durchringt; an den dann wieder bis zum siebenundzwanzigsten Jahr alles herandringt, was aber nicht auf außergewöhnliche Weise durch Wiederholung von alter Kultur an ihn kommt, sondern was die Gegenwart an ihn heranbringen kann. Im siebenundzwanzigsten Jahr müßte er sich ins Parlament wählen lassen. Dann tritt er vor die Mitwelt, und so wie er sich bis dahin von selbst entwickelt hat, gibt er sich den Menschen, glaubt nicht an Weiterentwickelung. Man kann aus dem Parlament heraus Minister werden. Entwickelung ist da nicht mehr gut nach der Ansicht unserer Zeitgenossen, sonst sagen die Menschen, man widerspricht sich, man habe früher etwas ganz anderes gesagt, und jetzt widerspreche man sich. Wenn man ins Parlament gewählt wird, kann man nicht mehr etwas anderes sagen. – Gibt es solch einen Menschen in der Gegenwart? Wissen Sie einen besonders charakteristischen Menschen, der der konzentrierteste Ausfluß dieser gegenwärtigen Zeit ist? Das ist *Lloyd George*. Man kann heute nicht hinter die Eigentümlichkeit gewisser Zeitgenossen kommen, wenn man diese Dinge nicht ins Auge faßt, nicht wirklich die Eigentümlichkeit des Menschen in dieser Weise ins Auge faßt. Lloyd George ist ein Sich-selbst-Machender Mensch. Bis zum siebenundzwanzigsten Jahr hat er nur das aufgenommen, was die Gegenwart von selbst hergibt; aber weil er gar nicht einen inneren Antrieb der Seele hat, hört es mit siebenundzwanzig Jahren auf. Er wird dann ins Parlament gewählt. Lloyd George ist im Parlament, sitzt da mit seinen verschränkten Armen, mit seinen etwas nach innen, nach den Achsen sich stellenden Augen, treffend überall sprechend, auf die Schwächen seiner Gegner achtgebend. Nun kam das Ministerium *Campbell-Bannerman*. Man frägt sich: Was soll man machen mit dem Lloyd George? Er kritisiert alles, was man im Ministerium macht! – Was tut man? Nun, man nimmt ihn in das Ministerium hinein; drinnen kann er weniger Opposition machen als draußen. Er wird Minister. Und es erweist sich, daß er in kürzester Zeit sich auch in diese Situation findet, denn er ist so recht ein Repräsentant unserer Zeit. Nun fragen sich natürlich die Menschen: Welches Portefeuille geben wir dem Lloyd George? – Da handelte es sich doch darum, daß er ein fähiger Mensch ist. Da kamen sie überein, ihm zu geben, was er nicht verstand: das Portefeuille der öffentlichen Arbeiten, der öffentlichen Bauten. Aber siehe da: In drei Monaten hatte er sich hineingearbeitet und Großartiges geleistet als Minister gerade auf diesem Gebiet, von dem er vorher nichts verstanden hat.

Das ist schon eine charakteristische Figur der Gegenwart. Solche gibt es in dem einen oder anderen Sinne viele. Sie brauchen nur zu fragen: Welche Menschen sind es, die bis zum siebenundzwanzigsten Jahr – das ist ja heute das Grenzjahr – sich so entwickelt haben, daß sie aufgenommen haben, was die Umgebung hergibt, dann gleich ins öffentliche Leben getreten sind und ihre Entwickelung nicht mehr fortgesetzt haben?

Eine Persönlichkeit, die uns etwas näher liegt, ist *Matthias Erzberger*. Studieren Sie seine Biographie, und Sie werden dasselbe finden, wenn Sie sie in dieser Weise okkultistisch ins Auge fassen. Das ist etwas, was wie eine ganz merkwürdige Art herauftritt in der Zeitbildung. So ein wenig okkultistisch dem Menschen ins Herz hineinzuschauen aber, das ist etwas, was in die Entwickelungsgeschichte der Menschheit einlaufen muß. Sie sehen, wie sich die Zeitkultur enthüllt, wenn man in dieser Weise dahinterkommt. Nun fordert allerdings die Zeitkultur von uns, daß wir tiefer eindringen können, als man das gerade heute gewohnt ist. Das aber wird nur möglich sein, wenn man sich bewußt wird, daß die Toten mitsprechen. Das werden natürlich diejenigen, die so recht charakteristische Repräsentanten unserer Zeit sind, im eminentesten Sinne ablehnen.

Wenn Sie einen Menschen studieren wollen, an dem Sie das durchgehende Streben nach Weiterentwickelung, dieses unbewußte Glauben an die dauernde Realität des Göttlich-Menschlichen in der menschlichen Seele bis zum Tode hin sehen, so ist es Goethe. Goethe ist nach dieser Richtung viel charakteristischer, als man eigentlich gewöhnlich meint. Goethe hat auf das Zeitalter, auf die Jahre des Lebens zurückblicken wollen, in denen er aufgenommen hat aus der Außenwelt dasjenige, was die Außenwelt hereinbringt, aber er hat seine Entwickelung fortsetzen wollen. Er hat in «Dichtung und Wahrheit» sein Jugendleben geschildert. Es bricht mit dem Eintritt in Weimar ab. 1749 geboren, kommt er 1775 nach Weimar, setzt also ungefähr die Betrachtung seines Lebens, so wie er sie darstellen will, fort bis zum sechsundzwanzigsten Jahr, schließt vor dem siebenundzwanzigsten Jahr, weil er unbewußt weiß, daß da ein besonders bedeutungsvoller Augenblick vorliegt. Im fünfunddreißigsten Jahr erlebt der Mensch einen Augenblick, den er heute zumeist verschläft. Es ist der Augenblick, wo das aufsprießende, aufsteigende Leben übergeht in das absteigende in bezug auf den Leib. Aber dann wird gerade der Geist zu der Fähigkeit getrieben, sich zu offenbaren, und immer mehr und mehr sich zu offenbaren.

Es ist ein wichtiger Augenblick des menschlichen Lebens, dieses fünfunddreißigste Lebensjahr. Das ist geradezu etwas, wo der Mensch seine Seele im physischen Leben erst richtig gebiert. Fragen Sie sich, wie für einen solchen Menschen wie Goethe, der sein ganzes Leben hindurch entwickelungsfähig geblieben ist, dieses sich herausstellt. 1786 – das ist nach dem fünfunddreißigsten Jahr, gerade die wichtige Zeit vom fünfunddreißigsten bis zweiundvierzigsten Jahr – geht Goethe nach Italien. Wenn Sie sich intimer mit der Goethe-Biographie befassen, werden Sie sehen, was das für einen Umschwung in seinem Leben bedeutet. Ich habe in einem Aufsatze nachgewiesen, der jetzt in einem kleinen Buche erscheinen wird: «Goethes Geistesart in ihrer Offenbarung durch seinen Faust und durch das Märchen von der Schlange und der Lilie», wie Goethe eigentlich persönlich zu seinem Faust steht. Mit ein paar Andeutungen wenigstens habe ich es besprochen. Gerade mit Bezug auf dieses wird man durch das, was sonst geschrieben ist, eher verwirrt als aufgeklärt. Das ist nicht besonders wichtig, worauf selbstgefällig die Menschen zumeist deuten, daß Faust gleich am Anfang sagt:

> Habe nun, ach, Philosophie,
> Juristerei und Medizin,
> Und, leider! auch Theologie
> Durchaus studiert, mit heißem Bemühn.
> Da steh' ich nun, ich armer Tor
> Und bin so klug als wie zuvor …

Selbstgefällig heben da die Leute hervor: Der hat alle vier Fakultäten durchgemacht und ist auf keinen grünen Zweig gekommen, zweifelt an allem Wissen. – Besonders die Schauspieler haben oft das Gefühl, daß sie die vier Fakultäten verachten müssen. Das ist aber gar nicht das Charakteristische, das ist nicht das spezifisch Goethesche, worauf es ankommt, das ist nur ein Auftakt. Das haben im Zeitalter Goethes viele Menschen gesagt. Da, wo das Goethesche im Faust eintritt, da wird es anders. Das ist da, wo Faust das Buch des *Nostradamus* in die Hand nimmt und zuerst das Zeichen des Makrokosmos erblickt. Dieses Zeichen stellt ja dar, wie sich der Mensch in den ganzen Makrokosmos hineinstellt. Wie sein Geist mit dem Geiste der Welt, seine Seele mit der Seele der Welt, seine Physis mit der Physis der Welt zusammenhängen, das stellt sich im großen Bilde der ineinanderflutenden Welteneimer – Planeten und Sonnen, mit den dahinterstehenden Hierarchien – dar. Aber Faust wendet sich ab mit den Worten: «Welch Schauspiel! aber ach, ein Schauspiel nur!» Bilder sieht er, ein Schauspiel. Warum? Weil er in diesem Augenblick, in *einem* Augenblick das Weltengeheimnis umfassen möchte. Aber das kann nur im ganzen Menschenleben, soweit es die physische Welt gibt, die ganze Entwickelung. Die Erkenntnis kann überhaupt nur Bilder geben. Da wendet er sich zum Zeichen des Mikrokosmos. Da hat er nicht den Geist des Makrokosmos, sondern nur den Erdgeist. Der Erdgeist gibt das, was Geschichte, das Menschliche auf der Erde umfaßt.

> In Lebensfluten, im Tatensturm
> Wall ich auf und ab,
> Webe hin und her!

Selbsterkenntnis sucht Faust durch den Erdgeist, Welterkenntnis lehnt er ab. Das ist das Goethesche, da beginnt das Goethesche. Vorher ist ein Auftakt. Goethe war in der Tat in seiner Jugend so, daß er nicht weiter kam, als zu sagen: Alles, was sich auf den Makrokosmos bezieht, gibt mir nur Bilder, da können wir nicht hineindringen. Nur von innen heraus kann sich das Lebensrätsel lösen. – Aber dieser Erdgeist, das heißt der Geist der Selbsterkenntnis, sagte ihm:

Du gleichst dem Geist, den du begreifst! / Nicht mir!

Da stürzt Faust zusammen. Welchem Geist gleicht er denn? Sehen Sie, da hat man einmal Gelegenheit im «Faust», einen Dichter kennenzulernen, der nicht theoretisiert! Da ist nichts theoretisiert, sondern da haben Sie einen Dichter, der in lebendiger künstlerischer Realität die Dinge darstellt. Verfolgen Sie: «Du gleichst dem Geist, den du begreifst! Nicht mir!» Es klopft: Wagner tritt ein. Das ist die Antwort: Du gleichst dem Wagner, nicht mir! – Hier über diesen Punkt des Faust muß besonders umgelernt werden. Das darf nicht auf der Bühne so dargestellt werden, wie es gewöhnlich geschieht: daß Faust nur der idealstrebende Mensch ist, der in die Höhen des Geistes hinauf will, der unbedingt recht hat, und dann humpelt der Wagner daher. Ich würde, wenn ich es darzustellen hätte, es so darstellen, daß Wagner die Maske des Faust trägt, daß beide in derselben Gestalt dastehen, weil Faust darauf hingewiesen werden soll: Sieh dein Ebenbild an, du bist nicht weiter! – Und was Wagner da sagt, ist eine Geschlossenheit in sich selber; was Faust sagt, ist eigentlich alles nur Sehnsuchtszeug. Aber die Faust-Erklärer, und die Menschen überhaupt möchten die Dinge so bequem wie möglich machen. Man zitiert ja auch gerne: «Gefühl ist alles, Name Schall und Rauch», obwohl Faust das für ein sechzehnjähriges Mädchen prägt. Also eine Backfischweisheit wird eigentlich immer als eine Philosophenweisheit aufdrapiert. Da tritt Wagner dem Faust entgegen zu seiner Selbsterkenntnis – wie gesagt, ich habe das in dem kleinen Buche weiter ausgeführt –, aber Faust ist immerhin doch berührt worden von dem Geiste. Der Erdgeist ist ihm erschienen, er ist an die geistige Welt herangekommen, er muß weiter, und muß selbst das nachholen, was er versäumt hat bis zum vierzigsten Jahr. Faust ist vierzig Jahre alt, als er da auftritt im Anfang der Dichtung. Ja, er muß auch das nachholen, was er nicht durchgemacht hat: die Bibel. Eine Art Rückschau auf das versäumte Jugendleben stellt er an. Dann tritt noch eine andere Selbsterkenntnis an ihn heran: Mephisto. Nach der Selbsterkenntnis durch Wagner wiederum eine andere Selbsterkenntnis.

Nun trat aber etwas Eigentümliches auf. In den neunziger Jahren, 1797, wird Schiller etwas dringend: Goethe soll seinen «Faust» fortsetzen. 1797 ist Goethe achtundvierzig Jahr alt. Wieder ein wichtiger Zeitpunkt. Sieben mal sieben ist neunundvierzig; das ist der Zeitpunkt, wo der Mensch über die besondere Entwickelung des Geistselbstes hinauskommt, in den Lebensgeist hinein. Schiller drängte. Die Leute haben es sich einfach gemacht mit der Erklärung. *Minor*, der ein interessantes Buch geschrieben hat über Goethe, meint: Goethe wird vom Alter erfaßt, da ist er nicht mehr recht dichtungsfähig. – Aber denken Sie nur, wenn das wahr wäre, könnte ja nie ein «Faust» geschrieben werden! Es könnte gar nicht dargestellt werden das Leben des Menschen im höheren Alter, und Faust war doch in einem höheren Alter! Goethe nähert sich nun jenem Alter, bei dem die Ur-Inder gesagt haben: Jetzt tritt der Mensch ein in das Lebensalter, wo er ins Reich der Väter aufsteigen kann, nach und nach in die tieferen Geheimnisse des Geisteslebens hinauf kann. – Da tritt Goethe sein Mephisto in merkwürdiger Art entgegen.

Sie wissen: Wenn man versucht, die dem Menschen widerstrebenden Mächte kennenzulernen, so sind es zwei, Ahriman und Luzifer. Die zwei hat Goethe konfundiert, zusammengeworfen. Das fühlte er früher nicht, und so ist denn der Mephisto eine widerspruchsvolle Gestalt geworden. Sie brauchen sich nur an einzelnes zu halten, so werden Sie schon sehen, daß es keine einheitliche Gestalt ist, die des Mephisto: Goethe hat Luzifer und Ahriman zusammengeworfen. Das merkte er 1797, daher wurde es ihm so schwierig, den «Faust» fortzusetzen. Die Geisteswissenschaft war noch nicht so weit, den Gegner des Menschen in zwei Gegner zu spalten; Goethe ist bei einem stehengeblieben. Man erkennt schon Goethes Natur, wenn man sich das vorhält, daß Goethe eigentlich zwei Gestalten hätte schaffen müssen, die er in eine zusammengeworfen hat. Goethe hat wirklich daran innerlich etwas durchgemacht, daß er den Mephisto als eine in sich widerspruchsvolle Gestalt gefühlt hat. Daß «Faust» doch zustande gekommen ist und groß dasteht als Dichtung, das ist natürlich auf Goethes große Dichterkraft zurückzuführen. Aber dieses wiederum ist etwas, was Goethe aus dem Unterbewußten heraus schon wogend fand in sich. Sie sehen, der Mensch kann entwickelungsfähig sein, er kann in seiner Seele auf ganz elementare Art das fühlen, was durch das ganze Leben in uns mit dem Geiste zusammenarbeitet, nicht bloß in die Zwanzigerjahre hinein.

Das, was Sie als «Prolog im Himmel» kennen, schrieb Goethe erst 1798. Was ist denn da geschehen im Faust? Er hat es nicht ausgesprochen, aber in seiner Seele ist es: Er hat Faust wiederum zum Buche greifen lassen, und jetzt steht er dem Geiste gegenüber! Jetzt ist es kein Schauspiel: da weben die Geister an den Sphären, da steht Faust drinnen im ganzen Kampfe des Guten und des Bösen im Makrokosmos. Man darf nicht den Faust vom Anfang bis zum Ende so betrachten, daß man alles gleich ansieht, als ob es gleich wäre, sondern Goethe hat gebrochen mit der Anschauung seiner Jugend, hat den Faust immer mehr und mehr eingeführt in den Geist des Makrokosmos. – Ich wollte Ihnen nur zeigen, wie regelmäßig dieses sich entwickelnde Goethe-Leben gestaltet ist. An ihm kann man zeigen, wie von sieben zu sieben Jahren die menschlichen Entwickelungsperioden bis in den Tod hinein gehen. Man muß dem Sinn und dem Geiste der Gegenwart gemäß das Unterbewußte immer mehr und mehr hinaufheben in das Bewußtsein. Von diesem Unterbewußten wird viel gesprochen; aber man sieht es nicht in der richtigen Weise an, man sieht es nicht tief genug an.

Es gibt ja heute so etwas, was sich analytische Psychologie, Psychoanalyse nennt. Das wird gewissermaßen herangebändigt an das unterbewußte Geistig-Seelische im Menschen, aber mit unzureichenden Mitteln; denn die zureichenden Mittel sind die geisteswissenschaftlichen. Das Schulbeispiel, welches die Psychoanalytiker immer wieder und wieder anführen, das zeigt gerade, wie die Leute mit unzureichenden Mitteln arbeiten. Führen wir uns einmal vor die Seele ein Beispiel, an dem eigentlich die Psychoanalyse sich entwickelt hat: Da ist eine Frau, die kennt einen Mann. Der Mann ist Ehemann; sie kennt ihn so, wie es dem Ehemann recht gewesen sein mag, der Frau des Ehemannes aber nicht. Siehe da, die Frau des Ehemannes wird aus verschiedenen Gründen – zu denen vielleicht gerade diese Dame auch gehörte – krank, nervös, – man wird überhaupt heute nervös, neurasthenisch, man braucht sich nicht darüber zu wundern. Sie muß in ein Bad gehen auf mehrere Monate. An einem Abend soll sie abreisen, aber vorher wird noch ein Abendbrot veranstaltet – ein Souper, wie man im Deutschen sagt –, zu dem wird auch die mit dem Manne und überhaupt mit der ganzen Familie gut bekannte Dame eingeladen. Das Souper verläuft ganz gut. Dann muß die Dame des Hauses zur Bahn. Die Gesellschaft verflüchtigt sich auch so allmählich, wie man sagt. Ein Trupp der Gesellschaft geht auf der Straße mit dieser Dame, welche mit dem Herrn des Hauses gut bekannt ist. Nun, wie es hier und da, nicht wahr, spät in der Nacht vorkommt, es gehen da die Leute nicht mehr auf dem Bürgersteig, sondern in der Mitte der Straße. Aber siehe da, es biegt eine Droschke, nicht ein Auto, sondern eine Droschke um die Ecke, und jene Dame, welche die Freundin des Herrn des Hauses ist, die weicht nicht aus wie die anderen, auf den Bürgersteig, sondern sie läuft vor den Pferden her. Der Kutscher schimpft, knallt mit der Peitsche; sie aber läuft vor den Pferden her, läuft und läuft, bis man auf eine Brücke kommt. Da geht ihr der Gedanke auf: Sie muß sich retten. Es ist eine gefährliche Situation. Da rettet sie sich, indem sie ins Wasser springt. Sie wird herausgezogen, wird gerettet, und die Gesellschaft trägt sie in das Haus, aus dem sie eben gekommen ist: in die Wohnung des Hausherrn hinein. Da verbleibt sie die Nacht. Die anderen gehen wieder nach Hause. Und es ist etwas erreicht, was ich jetzt nicht weiter charakterisieren will. Der Psychoanalytiker studiert nun diesen Fall auf verborgene Seelengründe hin: Vielleicht hat die Dame im siebenten, achten Jahr etwas besonderes durchgemacht mit Pferden, das tönt wieder aus der Seele durch, und da verliert sie in dem Moment das Bewußtsein, es kommt nur durch die Furcht vor den Pferden herauf. – So sucht man nach «verborgenen Seelenprovinzen». Das ist aber nicht die Wahrheit. Die Wahrheit ist diese: Es ist ein Unterbewußtes in der Seele eines Menschen, das schlauer, raffinierter sein kann als das Oberbewußtsein. Diese Dame war eine sehr anständige Dame, aber sie war verliebt in den Hausherrn. Ihr Oberbewußtsein würde sich nicht zugestanden haben:

Ich will in dem Hause bleiben –, aber das Unterbewußte tut das. Das erwägt ganz genau: Wenn ich da vor den Pferden laufe und ins Wasser springe, dann bringt man mich zurück! – Da ist dies erreicht. Es würde sich die Dame das niemals gestehen im Oberbewußtsein, aber im Unterbewußtsein werden diese Dinge durchgemacht, da ist das vorhanden. Der Mensch trägt in sich dieses Unterbewußtsein, das viel weiser, viel schlauer ist, nach der guten und nach der schlimmen Seite, als das Oberbewußtsein. – Wie gesagt, die Gegenwart wird etwas aufmerksam auf dieses Unterbewußtsein, aber sie sucht es mit unzulänglichen Mitteln. Man muß sich klar sein, daß man es mit zulänglichen Mitteln nur durch die Geisteswissenschaft finden kann, wenn man zeigen will, daß neben dem Ich, das durch den Leib lebt, das Ewig-Geistige in uns lebt, das nicht bloß ein Engel ist und daher auch raffiniert sein kann, je nach seinem Karma. Geisteswissenschaftlich muß studiert werden, was dieses Unterbewußte in seiner Offenbarung durch den Menschen immer ist. Es muß die Gegenwart darauf kommen, daß die Wahrheit, die Wirklichkeit kennengelernt werden muß. Das Unterbewußte pocht heute an das Bewußtsein an, und wir kommen im Leben nicht mehr zurecht, wenn wir das außer acht lassen, wenn wir nicht auch mit unserem Bewußtsein nachgehen den Wegen, welche das Unterbewußte einschlägt. Das wollen viele Leute nicht, daher wollen sie nicht an die Geisteswissenschaft heran.

So gibt es auf der einen Seite gewisse Gründe, um nicht an die Geisteswissenschaft heranzukommen: die Leute wollen nicht begreifen, daß die Dinge durchaus umgekehrt sind in bezug auf die Toten. Man muß ganz umlernen. Während man im gewöhnlichen Leben gewohnt ist, daß es aus unserem Munde heraustönt, wenn wir etwas sagen, oder fragen, ist es bei dem Verkehr mit dem Toten so, daß, was wir sagen, aus seiner Seele heraustönt, das, was er sagt, aus unserem eigenen Inneren heraufkommt. Das ist eine naturgemäße Sache.

Das andere ist die Antipathie, welche die Menschen gegen den Geist haben, weil sie sich nicht gerne gestehen mögen, wie dieses Geistige anschlägt an die Pforte des Bewußtseins. An vielen Stellen findet man diesen Geist anschlagend an die Pforte des Bewußtseins.

Menschen, die zum Beispiel gerade etwas abnorm sind in ihrem Leben, bei denen kommt es durch eine Lockerung des Geistig-Seelischen im Physisch-Leiblichen heute zustande, daß das Unterbewußte richtiger hereinschlägt in das Bewußtsein, als bei jenen, die nichts Gelockertes an sich haben. Es ist durchaus nicht gesagt, daß das Lockern angestrebt werden soll, wahrhaftig nicht, aber bei einigen Leuten ist auf naturgemäße Weise etwas gelockert, wie zum Beispiel bei *Otto Weininger*. Der war wirklich ein begabter Mensch; er hatte anfangs der Zwanzigerjahre seinen Doktor gemacht, dann aus der Doktordissertation heraus das Buch «Geschlecht und Charakter» geformt, das durchaus dilettantisch und sogar trivial in vieler Beziehung ist, aber doch eine merkwürdige Erscheinung ist. Dann hat er eine Reise nach Italien gemacht, hat dabei ein Tagebuch geführt, wo etwas doch ganz Merkwürdiges drinnen ist. Gewisse geisteswissenschaftliche Erkenntnisse sind da geradezu als Karikatur ausgesprochen. Dieses gelockerte Geistig-Seelische, das schaut schon manches, aber es karikiert es! Gewöhnlich ist auch das Moralische etwas angefressen. Aber Weininger war eine geniale Natur. Er hat sich dann im dreiundzwanzigsten Jahr eingemietet im Beethovenhaus und sich darinnen erschossen. Daraus sehen Sie, daß er eine ganz abnorme Natur war. Ich will aber nur erwähnen: Wenn Sie sein letztes Buch lesen, so finden Sie unter allerlei anderem auch eine merkwürdige Stelle. Da sagt er: Warum erinnert sich der Mensch nicht an sein Leben vor der Geburt? Weil die Seele sich so heruntergebracht hat, daß sie untertauchen will in die Bewußtlosigkeit gegenüber dem vorhergegangenen Leben! – Ich erwähne dies nur – und ich könnte das Beispiel vertausendfachen –, um zu zeigen: Es gibt viele Menschen, die der Geisteswissenschaft ganz nahestehen, sie aber nicht finden können, weil die Gegenwart die Menschen überhaupt nicht an die Geisteswissenschaft heranlassen will. Ich erwähne das als Beispiel, weil man durchaus sieht: Weininger kommt durch Lockerung des Geistig-Seelischen dazu, wie eine Selbstverständlichkeit es auszusprechen, daß der Mensch als Geistig-Seelisches sich verbindet mit dem Physisch-Leiblichen. Wie eine Selbstverständlichkeit spricht er es aus, was noch manche andere Menschen heute sagen, nur in sehr verschämter Art. Das aber ist eine Grundforderung unserer Zeit, daß die Menschen wirklich den Mut fassen, die Stärke sich anzuerziehen, um der geistigen Welt gegenüberzutreten in ihren konkreten Erscheinungsformen.

Und eine solche konkrete Erscheinungsform ist eben die, von der ich Ihnen besonders sprechen wollte: daß die Menschen die Toten mitreden lassen; daß das soziale Leben der Menschen wieder bestimmt wird dadurch, daß man die Unterschiede fühlt zwischen Mensch und Mensch der Altersstufe nach, aber auch dadurch etwas anders wird, daß der Mensch an sein ganzes Menschenleben glaubt. Der Gott offenbart sich nicht nur bis in die Zwanzigerjahre hinein. Früher hat er sich physisch geoffenbart, jetzt muß er durch Geisteswissenschaft gefühlt werden. Aber der Mensch muß glauben an die Gaben der göttlich-geistigen Welt. Er muß durch das ganze Leben hindurch die aufmunternde, tragende Empfindung haben: Wenn ich fünfzehn Jahre älter sein werde, werde ich dem Göttlich-Geistigen das entgegentragen, was es anders aufnehmen kann als früher. – Denken Sie, wie man sich in die Zukunft hineinleben kann, wenn man so erwartungsvoll ist! Wie das eine andere seelisch-geistige Aura über unser ganzes soziales Leben ausgießt! Wissen muß man, daß die Menschen diese Aura brauchen werden, indem sie sich gegen die Zukunft hin entwickeln werden. Das ist unendlich wichtig. Versuchen Sie zu fühlen, wie vieles anders werden muß! Wir leben in einem Zeitalter, in dem vieles, vieles anders werden muß. Vor allen Dingen muß es so werden, daß man gewisse Dinge nicht mehr in heuchlerischer Art sieht, sondern sie in Wirklichkeit sieht. Es nützt nichts, über gewisse Dinge sich selbst Lügen vorzumachen. Und eine solche Selbstlüge möchte ich noch besprechen.

Wie viele Menschen gibt es heute, die da sagen: Ich blicke auf – nicht zu den verschiedenen Hierarchien, zu Engeln, Erzengeln und so weiter, sondern ich blicke auf zu «meinem Gott». Und wie viele deklamieren weiter, welch großer Fortschritt es ist, daß sich die Menschheit durchgerungen hat zu dem einen Gott, zum Monotheismus. Man muß aber die Frage stellen: Zu wem wenden sich denn eigentlich die Menschen, wenn sie suchen, in ein konkretes Verhältnis zur geistigen Welt zu kommen, und dabei von «ihrem Gott» sprechen? – Ob einer Katholik oder Protestant ist – was er auch immer ist –, wenn er von seinem Gott spricht, kann er nur von dem sprechen, was in sein Bewußtsein wirklich hineingeht. Das kann nur zweierlei sein: Entweder ist es der eine ihn beschützende Engel, den der Mensch dann Gott nennt, der kein höherer Gott ist als ein Engel – und da jeder Mensch einen Engel hat, der die Aufgabe hat, ihn zu schützen, so sind wir da in einem Pluralismus drinnen –, oder er meint das eigene Ich. Nur täuscht sich der Mensch dadurch, daß er dafür den gleichen Namen hat, daß jeder seinen besonderen Engel mit dem gleichen Namen «Gott» benennt. Demgegenüber sollte man eines berücksichtigen, was eigentlich sehr lehrreich ist. Es gibt nämlich ein Wort, von dessen Ursprung die Menschen mit allen Forschungen nichts wissen: das ist das Wort «Gott». Das ist doch interessant und gibt zu denken! Lesen Sie nach in den verschiedenen Wörterbüchern, in denen linguistisch-philologisch die Wörter behandelt werden: über das Wort «Gott» herrscht völlige Unklarheit. Die Menschen wissen nicht, was sie eigentlich mit Gott benennen. Und in unserer Zeit meinen die Menschen entweder ihren Engel, oder sie werden, indem sie von ihrem Gott sprechen, sozusagen unbewußt Anhänger unserer Lehre: sie sprechen nämlich von ihrem eigenen Ich, wie es sich entwickelt hat seit dem letzten Tode bis zu dieser Geburt. Das ist das Konkrete, was sie als den Gott benennen: entweder ragt der Engel hinein, der sie schützt – es ist bloß der Engel, sie nennen ihn Gott –, oder es ist gar nur das individuelle Ich. Ob man das uminterpretiert oder nicht, darauf kommt es nicht an: es ist das egoistische Religionsbekenntnis, das heute in vielen Seelen ist, aber man will sich das nicht gestehen. Nur Geisteswissenschaft wird die Menschen aufmerksam darauf machen. Da wird man dann Geisteswissenschaft hassen und wird sie immer mehr bekämpfen, weil die Menschen es sich so bequem machen, das, was das allernächste ist, das in der hierarchischen Ordnung über ihnen steht, als ihren Gott zu benennen. Wenn heute vielfach von Gott gesprochen wird, so ist damit nichts anderes gemeint als entweder das eigene Ich oder der Engel.

Über eine solche Anschauung kommt man nur hinaus, wenn man in das konkrete geisteswissenschaftliche Verhältnis kommt. Das ist solch ein Punkt, über den sich die Menschen, der Zukunft entgegen, immer mehr werden aufklären müssen. Und Wahrheit muß unter den Menschen sein. Das wird insbesondere eine Forderung in die Zukunft hinein sein müssen, und Wahrheit ist in der Gegenwart nicht sehr verbreitet, gar nicht sehr verbreitet. Gerade auf gelehrten Gebieten findet man zuweilen sehr merkwürdige Begriffe über das, was Wahrheit ist. Sie wissen aus meinem Buch «Von Seelenrätseln» - wenn ich das kurz anführen darf -, in welch eigentümlicher Weise der merkwürdige Mensch *Max Dessoir* mit der Wahrheit umgegangen ist. Es ist wirklich herzzerbrechend, was man aus dem letzten Heft der Kant-Zeitschrift ersieht! Ich darf das schon besonders erwähnen, weil die Anthroposophie da nicht erwähnt wird; dieser Aufsatz tut also in bezug auf die eigene Sache nicht weh. Aber in dieser «gelehrten» Zeitschrift findet man einen Aufsatz, der nicht nur auf anthroposophischem Gebiet, sondern auch durch und durch das dilettantisch Banalste ist für den, der die Dinge versteht. Er wird aber doch ernst genommen.

Sie wissen ja aus meinem Buche, wie man Dessoir schulmeisterlich - man kann nicht anders - nachweisen muß, daß er meine Bücher nicht gelesen hat, aber alles mögliche verdreht. Nur eine der dümmsten Verdrehungen möchte ich noch einmal erwähnen: Dessoir gibt in der ersten Auflage seines Buches «Vom Jenseits der Seele» an, daß meine «Philosophie der Freiheit» mein Erstling wäre. Nun, diese «Philosophie der Freiheit» ist 1894 erschienen, zehn Jahre nach meinem Erstling; aber so oberflächlich wie hier, ist er in bezug auf alles. Also die «Philosophie der Freiheit» sei mein Erstling. Ich habe ihm das unter wichtigeren Dingen auch aufgemutzt, um ihm seine Art zu zeigen. Es erscheint eine zweite Auflage. In der Vorrede macht er allerlei Dinge geltend, die gerade so sind, daß man aus ihnen sieht, wes Geistes Kind dieser Universitätsprofessor ist. Aber nun hat er doch in der ersten Auflage gesagt, die «Philosophie der Freiheit» sei mein literarischer Erstling; jetzt sagt er, das habe er nicht gemeint, sondern das sei mein «theosophischer Erstling». Halten Sie das nun zusammen mit der Art und Weise, wie wieder von anderer Seite die «Philosophie der Freiheit» genommen wird als etwas, was durch meine «Theosophie» verleugnet würde: da werden Sie hineinsehen in einen wahren Sumpf! Aber man sieht an solchen Dingen sehr leicht hinein in die Gegenwart, und es ist sehr wichtig, daß man sich über diese Dinge völlig Aufklärung verschafft. Und das kann man nur, wenn man ganz unumwunden mit geisteswissenschaftlichen Waffen sich ausrüstet.

Auch geschichtliche Betrachtung wird unter dem Einflusse der Geisteswissenschaft etwas ganz anderes werden müssen, als sie es bis jetzt war, denn Geschichte ist zumeist eigentlich nichts anderes, so wie sie geboten wird, als eine Fable convenue. Wo man wirklich an die Tatsachen herandringt, da wird man in ganz anderes hineingeführt, als die landläufige Geschichte es darstellt.

Ich will Ihnen einen Punkt anführen. Sie werden gleich nachher sehen, worauf ich mit solcher Betrachtung hinaus will. Wir wissen, der vierte nachatlantische Zeitraum schloß mit dem 15. Jahrhundert. Das ist die griechisch-lateinische Zeit; in ihren letzten Ausläufern geht sie bis ins 15. Jahrhundert hinein. 1413 beginnt der fünfte nachatlantische Zeitraum, da geschieht ein mächtiger Umschwung. Wenn man das sich vor Augen hält, dann darf man sich vielleicht fragen: Wodurch ist denn dieses Römische Reich, in das zuletzt sich alles zusammenfand, was griechisch-lateinische Kultur ist, zugrunde gegangen? Es sind verschiedene Ursachen, aber eine der wichtigen ist die folgende: Die Römer haben große Kriege geführt; diese Kriege haben allmählich das Gebiet über die Ränder ausgedehnt. Viele neue Randvölker sind entstanden. Das hatte eine ganz bestimmte Folge. Wer die damalige Zeit, die ersten christlichen Jahrhunderte studiert, der findet, daß durch die eigentümliche Berührung des Römerreiches in seiner Verwaltung und inneren sozialen Struktur mit den Randvölkern und nach dem Orient hinüber ein fortwährender Metallgeldabfluß aus dem Römerreiche nach dem Orient sich geltend gemacht hat. Und dies ist eines der allerallerwichtigsten Ereignisse im 2., 3., 4. nachchristlichen Jahrhundert, als das Römerreich so allmählich zugrunde ging: daß das Metallgeld zu den Randvölkern hinüberfließt in den Orient. Und das Römische Reich, trotzdem es eine komplizierte Militärverwaltung hat, es wird immer gold- und geldärmer. Das ist der äußere Ausdruck, das Bild für die inneren Vorgänge. Ich erwähne dieses äußere Bild, das Gold- und Geldärmerwerden des Römischen Reiches, weil es der äußere Ausdruck ist auch für die Seelenstimmung. Was geschah aus dieser Seelenstimmung heraus? Natürlich, diese Seelenstimmung hat eine bestimmte Bedeutung im ganzen Sinn des weltgeschichtlichen Geschehens. Es sollte etwas daraus werden, aus diesem Verarmen an Metallgeld von seiten der Römer. Und was wurde daraus? Es wurde daraus der Individualismus, der das Charakteristische ist in unserem Zeitalter. Man redete vielfach von der Kunst, Gold zu machen. Wodurch kam sie, diese Kunst? Weil Europa materiell goldarm geworden ist, entstand diese äußere physische Sehnsucht nach dem Goldmachen, bis Amerika entdeckt wurde, und das Gold von da herüberkam. Diese großen Zusammenhänge müssen gefaßt werden. Bis in die Alchimie hinein und dadurch bis in die Entwickelung der Menschenseelen hinein wirkte das, was man so kennenlernt, wenn man wirklich den Untergang des Römischen Reiches studiert: Goldarmut durch die Ausdehnung der sozialen Struktur über die Randvölker hinaus in den Orient.

Jetzt leben wir in einer Zeit, in der die Menschen sich gestehen müssen: Die Zeit des instinktiven Lebens ist vorüber. Wir kommen nicht zu sozialen Strukturen, wenn wir nicht imstande sind, das soziale Denken zu beleben durch die Gedanken, die aus der Erfassung der geistigen Welt kommen. Deshalb sind die Sozialwissenschaften so steril, und deshalb hat sich die Menschheit in diese katastrophale Gegenwart hineingebracht, in der die sozialen Strukturen dieses Chaos hervorrufen über die Welt hin, weil die Menschen nicht geisteswissenschaftliche Gedanken, die aus den Impulsen der Menschheitsentwickelung einfließen sollen in das soziale Denken, in das Gemeinschaftsleben hineinfließen lassen können. Es gibt durchaus geistige Ursachen für diese katastrophale Gegenwart. Das ist das Sich-Aufbäumen der Menschen gegen das Einfließen des Geistes. Dadurch ist in Wahrheit die gegenwärtige Katastrophe entstanden.

Denn die Menschen wenden sich überall gegen den Geist, der herein will.

Ich will Ihnen ein Beispiel sagen, das Sie vielleicht doch auch charakteristisch finden werden. Nehmen Sie an, es denkt heute jemand darüber nach, was es für verschiedene Weltanschauungen gibt, und rein äußerlich klassifiziert er die Weltanschauungen: Katholizismus, Protestantismus, Sozialismus, Naturalismus und so weiter. Nehmen Sie den Zyklus, den ich einmal gehalten habe in Berlin, wo ich die Weltanschauungen mehr nach inneren Kategorien aufgebaut habe, nach der Zwölfzahl und nach der Siebenzahl. Da bekommen Sie wirklich sieben Weltanschauungen heraus: Gnosis, Logismus, Voluntarismus, Empirismus, Mystik, Transzendentalismus, Okkultismus. Natürlich, wer sie nur aufklaubt, die Weltanschauungen, wird sie nicht mit diesen Namen benennen. Und doch waltet die Sphärenmusik überall drinnen! Also denken Sie sich heute einmal einen Menschen, der nichts anderes wäre als materialistischer Beobachter, der so abliest die Weltanschauungen, wie sie ihm zugänglich sind, wie viele müßte er finden? Sieben müßte er finden. Er mag sie anders benennen, nach dem, wie sie sich äußerlich darstellen, aber in sieben Gliedern müssen sie auftreten. Lesen Sie das gegenwärtige Heft der «Preußischen Jahrbücher». Da finden Sie im ersten Aufsatz eine solche Beobachtung, laut welcher ein Mensch die Weltanschauungen, wie sie gegenwärtig sind, registrieren wollte. Er zählt sie auf. Wie viele kriegt er heraus? Sieben: Katholizismus, Protestantismus, Rationalismus, Humanismus, Idealismus, Sozialismus und persönlicher Individualismus. Das sind in der Tat sieben. Sie sind nur verschoben, die Kategorien, aber es kann einer nichts anderes als sieben herauskriegen. – Da haben Sie ein Beispiel, wo heranschlägt das, was wir als einen Sinn der Entwickelung finden, an die ganz gewöhnliche äußere Entwickelung. Die Menschen wollen sich das nicht gestehen, aber es ist notwendig, daß das in der Gegenwart eingestanden wird; daß man an diesen Dingen nicht vorbeigeht, sondern den Mut hat, sie ins Auge zu fassen.

Was geschieht denn eigentlich in der Gegenwart? In alten Zeiten, in der dritten nachatlantischen Kulturperiode, da war vom Osten nach Westen, über die ganze Erdkugel hingehend, ein durchgreifender Impuls, ein solcher Impuls, der allerdings nicht wie die heutigen Impulse bloß aus dem materiellen Leben, sondern aus dem Geistigen herauskam. Es griffen dazumal geistige Impulse auch in das soziale Leben ein. Da entwickelte sich aus dem Osten nach dem Westen herüber ein gewisser Impuls. Man kann ihn so charakterisieren, daß man sagt: Einige Menschen waren dazumal bestrebt, das, was sie der geistigen Welt als Erleuchtung abrangen, was ihnen mehr oder weniger durch ihr Alter oder durch Initiation aus guten oder schlechten Mysterien kam, den anderen Menschen zu überliefern; sie wollten das, was sie hatten, den anderen Menschen aufdrängen. Das war dazumal ein Impuls, der vom Oriente nach dem Westen ging: einige wenige geistige Kräfte im Sinne des Fortschritts der Menschheit ausbreiten, die Erde erfüllen mit einigen wenigen geistigen Maximen, mit Kräften, die aus den verblühenden Mysterien kamen. Danach richtete sich auch dazumal das soziale Leben. Es war im dritten nachatlantischen Zeitraum; geschichtlich ist da wenig verzeichnet. Die Wiederholung aber desjenigen, was damals geschah, die geschieht jetzt. Denken Sie sich dasjenige, was dazumal sich verbreitete als der Drang vom Osten nach dem Westen, ins rein Materielle umgesetzt im fünften nachatlantischen Zeitraum: Dazumal waren es die atavistisch-spirituellen Kräfte, die eine soziale Struktur bewirkten, indem den Menschen starke geistige Impulse gegeben werden sollten; diese sollten in die Menschheit hineingebracht werden. Denken Sie sich nun das Entgegengesetzte: Es wollen einige Menschen von sich aus das Materielle der Erde erobern, es den anderen Menschen wegnehmen. Damals wollte man das Geistige geben, und das bewirkte eben, daß so und so viele Jahre nach dem Mysterium von Golgatha die Katastrophen hereinbrachen. Dabei ging das Römische Reich unter. Damals brachen die geistigen Katastrophen herein, was darin gipfelte, daß gewisse Völker aus dem Osten mit einzelnen Maximen die Länder der Erde überschwemmen wollten. Das gleiche macht sich jetzt geltend, indem das britisch-amerikanische Volk den Menschen die Erde wegnehmen will. Das steckt hinter der ganzen Sache. Und es ist dasselbe genau umgesetzt: als Spiegelbild erscheint es. Man versteht nicht anders, was in der Gegenwart geschieht, als wenn man hineinschaut in den wirklichen Entwickelungsgang der Menschheit, wenn anstelle desjenigen, was als Geschichte gelehrt wird, die wirkliche Geschichte tritt. Denn es ist notwendig, daß der Zukunft entgegen die Menschen in voller Bewußtheit in das hineingestellt werden, was wirklich geschieht. Das heutige Wirtschaftsleben war schon lange ein Chaos, daraus hat sich diese Katastrophe herausentwickelt. Jetzt haben Sie zwei Dinge, die hineinwirken. Von Westen nach Osten: das Spiegelbild; vom Osten nach Westen: was alt geworden ist. Dort haben Sie noch die Überreste alter Geistesanschauung des ganzen asiatischen Orients, das, was er gemacht hat, um das Geistige auszubreiten, das Geistige hineinzuschieben. Studieren Sie die gegenwärtige Katastrophe, so haben Sie vom Osten hinüber einen Krieg der Seelen, da kämpfen die Seelen um die Geltendmachung der orientalisch-slawischen Begriffe; vom Westen hinüber: ein rein materieller Krieg um Absatzgebiete. Verstehen kann man diese Dinge nur, wenn man sie von dem großen Gesichtspunkte der menschlichen Entwickelung ins Auge faßt. Das wäre aber notwendig, daß man von diesen Dingen einmal frei sprechen könnte. Darüber sollten die Menschen aufgeklärt werden dürfen, was eigentlich dasjenige ist, in dem sie leben. Das ist von ungeheurer Wichtigkeit. Was aber aufhören muß, das ist, daß die Menschen förmlich verschlafen, was geschieht. Die wichtigsten Dinge können vorgehen – die Menschen können sie nicht mehr verstehen. Sie können sie nicht mehr in ihrem Gewicht erfassen, weil man das gegenwärtig nur kann, wenn man sie mit dem Licht des geisteswissenschaftlichen Erkennens zu beleuchten vermag. Sie lassen sich nicht auf andere Weise beleuchten.

Aber wie verhalten sich denn heute die gelehrtesten Leute zu dem geisteswissenschaftlichen Erkennen? Ja, da haben wir ein gutes Beispiel. An verschiedenen Orten habe ich immer wieder und wiederum erwähnt, daß es eine interessante Tatsache ist, daß aus der Haekkel-Schule heraus, also von einem *Haeckel*-Schüler, von *Oscar Hertwig*, ein Buch geschrieben worden ist, ein ausgezeichnetes Buch: «Das Werden der Organismen, eine Widerlegung von *Darwins* Zufallstheorie.» Oscar Hertwig hat darin auf die verschiedenen Schattenseiten des Darwinismus hingewiesen. Ich habe dieses Buch viel gelobt. Aber auf dem Boden unserer geisteswissenschaftlichen Bewegung müssen Sie sich an völlige Autoritätslosigkeit gewöhnen. Denn vor kurzer Zeit erschien ein anderes Buch von demselben Oscar Hertwig: «Zur Abwehr des ethischen, sozialen und politischen Darwinismus.» Jetzt dürfen Sie nicht etwa sagen: Nun, der Steiner hat den Hertwig gelobt, also studieren wir jetzt in diesem Sinne auch sein neuestes Buch –, denn dann werden Sie eine Enttäuschung erleben. Die Enttäuschung, daß ich sagen muß: Während das eine Buch ein ganz ausgezeichnetes Buch ist, ist dieses neueste Buch das Dilettantischste, Unsinnigste, was man überhaupt nur reden kann über die betreffenden Kapitel. Wenn Sie also bloß sagen wollen: Der Steiner hat das gelobt, also können auch wir es wiederum als Evangelium hinnehmen –, dann sind Sie nie sicher, daß ich nicht wiederum genötigt bin, das, was auf demselben Grund und Boden entsteht, mit den entgegengesetzten Prädikaten zu belegen. Autoritätsglaube darf eben in unseren Reihen nicht blühen, sondern nur eigenes Anschauen, eigene Meinung. Aber wovon rührt das denn eigentlich her? Das rührt davon her, daß Hertwig ein ausgezeichneter Naturforscher ist; aber die Begriffe der Naturforschung darf man nicht in das soziale Leben einführen. Tut man das, dann findet man überall nur das Tote, das Absterbende der Geschichte, wie zum Beispiel bei *Gibbon*, der die ausgezeichnete Geschichte des Verfalls des Römischen Reiches geschrieben hat. Das ist ein Geheimnis – ich habe auch dieses schon dargestellt – des geschichtlichen Werdens, daß, wenn man dieses geschichtliche Werden betrachten will mit den Begriffen, die in der Naturwissenschaft gelten, man niemals das, was wächst und sproßt, sondern nur das finden wird, was in den Leichnam übergeht. Nur Verfallserscheinungen des geschichtlichen Lebens trifft man, wenn man die Begriffe verwenden will, die in der Naturwissenschaft gut anwendbare sind. Die Menschen ahnten das bisweilen. Daher hat *Treitschke* gesagt, die Triebkräfte in der Geschichte wären die Leidenschaften und die Dummheiten der Menschen. So ist es nicht. Es sind unbewußte Kräfte, die da abwärtssteigen im geschichtlichen

Werden. Daher ist das wahr: Wenn man ins öffentliche Leben, also auch ins praktische Leben den Verfall hineinbringen will, dann setzt man in die Parlamente Gelehrte und Theoretiker. Diese Leute werden nur solche Gesetze auskochen, die Verfallserscheinungen geben, weil mit dem, was heute als wissenschaftlich gilt, nur die Verfallserscheinungen in der Geschichte gefunden werden können. Diese Dinge müssen in das Bewußtsein der Menschen hereintreten. Es ist das weit notwendiger, als die meisten Menschen glauben, und muß erfaßt werden, wenn man es ehrlich und aufrichtig meint mit dem, was die Menschheit aus der gegenwärtigen katastrophalen Zeit herausführen soll. Es geht nicht an, weiter die wichtigen Ereignisse zu verschlafen, die unbewußt ins Menschenleben hereintreten, denen die Menschen nicht gewachsen sein werden mit ihrem Bewußtsein, wenn sie sie nicht beleuchten wollen mit der Geisteswissenschaft. Aber da handelt es sich eben darum, daß man das Leben in seiner Wirklichkeit erfaßt, daß man wirklich hineinschaut in die wahre Gestaltung des Lebens.

Da muß man schon das Zusammenwirken dieser drei Impulse: des normal Menschlichen, des Luziferischen, des Ahrimanischen ins Auge fassen. Denn diese Dinge darf man nicht so behandeln, daß man sagt: Ich will ein normaler Mensch sein, und so meide ich alles Ahrimanische, alles Luziferische! – Wer so richtig brav sein will, alles Ahrimanische, alles Luziferische meiden will, der patscht nach der einen Seite ins Luziferische, nach der anderen Seite ins Ahrimanische erst recht hinein.

Denn nicht darum handelt es sich, daß man die Dinge meidet, sondern daß man Ahrimanisches und Luziferisches ins Gleichgewicht bringt. Der Jugend ist vorzugsweise das Luziferische eigen, dem dahingehenden Alter das Ahrimanische. Der Frau ist mehr das Luziferische eigen, dem Manne das Ahrimanische. Wenn wir in die Zukunft schauen, dann schauen wir vorzugsweise nach dem Ahrimanischen; wenn wir in die Vergangenheit schauen, in das, was noch keimhaft sein soll, dann blicken wir vorzugsweise in Luziferisches. Schauen wir zum britischen Staatenreiche, so schauen wir in ein ahrimanisches Gebiet hinein; bei den orientalischen Staatseinrichtungen schauen wir in luziferisches Gebiet hinein. Es handelt sich darum, daß wir überall finden, wie sich diese Kräfte in das Menschenleben hereinmachen. Man darf nicht blind sein gegenüber diesen Dingen.

Nehmen Sie nur eines: In der ganzen sozialen Struktur des Lebens der Menschheit hat bisher das Luziferische manchmal eine höchst verhängnisvolle Rolle gespielt, weil man es nicht in eine richtige Strömung hineinzuleiten verstand, weil man zu weit ausschlagen ließ die Waagschale des Luzifer. Daher haben luziferische Impulse eine große Rolle gespielt in der Art, wie sich die soziale Struktur gemacht hat. Man hat in der Schule schon die kleinen Kinder daran gewöhnt: «der Erste sein», «der Zweite sein», «der Dritte sein». Denken Sie, was da für ein luziferischer Ehrgeiz gespielt hat, wenn die Leute haben Primus werden wollen! Dann wiederum Titel und Orden und alles das, was damit zusammenhängt! Denken Sie sich, wie die soziale Struktur durch das Luziferische da aufgebaut worden ist! Aber diese Zeit geht zu Ende; das wäre auch wiederum so etwas, was man erkennen sollte! Die Zeit geht zu Ende, das Luziferische schwindet auf seinen Schattengebieten immer mehr und mehr. Auch das wäre etwas Gutes, wenn die Menschen in bezug auf das Hinschwinden des Luziferischen - vorläufig für die nächste Zukunft - ein wenig wachsamer wären. Aber unwachsam sind sie für etwas, was wiederum in anderer Weise schädigend hineinkommt. Das ist: Ein Ahrimanisches tritt an die Stelle des Luziferischen. Das Schlagwort ist gefallen: Freie Bahn dem Tüchtigen! - Ich habe schon gesagt: Was nützt es, wenn man sagt «Freie Bahn dem Tüchtigen», und man dann doch den Neffen als den Tüchtigsten ansieht! - Nicht wahr, es kommt darauf an, daß man ins Konkrete hineinsieht, ins Wirkliche hineinsieht. Aber das meine ich jetzt nicht, sondern ich meine: Es kommt ein ganzes ahrimanisches System herauf, mit sehr gefährlichen Nebenwirkungen. Dieses ahrimanische System, das hängt ein wenig mit diesem Schlagwort zusammen, das man auf pädagogischem Gebiet heute Begabtenprüfung nennt. Diese Begabtenprüfung, Sie werden sie überall gelobt finden. Es sind die Leute rein teuflisch besessen, indem sie davon sprechen. Es sollen aus einer

Anzahl, aus hundert von begabten Knaben und Mädchen, die besonders gute Zeugnisse haben, die Begabtesten herausgesucht werden, die Besten nach Intellektualität, Konzentrationsvermögen, Gedächtnis und so weiter. Da wird nun geprüft nach den neuesten psychologischen Methoden. Nach der experimentellen Psychologie wird zum Beispiel in sehr eigentümlicher Weise die Intelligenz geprüft. Man legt den Kindern drei Begriffe vor: Mörder, Spiegel, Rettung. Jetzt sollen sie durch ihre Intelligenz die Verbindung finden. Derjenige, der bloß die Verbindung findet: Der Mörder sieht sich im Spiegel wie die anderen Menschen – der ist bloß dumm. Aber derjenige, der etwa das «Nächstliegende» findet: Der Mensch blickt in einen Spiegel, sieht den Mörder, der sich gerade heranschleicht, und kann sich retten – der ist normal. Ein «Begabter» wäre der, der etwa sagt, daß der Mörder an den Spiegel heranschleicht, sein eigenes Gesicht in dem Spiegel sieht, erschrickt und vom Morde abläßt. Besonders schlau wäre der, der etwa sagen würde: In der Nähe desjenigen, dessen Leben zu Ende geführt werden soll durch den Mörder, befindet sich ein Spiegel; in der Dunkelheit stößt der Mörder an den Spiegel an, macht ein Geräusch und läßt dann ab von dem Morde. – Das ist also noch schlauer! So prüft man die Begabtheit! Das soll also etwas ganz besonders Großartiges sein, während es doch nichts anderes ist als die Übertragung einer rein ahrimanischen Methode, die für Maschinen gilt, auf den Menschen. Das Furchtbarste wird herauskommen an Mechanisierung des Menschenlebens, wenn man auf diese Weise die Begabtheit herausfinden will. Die Menschen brauchen nur nachzudenken über das, was sie selber noch vor einiger Zeit angenommen haben. Ich könnte Ihnen den Nachweis führen, wie unsinnig die Leute reden, wenn sie solche Prüfungen vornehmen. Man nehme doch eine ganze Reihe von Menschen, die jene Leute selbst auch als bedeutende, sehr bedeutende Menschen ansehen, die jetzt des Geistes Kind sind, der zu der Begabtenprüfung führt; sagen wir zum Beispiel *Helmholtz*, der Physiker, und andere. Wenn diese alle geprüft worden wären nach der Methode der Begabtenprüfung, da wären wohl viele als unbegabt hingestellt worden, zum Beispiel auch Helmholtz. Diese Dinge müssen alle viel ernster genommen werden, denn von diesen Dingen hängt das Heil der Zukunft ab. Es darf auf diesem Gebiet gar nichts Phrase bleiben. Heute lehren die Ereignisse selbst ungeheuer viel.

Nehmen Sie das Folgende: Sie können sich im Geiste denken das Zeitalter von 1930 bis 1940. Da könnte es gewisse Menschen geben, die dann so in den Vierzigerjahren, Anfang der Fünfzigerjahre stehen. Stellen Sie sich vor, Sie hätten diesen Gedanken gehabt im Jahre 1913, Sie hätten sich gedacht: Von denen, die im Jahre 1913 leben, werden 1930 eine gewisse Anzahl noch leben, die in führenden Stellungen sein werden; von ihnen wird die soziale Struktur, überhaupt das äußere physische Leben auf verschiedenen Gebieten der Erde abhängen. Sie können sich ungefähr ausmalen, wie es von 1930 bis 1940 gegangen wäre, wenn die Achtzehn- bis Zwanzigjährigen, die jetzigen jungen Leute, dann vierzigjährig geworden wären. – Nehmen Sie nun einen anderen Gedanken und fragen Sie sich: Wie viele von denen, die das, was Sie vorausgesetzt haben für 1930, getan hätten, sind jetzt auf den Schlachtfeldern gefallen, werden nicht mehr physisch teilnehmen können an der Führung der physischen Erdenangelegenheiten? – Andere werden daran teilnehmen! Malen Sie sich diese beiden Bilder nebeneinander aus, das eine Bild: Wenn diese Kriegskatastrophe nicht gekommen wäre, dann wäre das, was aus den Antezedenzien sich gebildet hätte, dementsprechend, wie Sie es sich von der Zukunft damals ausgemalt hätten. Und nun das andere Bild, das Sie sich jetzt malen müssen: Wie vielleicht alle die, welche gerade die wichtigsten Stellen hätten haben können, gefallen sind auf den Schlachtfeldern! Da werden Sie, wenn Sie solch ein Bild sich ausmalen, zu einem sehr fühlbaren Begriff von der Maja kommen, von der großen Täuschung des äußeren physischen Planes. Ist dieser physische Plan 1930 so, wie er hätte werden müssen, wenn alle diejenigen, die 1913 jung gewesen sind, gelebt hätten? Er wäre ganz anders geworden. Solche Dinge durchzudenken, das ist nicht ohne Bedeutung. Aber nur Geisteswissenschaft kann, indem sie solche Dinge durchdenkt, im rechten Sinne die Möglichkeit bieten, auch im Realen wirklichkeitsgemäß zu denken. Geisteswissenschaft bringt Sie zu solchen Begriffen, die loskommen von dem bloß physischen Gehirn. Unsere gegenwärtigen Begriffe sind vorzugsweise an das physische Gehirn gebunden, daher hat das Denken der Gegenwart eine gewisse Eigenschaft. Gerade dadurch, daß die naturwissenschaftlichen Begriffe, die an das Gehirn am engsten gebunden sind, die Gegenwart beherrschen, hat unser Denken in der Gegenwart eine besondere Eigenschaft: die Borniertheit, die Beschränktheit. Denn das ist das beschränkteste Denken, das vorzugsweise an unser Gehirn gebunden ist. Geisteswissenschaft muß losreißen das Denken vom Gehirn, muß die Gedanken in Bewegung bringen. Wir haben heute versucht, eine ganze Reihe von Gedanken vor unsere Seele hinzustellen, die leichtbewegliche Gedanken sind, die den Horizont weiter machen.

Aber nicht nur der Gedankenhorizont muß größer werden, sondern auch der Gefühlshorizont. Wie wurden die Menschen dadurch, daß ihre Gedanken vorzugsweise an das physische Leben gebunden waren, philiströs! Neben der Beschränktheit ist die Philistrosität die hauptsächlichste Eigenschaft unseres Zeitalters. Kirchturmansichten! Im engsten Kreise sind die Menschen interessiert. Geisteswissenschaft muß die Menschen wieder hinausführen in die Weiten des Alls, muß große Gebiete des Geschehens vor ihnen aufrollen, weil die Gegenwart nur daraus verstanden werden kann. Aus der Philistrosität muß Geisteswissenschaft die Menschen herausbringen. Gegen Borniertheit und Philistrosität muß Geisteswissenschaft kämpfen.

Auch der Wille hat nach und nach gewisse Eigenschaften angenommen. Dadurch, daß eine gewisse soziale Struktur herausgewachsen ist aus der materialistischen Kultur, sind die Menschen ungeschickt geworden. Ungeschicklichkeit ist aufgekommen! Die Menschen werden in ganz bestimmte Fächer hineingeschachtelt und wissen eigentlich gar nichts mehr als ihr Fach, sind mit Bezug auf alles übrige höchst ungeschickt. Man lernt heute Männer kennen, die, weil sie keine Schneider geworden sind, sich keinen Knopf annähen können. Aber Geisteswissenschaft hat die Eigentümlichkeit, daß sie solche Begriffe entwickelt, die lebendig sind, die in die Glieder übergehen, die den Menschen auch geschickter machen. Das Mittel gegen Borniertheit, gegen Philistrosität, gegen Ungeschicklichkeit ist Geisteswissenschaft. Wir brauchen ein Zeitalter, das die Menschen herausführt aus der Beschränktheit, aus der Engherzigkeit, aus der Ungeschicklichkeit, in die weiten Horizonte, in die Weitherzigkeit, in die Geschicklichkeit. Lebensvoll und lebensinnig muß die Geisteswissenschaft genommen werden. Wenn man nur die allereinfachsten Begriffe sich heute aus der Geisteswissenschaft heraus in bezug auf unsere Zeit darlegt, dann wird man schon sehen, daß innigst zusammenhängt mit dem Unglück, mit dem Leid, mit allen Schmerzen unserer Zeit, die wahrhaftig noch nicht an ihrem Gipfelpunkt angelangt sind, wahrhaftig nicht, daß damit zusammenhängt das Sich-Sträuben der Menschheit gegen den Geist. Die Menschen haben sich abgeschnürt von dem göttlich-geistigen Leben, die Menschen müssen den Zusammenhang wiederum finden mit dem göttlich-geistigen Leben.

Das war es, was ich diesmal vor Ihre Seele führen wollte. Bekommen Sie immer mehr und mehr das Gefühl: Deutlich und vernehmlich sprechen die Zeichen der Zeit! Aber nur derjenige wird finden, was sie sprechen, der sie lesen gelernt hat mit den Mitteln der Geisteswissenschaft. Man kann Geisteswissenschaft, und wenn man noch so weit geht, nicht genug als eine energisch und ernst zu nehmende Sache finden, man muß immer weiter und weiter gehen mit dem Durchdringen des Lebens durch dasjenige, was die Geisteswissenschaft gibt. Wenig Mut haben die Menschen in unserer Zeit, das Leben zu durchdenken durch die Kräfte, die aus dem Geiste kommen. Das muß gelernt werden, das fehlt hauptsächlich. Wenn es nicht gelernt wird, wenn es weiter fehlen wird, dann wird lange, lange dasjenige dauern, was als eine Katastrophe über die Menschheit hereingebrochen ist. Daher kann man schon sagen, daß man mit der Geisteswissenschaft den Ausweg suchen soll aus dem Konflikt der Gegenwart. Nehmen Sie es bitte recht ernst und recht tief: dann wird das, was wir miteinander sprechen wollten bei dieser Zusammenkunft, in Ihren Herzen, in Ihren Seelen die rechten Früchte tragen.

WAS TUT DER ENGEL IN UNSEREM ASTRALLEIB?

Zürich, 9. Oktober 1918

Anthroposophische Geist-Erfassung soll nicht bloß sein eine theoretische Weltansicht, sondern sie soll sein ein Lebensinhalt und eine Lebenskraft. Und nur, wenn wir uns in die Lage versetzen, unsere anthroposophische Weltauffassung in uns so zu erkraften, daß sie wirklich voll lebendig in uns wird, dann erfüllt sie eigentlich ihre Aufgabe. Denn wir sind dadurch, daß wir unsere Seelen vereinigen mit der anthroposophischen Geisteserfassung, in einer gewissen Beziehung zu Wächtern über ganz bestimmte, bedeutungsvolle Entwickelungsvorgänge der Menschheit geworden.

Menschen, die sonst nach der einen oder anderen Weltanschauung hinstreben, sind ja in der Regel überzeugt, daß Gedanken, Vorstellungen, außer dem, was sie in ihren menschlichen Seelen sind, nicht noch etwas anderes im Weltenzusammenhange sind, sondern Menschen mit solchen Weltanschauungen glauben: Gedanken, Vorstellungen als Ideale werden sich eben in die Welt so einleben, wie es dem Menschen, insofern er sinnenfällige Taten nur vollbringt, gelingt, sie in der Welt zur Geltung zu bringen. Anthroposophische Gesinnung setzt voraus, daß wir uns klar darüber sind, daß unsere Gedanken und Vorstellungen, um sich zu verwirklichen, noch andere Wege finden müssen, als dasjenige ist, was durch unsere sinnenfälligen Taten, durch unsere Taten in der Sinneswelt geschieht. In der Erkenntnis dieser Lebensnotwendigkeit liegt schon die Aufforderung, daß der Anthroposoph in einer gewissen Weise sich beteiligen müsse an dem Wachen über die Zeichen der Zeit. Es geschieht in der Weltentwickelung gar manches; dem Menschen, insbesondere dem Menschen unseres Zeitalters obliegt es, sich wirkliches Verständnis zu verschaffen von dem, was in der Weltentwickelung, in die er selbst hineingestellt worden ist, geschieht.

Mit Bezug auf den einzelnen Menschen weiß jeder, daß man seine Entwickelung berücksichtigen muß, nicht bloß die äußeren Tatsachen, die um ihn herum sind. Bedenken Sie nur einmal, ich möchte sagen, ganz grob gedacht: Die äußeren sinnenfälligen Tatsachen, die jetzt geschehen, die sind rundherum um die Menschen, die fünf Jahre, zehn Jahre, zwanzig Jahre, dreißig Jahre, fünfzig Jahre, die siebzig Jahre alt sind. Dennoch wird kein einziger Mensch, der vernünftig ist, verlangen, daß man dasselbe Verhältnis des Menschen zu den Tatsachen bei den Fünfjährigen, bei den Zehnjährigen, bei den Zwanzigjährigen, bei den Fünfzigjährigen, bei den Siebzigjährigen herstellen soll. Wie die Menschen sich verhalten sollen zu der äußeren Umgebung, das kann nur bestimmt werden, wenn man auf die Entwickelung des Menschen selbst Rücksicht nimmt. Beim einzelnen Menschen wird das jeder zugeben. Aber so wie der einzelne Mensch einer ganz bestimmten Entwickelung unterliegt, wie er gewissermaßen eine andere Art von Kräften hat als Kind, in der Mitte des Lebens, als Greis, so hat die Menschheit im Lauf ihrer Entwickelung auch immer andere und andere Kräfte, und man steht gewissermaßen nur schlafend in der Weltentwickelung drinnen, wenn man nicht beachtet, daß die Menschheit in ihrem Wesen etwas anderes ist im 20. Jahrhundert, als sie im 15. Jahrhundert war oder gar in der Zeit des Mysteriums von Golgatha oder vorher. Es gehört zu den größten Mängeln und Verirrungen und Verwirrungen gerade unserer Zeit, daß man das, was ich eben gesagt habe, nicht beachten will, daß man der Meinung ist, man könne von dem Menschen oder von der Menschheit im allgemeinen ganz abstrakt sprechen und müsse nicht wissen, daß diese Menschheit einer Entwickelung unterworfen ist.

Nun frägt es sich: Wie kommt man genauer zu einer Einsicht in diese Dinge? – Sie wissen, ein Wichtiges über diese Entwickelung haben wir ja oftmals besprochen. In der griechisch-lateinischen Zeit, vom 8. vorchristlichen Jahrhundert bis ungefähr ins 15. Jahrhundert der christlichen Zeitrechnung herein, da rechnen wir mit dem sogenannten Kulturzeitalter der Verstandes- oder Gemütsseele, und seit dem 15. Jahrhundert rechnen wir mit dem Kulturzeitalter der Bewußtseinsseele. Damit haben wir ein Wesentliches charakterisiert in der Entwickelung der Menschheit, gerade insofern es unsere Zeit betrifft. Wir wissen dadurch, daß die hauptsächlichste Kraft, auf welche gerechnet wird in der Menschheitsentwickelung vom 15. Jahrhundert bis in das 4. Jahrtausend hinein, bis zu dem Anfang des 4. Jahrtausends, die Bewußtseinsseele ist. Aber man darf in der Geisteswissenschaft, in der wirklichen Geisteswissenschaft nirgends bei Allgemeinheiten und Abstraktionen stehenbleiben; man muß überall sehen, konkrete Tatsachen zu erfassen. Die Abstraktionen nützen einem höchstens, wenn man neugierig ist in einem sehr gewöhnlichen Sinne. Will man Geisteswissenschaft zum Lebensinhalt, zur Lebenskraft machen, so muß man ernster sein als neugierig, so muß man nicht bei solchen Abstraktionen stehenbleiben, wie ich sie eben ausgesprochen habe. Daß wir im Zeitalter der Bewußtseinsseele leben, daß vorzugsweise auf die Ausbildung der Bewußtseinsseele gerechnet wird, das ist ganz richtig, das ist außerordentlich wichtig auch, aber man darf nicht dabei stehenbleiben.

Wollen wir nun zu einer bestimmten Anschauung über die Dinge kommen, so müssen wir vor allen Dingen einmal etwas genauer auf das Wesen des Menschen selber hinsehen. So wie wir Menschen sind, gliedern wir uns im geisteswissenschaftlichen Sinne, wenn wir gewissermaßen von oben heruntersteigen, in das Ich, in den astralischen Leib, in den Ätherleib, den ich in neuerer Zeit auch den Bildekräfteleib genannt habe, und den physischen Leib. Von diesen Gliedern der menschlichen Natur ist eigentlich nur das Ich dasjenige, in dem wir seelisch-geistig zunächst leben und weben. Das Ich ist uns ja auch durch unsere Erdenentwickelung und die sie dirigierenden Geister der Form gegeben. Alles im Grunde, was in unser Bewußtsein eintritt, tritt durch unser Ich in unser Bewußtsein ein. Und wenn das Ich nicht sich so entfaltet, daß es in Verbindung stehen kann – wenn auch durch die Leiber – mit der äußeren Welt, so haben wir ebensowenig Bewußtsein wie vom Einschlafen bis zum Aufwachen. Das Ich ist dasjenige, was uns mit unserer Umgebung verbindet. Der astralische Leib ist uns durch die unserer Erdenentwickelung vorangehende Mondenentwickelung zugeteilt worden, unser Ätherleib durch die weiter vorangehende Sonnenentwickelung, der physische Leib seiner ersten Anlage nach durch die Saturnentwickelung.

Aber wenn Sie die Schilderung dieser Leiber in der «Geheimwissenschaft im Umriß» durchgehen, da werden Sie sehen, in welch komplizierter Weise dies zustande gekommen ist, was heute der Mensch ist in seiner Zusammenfügung aus den vier charakterisierten Gliedern. Sehen wir nicht aus den Tatsachen, die uns die «Geheimwissenschaft» überliefert, daß an dieser Gliederung in die drei Hüllen des Menschenwesens Geister aller möglichen Hierarchien mitgewirkt haben? Sehen wir nicht, daß dasjenige, was uns als physischer Leib, als Ätherleib, als astralischer Leib umhüllt, sehr, sehr komplizierter Natur ist? Aber nicht nur, daß diese Hierarchien mitgearbeitet haben an dem Zustandekommen unserer Hüllen, sie arbeiten noch immer darinnen. Und der versteht den Menschen nicht, der glaubt, daß dieser Mensch bloß die Zusammenfügung ist von Knochen, Blut, Fleisch und so weiter, von denen uns die gewöhnliche Naturwissenschaft, die Physiologie oder Biologie oder Anatomie erzählen.

Nähert man sich der Wirklichkeit dieses menschlichen Hüllenwesens, sieht man dieses menschliche Hüllenwesen in seiner Wahrheit, dann sieht man, wie ineinanderarbeiten, planvoll, weisheitsvoll ineinanderarbeiten in alle dem, was in unseren Leibeshüllen ohne unser Bewußtsein vorgeht, geistige Wesenheiten der höheren Hierarchien. Sie können aus den, ich möchte sagen, skizzenhaft gehaltenen Umrissen, die ich in meiner «Geheimwissenschaft» gegeben habe über das Zusammenwirken der einzelnen Geister der höheren Hierarchien, damit der Mensch zustande komme, entnehmen, wie kompliziert sich diese Sache im einzelnen ausnehmen muß. Aber dennoch: will man den Menschen verstehen, so muß man auch diesen Dingen immer mehr im einzelnen, immer mehr im Konkreten beikommen.

Nun ist es ungeheuer schwierig, auf diesem Felde eine konkrete Frage auch nur ins Auge zu fassen. Sie sind ungeheuer kompliziert, diese konkreten Fragen. Denken Sie einmal, daß jemand fragen wollte: Was tut im gegenwärtigen Entwickelungszyklus der Menschheit, im Jahre 1918, in dem menschlichen Ätherleib, nun, sagen wir die Hierarchie der Seraphim oder der Dynameis? – Denn diese Frage kann man ebenso aufwerfen, wie man aufwerfen kann die Frage, ob es, sagen wir, in Lugano jetzt regnet oder nicht. Allerdings wird man das eine wie das andere ebensowenig durch ein bloßes Nachdenken oder eine bloße Theorie herausbekommen, sondern dadurch, daß man an die Tatsachen herantritt. Wie man sich erkundigen muß, meinetwillen durch ein Telegramm oder einen Brief oder dergleichen, ob es jetzt in Lugano regnet oder nicht, so muß man auch durch wirkliches Eindringen in die Tatsachen sich über so etwas erkundigen, wie: Was haben gerade die Geister der Weisheit oder die Throne im gegenwärtigen Menschheitszeitalter für eine Aufgabe, sagen wir im menschlichen Ätherleib? – Aber nun ist eine solche Frage wie die gerade aufgeworfene von einer außerordentlichen Kompliziertheit, und wir können uns gewissermaßen nur immer nähern solchen Gebieten, auf denen solche Fragen wachsen. Es ist wirklich eigentlich auf diesem Gebiete dafür gesorgt, daß dem Menschen seine Schwingen nicht in den Himmel hineinwachsen und er übermütig und stolz wird, wenn er nach wirklicher Erkenntnis strebt.

Gewissermaßen die nächsten Wesenheiten, die uns unmittelbar etwas angehen, sind diejenigen, über die wir klar sehen können. Aber über die sollen wir auch klar sehen, wenn wir nicht schlafen wollen in bezug auf das Hineingestelltsein in die menschliche Entwickelung. Und so will ich Ihnen von einer Frage sprechen, die nicht so vage, nicht so unbestimmt ist – obwohl sie sehr konkret ist – wie diese Frage: Was machen die Dynameis oder die Throne in unserem Ätherleib? – Ich will Ihnen eine andere Frage sagen, die nicht so vage, nicht so unbestimmt ist, sondern sogar den Menschen der Gegenwart angehen soll. Diese Frage ist: Was machen die allernächst an dem Menschen tätigen Wesen der Angeloi im gegenwärtigen Menschheitszeitalter innerhalb des Astralleibes?

Der Astralleib liegt unserem Menschen-Ich, wenn wir in unser inneres Wesen schauen, am nächsten. Es ist also zu hoffen, daß die Beantwortung der eben gestellten Frage uns recht viel angehen könnte. Die Angeloi sind die nächste Hierarchie über der Menschenhierarchie selber. Also wir stellen eine bescheidene Frage, und wir werden nachher sehen, daß die Beantwortung dieser Frage: Was machen gerade jetzt in unserem Lebensalter der Menschheit, die das 20. Jahrhundert durchläuft, in diesem Lebensalter der Menschheit, das begonnen hat im 15. Jahrhundert und bis in den Beginn des 4. Jahrtausends dauern wird, was machen die Angeloi in dem menschlichen astralischen Leibe? – für uns sehr wichtig sein wird.

Nun, was kann man denn überhaupt darüber sagen, wie sich eine solche Frage beantworten läßt? Man kann nur sagen: Geistesforschung, wenn sie ernsthaft getrieben wird, ist nicht eine Spielerei mit Vorstellungen oder eine Spielerei mit Worten, sondern sie arbeitet wirklich hinein in die Gebiete, wo die geistige Welt anschaulich wird. Und so etwas Nächstliegendes kann eben angeschaut werden. – Aber es kann eigentlich diese Frage fruchtbar nur beantwortet werden im Zeitalter der Bewußtseinsseele selbst.

Sie könnten sich denken: Würde in anderen Zeitaltern diese Frage haben aufgeworfen werden können und beantwortet werden sollen, so würde wahrscheinlich Antwort da [gewesen] sein. – Aber weder im Zeitalter des atavistischen Hellsehens noch im Zeitalter der griechisch-lateinischen Kultur konnte diese Frage beantwortet werden, aus dem Grunde nicht, weil die Bilder, die man im atavistischen Hellsehen in der Seele bekommen hat, die Beobachtungen über die Taten der Engel in unserem astralischen Leibe verdunkelten. Da war nichts zu sehen, gerade dadurch, daß man die Bilder hatte, die das atavistische Hellsehen gab. Und im griechisch-lateinischen Zeitalter war das Denken noch nicht so stark, wie es jetzt ist. Das Denken hat schon eine Verstärkung erfahren, gerade durch das naturwissenschaftliche Zeitalter eine Verstärkung erfahren, so daß das Zeitalter der Bewußtseinsseele dasjenige ist, in dem bewußt auch eingedrungen werden kann in eine solche Frage wie die eben aufgestellte. Darinnen muß sich gerade die Fruchtbarkeit unserer Geisteswissenschaft für das Leben zeigen, daß wir nicht bloß mit Theorien abspeisen, sondern daß wir Dinge zu sagen wissen, die für das Leben eine eingreifende Bedeutung haben.

Was tun die Engel in unserem astralischen Leibe? Wir können nur dann uns überzeugen, was sie da tun, wenn wir bis zu einem gewissen Grade hellsichtiger Beobachtung aufsteigen, so daß wir sehen, was in unserem astralischen Leibe drinnen sich abspielt. Also bis zu einem gewissen Grade wenigstens der imaginativen Erkenntnis muß aufgestiegen werden, wenn die angedeutete Frage beantwortet werden soll. Dann zeigt sich, daß diese Wesenheiten aus der Hierarchie der Angeloi - und in gewisser Weise jeder einzelne der Angeloi, der für jeden Menschen gewissermaßen seine Aufgabe hat, aber auch namentlich durch ihr Zusammenwirken - Bilder im menschlichen astralischen Leibe formen. Unter der Anleitung der Geister der Form formen sie Bilder. Wenn man nicht aufsteigt zur imaginativen Erkenntnis, so weiß man nicht, daß fortwährend in unserem Astralleib Bilder geformt werden. Sie entstehen und vergehen, diese Bilder. Würden diese Bilder nicht geformt, so gäbe es keine Entwickelung der Menschheit in die Zukunft hinein, die den Absichten der Geister der Form entspricht. Was die Geister der Form mit uns bis zum Ende der Erdenentwickelung weiter erreichen wollen, das müssen sie zuerst in Bildern entwickeln, und aus diesen Bildern wird dann später die umgestaltete Menschheit, die Wirklichkeit. Und diese Bilder in unserem astralischen Leibe formen heute schon die Geister der Form durch die Engel. Die Engel formen im menschlichen astralischen Leib Bilder, Bilder, die man mit dem zur Hellsichtigkeit entwickelten Denken erreichen kann. Und man kann diese Bilder, welche die Engel in unserem astralischen Leibe formen, verfolgen. Dann zeigt sich, daß diese Bilder nach ganz bestimmten Impulsen, nach ganz bestimmten Prinzipien geformt werden. Und zwar so werden sie geformt, daß in der Art, wie diese Bilder entstehen, gewissermaßen Kräfte für die zukünftige Entwickelung der Menschheit liegen. Wenn man - so sonderbar es klingt, man muß das so ausdrücken - die Engel bei dieser ihrer Arbeit betrachtet, so haben diese Engel bei dieser ihrer Arbeit eine ganz bestimmte Absicht für die künftige soziale Gestaltung des Menschenlebens auf Erden; und sie wollen solche Bilder in den menschlichen astralischen Leibern erzeugen, welche ganz bestimmte soziale Zustände im menschlichen Zusammenleben der Zukunft herbeiführen.

Die Menschen können sich sträuben, anzuerkennen, daß Engel in ihnen Zukunftsideale auslösen wollen, aber es ist doch so. Und zwar wirkt ein ganz bestimmter Grundsatz bei dieser Bilderformung der Angeloi. Es wirkt der Grundsatz, daß in der Zukunft kein Mensch Ruhe haben soll im Genusse von Glück, wenn andere neben ihm unglücklich sind. Es herrscht ein gewisser Impuls absolutester Brüderlichkeit, absolutester Vereinheitlichung des Menschengeschlechtes, richtig verstandener Brüderlichkeit mit Bezug auf die sozialen Zustände im physischen Leben. Das ist das eine, der eine Gesichtspunkt, nach dem wir sehen, daß die Angeloi die Bilder im menschlichen astralischen Leibe formen.

Aber es gibt noch einen zweiten Impuls, unter dessen Gesichtspunkt diese Angeloi formen; das ist: sie verfolgen nicht nur gewisse Absichten mit Bezug auf das äußere soziale Leben, sondern sie verfolgen auch gewisse Absichten mit Bezug auf die menschliche Seele, auf das seelische Leben der Menschen. Mit Bezug auf das seelische Leben der Menschen, da verfolgen sie durch ihre Bilder, die sie dem astralischen Leibe einprägen, das Ziel, daß in der Zukunft jeder Mensch in jedem Menschen ein verborgenes Göttliches sehen soll.

Also wohlgemerkt: Anders soll es werden nach der Absicht, die in der Arbeit der Angeloi liegt. Es soll werden so, daß wir nicht den Menschen gewissermaßen wie ein höherentwickeltes Tier nur seinen physischen Qualitäten nach betrachten, weder in der Theorie noch in der Praxis, sondern daß wir jedem Menschen entgegentreten mit dem voll ausgebildeten Gefühl: In dem Menschen erscheint etwas, was aus den göttlichen Weltengründen heraus sich offenbart, durch Fleisch und Blut sich offenbart. – Den Menschen zu erfassen als Bild, das sich aus der geistigen Welt heraus offenbart, so ernst als möglich, so stark als möglich, so verständnisvoll als möglich, das wird in die Bilder durch die Angeloi gelegt.

Das wird einmal, wenn es verwirklicht wird, eine ganz bestimmte Folge haben. Alle freie Religiosität, die sich in der Zukunft innerhalb der Menschheit entwickeln wird, wird darauf beruhen, daß in jedem Menschen das Ebenbild der Gottheit wirklich in unmittelbarer Lebenspraxis, nicht bloß in der Theorie, anerkannt werde. Dann wird es keinen Religionszwang geben können, dann wird es keinen Religionszwang zu geben brauchen, denn dann wird die Begegnung jedes Menschen mit jedem Menschen von vornherein eine religiöse Handlung, ein Sakrament sein, und niemand wird durch eine besondere Kirche, die äußere Einrichtungen auf dem physischen Plan hat, nötig haben, das religiöse Leben aufrechtzuerhalten. Die Kirche kann, wenn sie sich selber richtig versteht, nur die eine Absicht haben, sich unnötig zu machen auf dem physischen Plane, indem das ganze Leben zum Ausdruck des Übersinnlichen gemacht wird.

Das liegt wenigstens den Impulsen der Arbeit der Engel zugrunde: vollständige Freiheit des religiösen Lebens über die Menschen hin auszugießen. Und ein drittes liegt zugrunde: den Menschen die Möglichkeit zu geben, durch das Denken zum Geist zu gelangen, durch das Denken über den Abgrund hinweg zum Erleben im Geistigen zu kommen. Geisteswissenschaft für den Geist, Religionsfreiheit für die Seele, Brüderlichkeit für die Leiber, das tönt wie eine Weltenmusik durch die Arbeit der Engel in den menschlichen astralischen Leibern. Man braucht, möchte ich sagen, nur sein Bewußtsein bis zu einer gewissen anderen Schichte hinaufzuheben, dann fühlt man sich hineinversetzt in diese wunderbare Arbeitsstätte der Angeloi in dem menschlichen astralischen Leibe.

Nun ist es so, daß wir im Zeitalter der Bewußtseinsseele leben, und in diesem Zeitalter der Bewußtseinsseele tun die Angeloi im menschlichen astralischen Leibe das, was ich eben erzählt habe. Die Menschen sollen nach und nach bewußt zum Erfassen dessen kommen, was ich eben erzählt habe. Das gehört in die menschliche Entwickelung hinein. Wie kommt man denn überhaupt dazu, so etwas zu sagen, wie das, was ich jetzt eben ausgesprochen habe? Wo findet man gewissermaßen diese Arbeit? Nun, heute findet man sie noch in dem schlafenden Menschen. Man findet sie in den Schlafzuständen der Menschen vom Einschlafen bis zum Aufwachen. Man findet sie auch in den wachenden Schlafzuständen. Ich habe oft davon gesprochen, wie die Menschen, trotzdem sie wach sind, in den wichtigsten Angelegenheiten eigentlich ihr Leben verschlafen. Und ich kann Ihnen die allerdings nicht sehr erfreuliche Versicherung geben, daß man wirklich, wenn man bewußt durchs Leben geht, heute viele, viele schlafende Menschen findet. Sie lassen geschehen, was in der Welt geschieht, ohne sich dafür zu interessieren, ohne sich darum zu bekümmern, ohne sich damit zu verbinden. Dasjenige, was vorbeigeht an großen Weltereignissen, das geht an den Menschen oftmals so vorbei, wie dasjenige, was sich in der Stadt abspielt, vor einem Schlafenden vorbeigeht, trotzdem die Leute scheinbar wach sind. Dann aber, wenn die Menschen gerade wachend so etwas Besonderes verschlafen, dann zeigt sich, wie in ihren astralischen Leibern – ganz unabhängig von dem, was sie wissen wollen oder nicht wissen wollen – diese wichtige Arbeit der Angeloi sich abspielt, von der ich gesprochen habe.

Solche Dinge spielen sich vielfach ab in einer Weise, die den Menschen recht rätselvoll, recht paradox erscheinen muß. Da hält man manchen für ganz unwürdig, das oder jenes an Verbindungen mit der geistigen Welt einzugehen. Aber in Wahrheit ist der Betreffende nichts anderes als zunächst in dieser Inkarnation eine furchtbare Schlafmütze, die alles verschläft, was um ihn herum vorgeht; in seinem astralischen Leib aber arbeitet der Engel aus der Gemeinschaft der Engel heraus an der Zukunft der Menschheit. Der astralische Leib wird trotzdem benutzt, und man kann an seinem astralischen Leib so etwas beobachten. Aber darauf kommt es an, daß so etwas sich gerade hereindrängt in das menschliche Bewußtsein. Die Bewußtseinsseele muß erhoben werden zu der Anerkennung desjenigen, was nur auf diese Weise gefunden werden kann.

Indem wir diese Voraussetzungen gemacht haben, werden Sie begreifen, wenn ich Sie nun aufmerksam mache darauf, daß eben dieses Zeitalter der Bewußtseinsseele zudrängt einem ganz bestimmten Ereignisse, und daß es, weil wir es mit der Bewußtseinsseele zu tun haben, von den Menschen abhängen wird, wie dieses Ereignis sich in der Menschheitsentwickelung vollzieht. Das Ereignis kann um ein Jahrhundert früher oder später kommen, aber eigentlich müßte es in das Gebiet der Menschheitsentwickelung hereinkommen. Und dieses Ereignis kann man eben so charakterisieren, daß man sagt: Die Menschen müssen rein durch ihre Bewußtseinsseele, durch ihr bewußtes Denken dazu kommen, daß sie schauen, wie es die Engel machen, um die Zukunft der Menschheit vorzubereiten. – Dasjenige, was Geisteswissenschaft auf diesem Gebiete lehrt, muß praktische Lebensweisheit der Menschheit werden, solche praktische Lebensweisheit, daß die Menschen die feste Überzeugung haben können: es ist ihr eigenes Weisheitsgut, indem sie anerkennen, daß die Engel dies wollen, was ich charakterisiert habe.

Nun ist aber das Menschengeschlecht in bezug auf die Annäherung zu seiner Freiheit so weit fortgeschritten, daß es von dem Menschengeschlecht schon selber abhängt, ob es das betreffende Ereignis verschlafen oder mit voller Bewußtheit ihm entgegengehen will. Was würde es heißen: ihm mit voller Bewußtheit entgegengehen? Mit voller Bewußtheit ihm entgegengehen, heißt das Folgende: Man kann heute Geisteswissenschaft studieren, sie ist da, man braucht wahrhaftig nicht einmal etwas anderes zu tun als Geisteswissenschaft zu studieren. Wenn man außerdem noch allerlei Meditationen macht, wenn man berücksichtigt dasjenige, was an praktischen Anleitungen durch so etwas gegeben ist wie in «Wie erlangt man Erkenntnisse der höheren Welten?», so unterstützt man die Sache weiter. Aber das Nötige geschieht schon, wenn man nur Geisteswissenschaft studiert und richtig bewußt versteht. Man kann, ohne hellseherische Fähigkeiten sich anzueignen, Geisteswissenschaft heute studieren; jeder Mensch kann es, der sich nicht selber Vorurteile in den Weg legt. Und wenn die Menschen immer mehr und mehr Geisteswissenschaft studieren, wenn sie sich die Begriffe und Ideen aneignen, die in der Geisteswissenschaft gegeben sind, dann werden sie in ihrem Bewußtsein soweit erwachen, daß gewisse Ereignisse eben nicht verschlafen werden, sondern bewußt vorübergehen.

Und diese Ereignisse, wir können sie noch genauer charakterisieren. Denn im Grunde ist, daß wir wissen, was der Engel tut, nur die Vorbereitung. Die Hauptsache ist, daß eben in einem bestimmten Zeitpunkte ein Dreifaches eintreten wird. Wie gesagt, je nachdem sich die Menschen verhalten, wird der Zeitpunkt früher oder später oder im allerschlimmsten Falle gar nicht eintreten. Aber dasjenige, was eintreten soll, ist eben das, daß der Menschheit durch ihre Engelwelt ein Dreifaches gezeigt wird. Erstens wird gezeigt, wie man wirklich die tiefere Seite der Menschennatur mit seinem unmittelbarsten menschlichen Interesse erfassen kann. Ja, es wird ein Zeitpunkt kommen, den die Menschen nicht verschlafen sollen, wo die Menschen einen anregenden Impuls aus der geistigen Welt heraus durch ihren Engel empfangen werden, der dahin gehen wird, daß wir ein viel tieferes Interesse an jedem Menschen haben werden, als wir geneigt sind, heute zu haben. Diese Erhöhung des Interesses an unserem Mitmenschen soll sich nicht bloß etwa so subjektiv entwickeln, wie dies die Menschen so bequem in sich entwickeln, sondern mit einem Ruck, indem tatsächlich dem Menschen eingeflößt wird von spiritueller Seite ein gewisses Geheimnis, was der andere Mensch ist. Ich meine damit etwas ganz, ganz Konkretes, nicht irgendwelche theoretische Erwägung, sondern: Die Menschen erfahren etwas, was sie an jedem Menschen interessieren kann.

Das ist das eine, und das wird das soziale Leben ganz besonders erringen. Und das zweite wird sein, daß von der geistigen Welt aus der Engel unwiderleglich dem Menschen zeigen wird, daß der Christus-Impuls außer allem übrigen auch völlige Religionsfreiheit für die Menschen bedingt, daß nur das das rechte Christentum ist, welches absolute Religionsfreiheit möglich macht. Und das dritte ist eben die unwiderlegliche Einsicht in die geistige Natur der Welt.

Dieses Ereignis, wie gesagt, es soll so eintreten, daß die Bewußtseinsseele des Menschen ein gewisses Verhältnis dazu erhält. Das steht einmal der Menschheit in ihrer Entwickelung bevor. Denn darauf arbeitet der Engel durch seine Bilder im menschlichen astralischen Leibe hin. Nun mache ich Sie aber darauf aufmerksam, daß dieses Ereignis, das da bevorsteht, schon in den menschlichen Willen gestellt ist. Die Menschen können ja manches unterlassen. Und viele unterlassen heute noch vieles, was hinführen soll zum wachenden Erleben des angedeuteten Zeitpunktes.

Nun gibt es aber, wie Sie wissen, andere Wesen in der Weltentwickelung, die ein Interesse daran haben, den Menschen aus seiner Bahn hinauszubringen: das sind die ahrimanischen und die luziferischen Wesenheiten. Das, was ich eben gesagt habe, liegt in der göttlichen Entwickelung des Menschen. Es müßte eigentlich der Mensch, wenn er sich so recht seiner eigenen Natur überließe, zu der Anschauung desjenigen kommen, was der Engel in seinem astralischen Leibe entfaltet. Aber die luziferische Entwickelung, sie geht dahin, den Menschen abzudrängen von der Einsicht in die Arbeit der Angelos-Hierarchie. Und diese luziferischen Wesen, sie machen es in folgender Weise, um den Menschen abzudrängen: sie machen es so, daß sie den freien Willen des Menschen hemmen. Sie versuchen, dem Menschen Dunkelheit zu geben über die Praxis seines freien Willens, indem sie ihn zwar zu einem guten Wesen machen – Luzifer will von diesem Gesichtspunkte aus, den ich jetzt berühre, beim Menschen eigentlich das Gute, das Geistige –, aber er will ihn automatisch machen, ohne freien Willen; es soll der Mensch ins Hellsehen nach guten Prinzipien hineinversetzt werden, aber gewissermaßen automatisch; die luziferischen Wesenheiten wollen dem Menschen seinen freien Willen, die Möglichkeit zum Bösen, nehmen. Sie wollen ihn so machen, daß er zwar aus dem Geiste heraus, aber wie ein geistiges Abbild handelt, nämlich ohne freien Willen. Automatisch wollen sie ihn machen, die luziferischen Wesen.

Das hängt mit ganz gewissen Geheimnissen der Entwickelung zusammen. Die luziferischen Wesen, Sie wissen es, sind auf anderen Entwickelungsstufen stehengebliebene Wesenheiten, die Fremdartiges in die normale Entwickelung hereinbringen. Diese luziferischen Wesen haben ein hohes Interesse daran, den Menschen so zu ergreifen, daß er nicht zum freien Willen kommt, weil sie selbst den freien Willen sich nicht errungen haben. Der freie Wille kann nur auf der Erde errungen werden. Aber sie wollen mit der Erde nichts zu tun haben, sie wollen nur Saturn-, Sonnen-, Mondenentwickelung, und da stehenbleiben, nichts mit der Erdenentwickelung zu tun haben. Sie hassen gewissermaßen den freien Willen des Menschen. Sie handeln hoch-geistig, aber sie handeln automatisch – das ist außerordentlich bedeutsam –, und sie wollen zu ihrer Höhe, zu ihrer geistigen Höhe den Menschen erheben. Sie wollen ihn automatisch machen; geistig, aber automatisch. Dadurch würde auf der einen Seite die Gefahr erzeugt, daß der Mensch, wenn er zu früh, bevor seine volle Bewußtseinsseele funktioniert, zum geistig automatisch handelnden Wesen wird, jene Offenbarung verschläft, die kommen soll und die ich eben charakterisiert habe.

Aber auch die ahrimanischen Wesen arbeiten dieser Offenbarung entgegen. Sie streben nicht danach, den Menschen besonders geistig zu machen, aber sie streben danach, in dem Menschen das Bewußtsein seiner Geistigkeit zu ertöten. Sie streben danach, dem Menschen die Anschauung beizubringen, daß er eigentlich nur ein vollkommen ausgebildetes Tier ist. Ahriman ist in Wahrheit der große Lehrer des materialistischen Darwinismus. Ahriman ist auch der große Lehrer all derjenigen technischen und praktischen Betätigung innerhalb der Erdenentwickelung, die nichts gelten lassen will als das äußere sinnenfällige menschliche Leben, die nur eine ausgebreitete Technik haben will, damit in raffinierterer Weise der Mensch dieselben Eß- und Trinkbedürfnisse und sonstigen Bedürfnisse befriedigt, die auch das Tier befriedigt. In dem Menschen ertöten, verdunkeln das Bewußtsein, daß er ein Abbild der Gottheit ist, das streben für die Bewußtseinsseele durch allerlei raffinierte wissenschaftliche Mittel die ahrimanischen Geister in unserer Zeit an.

In früheren Zeitaltern würde es den ahrimanischen Geistern nichts genützt haben, durch Theorien den Menschen die Wahrheit in dieser Weise zu verdunkeln. Warum? Noch während des griechisch-lateinischen Zeitalters, aber noch mehr in dem älteren Zeitalter, in dem der Mensch noch das atavistische Hellsehen, die Bilder hatte, da war es ganz gleichgültig, wie der Mensch dachte. Da hatte er seine Bilder. Durch seine Bilder sah er in die geistige Welt hinein. Was ihm Ahriman beigebracht hätte über seine Beziehung zu den Tieren, das würde gar keine Bedeutung gehabt haben für seine Lebenshaltung. Das Denken ist erst mächtig geworden – in seiner Ohnmacht mächtig geworden, könnte man sagen – in unserem fünften nachatlantischen Zeitalter, seit dem 15. Jahrhundert. Erst seit jener Zeit ist das Denken geeignet, die Bewußtseinsseele hineinzubringen in das geistige Gebiet, damit aber auch, sie zu verhindern, hineinzukommen in die geistige Welt. Erst jetzt erleben wir die Zeit, wo eine Theorie durch Wissenschaft auf bewußte Weise dem Menschen seine

Göttlichkeit und die Erfahrungen über das Göttliche raubt. Das ist eben nur im Zeitalter der Bewußtseinsseele möglich. Daher streben die ahrimanischen Geister an, solche Lehren über den Menschen zu verbreiten, die den göttlichen Ursprung des Menschen verdunkeln.

Aus der Anführung dieser der normal-göttlichen Entwickelung des Menschen entgegenstrebenden Strömungen kann man entnehmen, wie man sich einrichten muß im Leben, damit man eben das, wovon gesprochen worden ist, was da kommen soll als eine Offenbarung in die Menschenentwickelung, nicht verschlafe. Sonst entsteht eine große Gefahr. Und der Mensch muß aufmerksam sein auf diese Gefahr, sonst wird statt des bedeutungsvollen Ereignisses, das mächtig eingreifen soll in die zukünftige Gestaltung der Erdenentwickelung, dasjenige eintreten, was recht gefährlich werden kann dieser Erdenentwickelung.

Sehen Sie, gewisse geistige Wesenheiten erlangen ja ihre Entwickelung durch den Menschen, indem sich der Mensch mitentwickelt. Die Engel, die in dem menschlichen astralischen Leibe ihre Bilder entwickeln, entwickeln diese Bilder natürlich nicht als Spiel, sondern damit etwas erreicht wird. Da aber das, was erreicht werden soll, gerade innerhalb der Erdenmenschheit erreicht werden soll, so würde ja die ganze Geschichte zum Spiel, wenn die Menschen, nachdem sie die Bewußtseinsseele erlangt haben, bewußt die ganze Sache außer acht ließen. Es würde das Ganze zum Spiel! Die Engel würden nur ein Spiel treiben in der Entwickelung des astralischen Leibes des Menschen. Nur dadurch, daß das sich in der Menschheit verwirklicht, dadurch ist es kein Spiel, sondern Ernst. Daraus aber werden Sie entnehmen können, daß die Arbeit der Engel unter allen Umständen ernst bleiben muß. Bedenken Sie, was das wäre hinter den Kulissen des Daseins, wenn die Menschen einfach durch ihre Schlafmützigkeit die Arbeit der Engel zum Spiel machen könnten!

Und wenn das nun doch geschähe, wenn doch die Erdenmenschheit dabei beharren würde, das wichtige geistige Offenbarungsereignis der Zukunft zu verschlafen? Wenn die Menschen zum Beispiel den mittleren Teil – die auf die Religionsfreiheit bezügliche Sache –

verschlafen würden, wenn sie die Wiederholung des Mysteriums von Golgatha auf dem Ätherplane, von der ich oft gesprochen habe, die Wiedererscheinung des ätherischen Christus, wenn sie das verschlafen würden, oder die anderen Dinge verschlafen würden, dann müßte dasjenige, was mit den Bildern im astralischen Leibe des Menschen erreicht werden soll, auf einem anderen Wege von den Engeln angestrebt werden. Und das, was die Menschen in ihrem Astralleibe nicht erreichen lassen, indem sie wach werden, das würde in diesem Falle angestrebt dadurch, daß die Engel ihre Absichten verwirklichen durch die schlafenden Menschenleiber. Also dasjenige, was die Menschen verschlafen würden im Wachzustande und die Engel dadurch nicht erreichen können, das würde erreicht werden mit Hilfe der in dem Bette liegenbleibenden menschlichen physischen Leiber und Ätherleiber während des Schlafens. Dort würden die Kräfte gesucht werden, um das zu erreichen. Was mit den wachen Menschen, wenn die wachen Seelen in dem Ätherleib und in dem physischen Leib drinnen sind, sich nicht erreichen läßt, das wird mit den schlafenden Ätherleibern und physischen Leibern erreicht, wenn die Menschen, die wachen sollten, dann schlafend heraußen sind mit ihrem Ich und ihrem astralischen Leibe.

Das ist die große Gefahr für das Bewußtseinszeitalter. Das ist dasjenige Ereignis, welches sich noch vollziehen könnte, wenn die Menschen sich nicht zu dem geistigen Leben hinwenden wollten, vor dem Beginne des 3. Jahrtausends. Wir stehen nur noch eine kurze Zeit entfernt vor dem Beginne des 3. Jahrtausends. Es beginnt ja das 3. Jahrtausend bekanntlich mit dem Jahre 2000. Es könnte sich noch vollziehen, daß, statt mit dem wachenden Menschen, mit den schlafenden Leibern der Menschen das erreicht werden müßte, was erreicht werden soll für die Engel durch ihre Arbeit; daß die Engel ihre ganze Arbeit aus dem astralischen Leib des Menschen herausholen müßten, um sie unterzutauchen in den Ätherleib, damit sie sich verwirklichen könne. Aber der Mensch würde nicht drinnen sein! So müßte es sich im Ätherleib verwirklichen, wenn der Mensch nicht dabei ist, denn wenn der Mensch dabei wäre im wachen Zustande, so würde er das hindern.

Jetzt habe ich Ihnen die allgemeine Idee von der Sache entwickelt. Aber was würde denn damit eintreten, daß die Engel eine solche Arbeit, ohne daß der Mensch dabei ist, in den Ätherleibern und in den physischen Leibern der Menschen, während sie schlafen, verrichten müßten? Dadurch würde unweigerlich ein Dreifaches in der Menschenentwickelung eintreten. Erstens würde in den schlafenden Menschenleibern, während der Mensch eben schläft, ohne daß er mit seinem Ich und seinem astralischen Leib dabei ist, etwas erzeugt, was er dann findet nicht durch Freiheit, sondern was er vorfindet, wenn er morgens aufwacht. Immer findet er es dann vor. Es wird Instinkt statt Freiheitsbewußtsein, aber es wird dadurch schädlich. Und zwar drohen schädlich zu werden gewisse instinktive Erkenntnisse, die in die Menschennatur kommen sollen und die zusammenhängen mit dem Mysterium der Geburt und der Empfängnis, der Konzeption, mit dem ganzen sexuellen Leben, wenn die Gefahr eintreten sollte, von der ich gesprochen habe, durch gewisse Engel, die dann selber eine gewisse Veränderung durchmachen würden, von der ich nicht sprechen kann, weil diese Veränderung zu jenen höheren Geheimnissen der Initiationswissenschaft gehört, von denen heute noch nicht gesprochen werden darf. Wohl aber kann man sagen: Was innerhalb der Menschheitsentwickelung geschieht, das würde darin bestehen, daß, statt in hellem, wachem Bewußtsein in nützlicher Weise, dann in schädlicher Weise, in zerstörerischer Weise gewisse Instinkte aus dem Sexualleben und Sexualwesen auftreten würden, Instinkte, die nicht bloß Verirrungen bedeuten würden, sondern die übergehen würden ins soziale Leben, die Gestaltungen hervorbringen würden im sozialen Leben; vor allen Dingen die Menschen veranlassen würden durch das, was dann in ihr Blut kommen würde infolge des Sexuallebens, jedenfalls nicht irgendwelche Brüderlichkeit auf der Erde zu entfalten, sondern sich immer aufzulehnen gegen die Brüderlichkeit. Das aber würde Instinkt sein.

Also es kommt der entscheidende Punkt, wo gewissermaßen nach rechts gegangen werden kann: dann aber muß gewacht werden; oder nach links gegangen wird: dann kann geschlafen werden; aber Instinkte treten dann auf, Instinkte, die grauenvoll sein werden.

Was werden die Naturgelehrten dann sagen, wenn solche Instinkte auftauchen? Die Naturgelehrten werden sagen: Das ist eine Naturnotwendigkeit. Das mußte so kommen, das liegt eben in der Menschheitsentwickelung.

Man kann durch Naturwissenschaft auf solche Dinge nicht aufmerksam machen, denn naturwissenschaftlich würde erklärbar sein, wenn die Menschen Engel werden, und würde es auch sein, wenn die Menschen Teufel werden. Über beides hat die Naturwissenschaft dasselbe zu sagen: Es ist das Folgende aus dem Früheren hervorgegangen – die große Weisheit der Kausal-Naturerklärungen! Die Naturwissenschaft wird nichts bemerken von dem Ereignis, von dem ich Ihnen gesagt habe, denn sie wird selbstverständlich, wenn die Menschen zu halben Teufeln werden durch ihre sexuellen Instinkte, das als eine Naturnotwendigkeit ansehen. Also naturwissenschaftlich kann die Sache gar nicht erklärt werden, denn, wie es auch kommt: alles ist nach der Naturwissenschaft erklärlich. Solche Dinge sind eben nur im geistigen Erkennen, im übersinnlichen Erkennen durchschaubar.

Das ist das eine. Das zweite ist, daß aus dieser Arbeit, aus dieser für die Engel Veränderungen hervorrufenden Arbeit noch ein zweites für die Menschheit erfolgen wird: die instinktive Erkenntnis gewisser Heilmittel, aber eine schädliche Erkenntnis gewisser Heilmittel. Alles dasjenige, was mit Medizin zusammenhängt, wird eine ungeheure, im materialistischen Sinne ungeheure Förderung erfahren. Man wird instinktiv Einsichten bekommen in die Heilkraft gewisser Substanzen und gewisser Verrichtungen, und man wird ungeheuren Schaden anrichten dadurch, aber man wird den Schaden nützlich nennen. Man wird das Kranke gesund nennen, denn man wird sehen, daß man da in eine gewisse Verrichtung hineinkommt, die einem dann gefallen wird. Es wird einem einfach gefallen, was die Menschen nach einer gewissen Richtung hin ins Ungesunde hineinführt. Also gerade die Erkenntnis der Heilkraft gewisser Vorgänge, gewisser Verrichtungen, die wird erhöht werden, aber sie wird in ganz schädliches Fahrwasser gelangen. Denn vor allen Dingen wird man erfahren durch gewisse Instinkte, was gewisse Substanzen und was gewisse Verrichtungen für Krankheiten hervorrufen, und man wird ganz nach egoistischen Motiven einrichten können, Krankheiten hervorzubringen, oder sie nicht hervorzubringen.

Das dritte, was sich ergeben wird, das wird sein, daß man ganz bestimmte Kräfte kennenlernen wird, durch die man, ich möchte sagen, nur durch ganz leichte Veranlassungen, durch Harmonisierung von gewissen Schwingungen, in der Welt große Maschinenkräfte wird entfesseln können. Eine gewisse geistige Lenkung des maschinellen, des mechanischen Wesens wird man gerade auf diese Weise instinktiv erkennen lernen, und die ganze Technik wird in ein wüstes Fahrwasser kommen. Aber dem Egoismus der Menschen wird dieses wüste Fahrwasser außerordentlich gut dienen und gefallen.

Das ist ein Stück konkreter Erfassung der Entwickelung des Daseins, ein Stück Lebensauffassung, das im Grunde genommen nur derjenige recht würdigen kann, der durchschaut, wie eine ungeistige Lebensauffassung gar nicht zur Klarheit über die Sache kommen kann. Eine ungeistige Lebensauffassung würde, wenn einmal kommen würde eine menschheitsschädigende Medizin, eine furchtbare Verirrung der sexuellen Instinkte, ein furchtbares Getriebe im reinen Weltmechanismus in der Verwertung der Naturkäfte durch Geisteskräfte, eine ungeistige Weltanschauung würde ja das alles nicht durchschauen, würde nicht sehen, wie sie abirrt vom wahren Pfade, geradesowenig wie der Schlafende, solange er schläft, sehen kann, wenn ihm der Räuber nahekommt, der ihn bestehlen will, sondern das geht an ihm vorüber. Er sieht höchstens später, wenn er aufwacht, was angerichtet worden ist. Aber das würde ein sehr schlimmes Aufwachen sein für den Menschen: Er würde sich ergötzen an einer instinktiven Erweiterung in der Kenntnis der Heilkräfte gewisser Vorgänge und gewisser Substanzen, würde ein solches Wohlgefühl empfinden in dem Verfolgen gewisser Verirrungen sexueller Instinkte, er würde preisen diese Verirrung als eine besonders hohe Ausgestaltung der Übermenschlichkeit, der Vorurteilslosigkeit, der Unbefangenheit. Häßlich würde schön und schön häßlich in gewisser Beziehung, und man würde nichts davon merken, weil man alles als eine Naturnotwendigkeit ansehen würde. Aber es würde eine Abirrung sein von demjenigen Wege, der in der Menschheit selbst der Eigenwesenheit des Menschen vorgeschrieben ist.

Ich glaube, man kann, wenn man sich ein Gefühl dafür erworben hat, wie Geisteswissenschaft in die Gesinnung hereindringt, auch den Ernst aufbringen für solche Wahrheiten wie die heute angeführten, und man kann daraus das schöpfen, was eigentlich aus aller Geisteswissenschaft geschöpft werden soll: in dieser Geisteswissenschaft anzuerkennen eine gewisse Verpflichtung, eine gewisse Lebensverpflichtung. Wo wir auch stehen, was wir auch zu tun haben in der Welt, darauf kommt es an, daß wir den Gedanken hegen können: unser Tun muß durchtränkt und durchleuchtet sein von unserem anthroposophischen Bewußtsein. Dann tragen wir etwas dazu bei, daß die Menschheit in richtigem Sinne in ihrer Entwickelung vorwärtskommt.

Der Mensch geht ganz irre, wenn er glaubt, wahre Geisteswissenschaft, ernst und würdig erfaßt, könne ihn jemals von der praktischen, intensiven Arbeit im Leben abbringen. Wahre Geisteswissenschaft macht eben erwachen, erwachen über solche Dinge, die ich heute angeführt habe. Meine lieben Freunde, man kann fragen: Ist denn eigentlich das wache Leben dem Schlafe schädlich? – Wenn wir den Vergleich wählen wollen, daß das Hineinschauen in die geistige Welt gegenüber dem gewöhnlichen Wachen ein weiteres Aufwachen ist, wie das gewöhnliche Aufwachen ein Aufwachen aus dem Schlafe ist, dann können wir auch, um den Vergleich zu verstehen, die Frage aufwerfen: Kann denn jemals das Wachleben dem Schlafe schädlich sein? – Ja, wenn es nicht ordentlich ist! Wenn einer das Wachleben ordentlich zubringt, dann wird er auch einen gesunden Schlaf haben, und wenn einer das wache Leben dösend oder faul oder bequem, ohne Arbeit zubringt, dann wird auch sein Schlaf ungesund sein. Und so ist es auch mit Bezug auf das Leben, das wir durch die Geisteswissenschaft als waches Leben uns aneignen. Begründen wir durch Geisteswissenschaft in uns ein ordentliches Verhältnis zur geistigen Welt, so wird ebenso, wie durch ein gesundes Wachleben der Schlaf geregelt wird, durch dieses rechte Verhältnis zur geistigen Welt auch unser Interesse an dem gewöhnlichen sinnenfälligen Leben in richtige Bahnen gelenkt.

Wer das Leben gerade in unserer Zeit betrachtet, der muß selber schlafen, wenn er nicht auf verschiedenes aufmerksam wird. Wie haben sich die Menschen gebrüstet, besonders in den letzten Jahrzehnten, mit ihrer «Lebenspraxis»! Man hat es endlich dahin gebracht in den letzten Jahrzehnten, daß diejenigen, die das Ideelle, das Geistige, das Spirituelle am meisten verachten, überall gerade in die führenden Stellen hineingekommen sind. Und man konnte so lange deklamieren von der Praxis dieses Lebens, solange man nicht die Menschheit in den Abgrund hineingezerrt hatte. Jetzt eben fangen einige – aber die meisten, die es tun, ganz instinktiv – an zu krächzen: Es muß eine neue Zeit kommen, es müssen allerlei neue Ideale auftreten! – Aber es ist ein Krächzen. Und würden die Dinge instinktiv auftreten, ohne bewußtes Sich-Hineinleben in die Geisteswissenschaft, dann würden sie eher zum Verfall dessen, was im Wachzustande erlebt werden soll, hinführen, denn zu irgendeinem gedeihlichen Entwickelungsübergang. Wer den Menschen heute vordeklamiert mit denselben Worten, die sie seit langer Zeit gewöhnt sind, der findet manchmal noch einigen Beifall. Aber die Menschen werden sich dazu bequemen müssen, andere Worte, andere Wendungen zu hören, damit aus dem Chaos wiederum ein sozialer Kosmos komme.

Wenn nämlich in irgendeinem Zeitalter die Menschen, die wachen sollten, versäumen zu wachen und nicht herausfinden, was wirklich geschehen sollte, dann geschieht überhaupt nichts Wirkliches, sondern das Gespenst der vorhergehenden Epoche geht dann herum, so wie in vielen religiösen Gemeinschaften heute einfach die Gespenster der Vergangenheit herumgehen, und so wie zum Beispiel in unserem juristischen Leben vielfach das Gespenst vom alten Rom noch herumgeht. Geisteswissenschaft soll gerade in dieser Beziehung im Zeitalter der Bewußtseinsseele den Menschen frei machen, wirklich hineinführen in die Beobachtung einer geistigen Tatsache: Was tut der Engel in unserem astralischen Leib? – Abstrakt zu reden über Angeloi und so weiter, das kann höchstens der Anfang sein; der Fortschritt muß dadurch erzielt werden, daß wir konkret reden, das heißt, mit Bezug auf unser bestimmtes Zeitalter uns die nächste Frage beantworten, die uns angeht. Sie geht uns an, weil einfach in unserem astralischen Leib der Engel Bilder webt, diese Bilder unsere Gestaltung in der Zukunft bringen sollen und diese Gestaltung durch die Bewußtseinsseele herbeigeführt werden soll. Hätten wir nicht die Bewußtseinsseele, dann brauchten wir uns nicht zu kümmern, dann würden schon andere Geister, andere Hierarchien eintreten, um das zu bewirken, was der Engel webt. Aber da wir die Bewußtseinsseele entwickeln sollen, so treten keine anderen Geister ein, um das zu verwirklichen, was der Engel webt.

Natürlich haben auch Engel gewoben im ägyptischen Zeitalter. Aber bald traten andere Geister ein, und dem Menschen verdunkelte sich gerade dadurch sein atavistisch-hellseherisches Bewußtsein. Also die Menschen woben, weil sie das sahen in ihrem atavistischen Hellsehen, einen Schleier, einen dunklen Schleier über die Taten der Engel. Aber jetzt soll der Mensch sie enthüllen. Deshalb soll er nicht verschlafen, was in sein bewußtes Leben hereingetragen wird in dem Zeitalter, das noch schließen wird vor dem 3. Jahrtausend. Nehmen wir aus der anthroposophisch orientierten Geisteswissenschaft nicht nur allerlei Lehren, nehmen wir auch Vorsätze! Und die werden uns Stärke geben, wachende Menschen zu sein. (Siehe Hinweis)

Wir können uns angewöhnen, wachende Menschen zu sein. Wir können mancherlei beachten. Wir können gleich einmal anfangen mit der Wachsamkeit, können finden, daß eigentlich im Grunde genommen kein Tag vergeht, in dem nicht in unserem Leben ein Wunder geschieht. Wir können diesen Satz, den ich jetzt sprach, umkehren, wir können sagen: Wenn wir an irgendeinem Tag kein Wunder finden in unserem Leben, so haben wir es nur aus dem Auge verloren. – Versuchen Sie einmal, Ihr Leben am Abend zu überblicken; Sie werden ein kleines oder ein großes oder ein mittleres Ereignis darinnen finden, von dem Sie sich werden sagen können: Es ist ja ganz merkwürdig in mein Leben hereingetreten, es hat sich ganz merkwürdig vollzogen. – Sie können dies erreichen, wenn Sie nur umfassend genug denken, wenn Sie nur Zusammenhänge des

Lebens umfassend genug ins seelische Auge fassen. Aber das tut man im gewöhnlichen Leben gar nicht, weil man sich gewöhnlich nicht frägt: Was ist zum Beispiel durch irgend etwas verhindert worden?

Wir kümmern uns meistens nicht um die Dinge, die verhindert worden sind, die, wenn sie eingetreten wären, unser Leben gründlich verändert hätten. Hinter diesen Dingen, die aus unserem Leben fortgeschafft werden auf irgendeine Weise, sitzt ungeheuer viel von dem, was uns zu wachsamen Menschen erzieht. Was hätte mir heute alles passieren können? – Wenn ich diese Frage mir an jedem Abend stelle und dann einzelne Ereignisse betrachte, die dies oder jenes hätten herbeiführen können, so knüpfen sich an solche Fragen Lebensbetrachtungen, die Wachsamkeit in die Selbstzucht hereinbringen. Das ist etwas, was einen Anfang machen kann und was schon von selbst immer weiter und weiter führt, endlich dazu führt, daß wir nicht nur auskundschaften, was es in unserem Leben bedeutet, daß wir zum Beispiel um halb elf Uhr vormittags einmal ausgehen wollten und daß gerade im letzten Augenblicke noch irgendein Mensch kam, der uns aufhielt; wir sind ärgerlich, daß er uns aufhielt, aber wir fragen nicht nach, was hätte geschehen können, wenn wir wirklich zur rechten Zeit ausgegangen wären, wie wir es geplant haben. Wir fragen nicht: Was hat sich da verändert?

Ich habe über solche Dinge auch hier einmal schon ausführlicher gesprochen. Von der Beobachtung des Negativen in unserem Leben, das aber von der weisheitsvollen Führung unseres Lebens Zeugnis ablegen kann, bis zu der Beobachtung des webenden und wirkenden Engels in unserem astralischen Leibe ist ein gerader Weg, ein recht gerader Weg und ein sicherer Weg, den wir einschlagen können. Davon wollen wir dann heute in acht Tagen, wenn wir den zweiten Zweigvortrag haben, weitersprechen.

WIE FINDE ICH DEN CHRISTUS?

Zürich, 16. Oktober 1918

In Anknüpfung an die Betrachtungen, die wir in der vorigen Woche hier angestellt haben über die Teilnahme an der geistigen Welt, welche die menschliche Seele gegen die Zukunft hin erstreben muß, möchte ich heute etwas genauer gerade über verschiedene Dinge sprechen, die zusammenhängen mit jener Art des Erlebens des Christus-Mysteriums, welches ja durch solche Ideale, spirituelle Ideale, wie ich sie neulich besprochen habe, vorbereitet werden soll.

Wenn wir geisteswissenschaftlich heute den Menschen betrachten – das ist zunächst eine Mitteilung, die aber im weiteren Verlauf unserer heutigen Betrachtung manche Beleuchtung noch erfahren wird –, also wenn wir geisteswissenschaftlich, wie wir das mit den Mitteln der heutigen Geisteswissenschaft können, den Menschen in seinem Seelenleben betrachten, so können wir sagen, daß in diesem Seelenleben, insofern es auf der einen Seite zusammenhängt mit dem leiblichen Leben, auf der anderen Seite mit dem geistigen Leben, sich ein Dreifaches abspielt, eine dreifache Hinneigung zu der übersinnlichen Welt. Diese dreifache Hinneigung zu der übersinnlichen Welt muß eigentlich dann verleugnet werden, wenn man überhaupt nichts von der übersinnlichen Welt wissen will. Der Mensch hat eine Hinneigung, das zu erkennen, was man das Göttliche im allgemeinen nennen kann. Eine zweite Hinneigung hat er – wir sprechen natürlich immer von dem Menschen im gegenwärtigen Entwickelungszyklus –, den Christus zu erkennen. Und eine dritte Hinneigung, zu erkennen dasjenige, was gewöhnlich der Geist oder auch der Heilige Geist genannt wird.

Mit Bezug auf alle diese drei Hinneigungen wissen Sie, daß es Menschen gibt, die sie verleugnen. Man hat hinlänglich erlebt, gerade im Laufe des 19. Jahrhunderts, wo die Dinge wenigstens innerhalb der europäischen Kultur auf die Spitze getrieben worden sind, daß die Leute das Göttliche in der Welt überhaupt abgeleugnet haben.

Nun kann man geisteswissenschaftlich fragen – da innerhalb der Geisteswissenschaft an dem Göttlichen, das, wenn wir so sagen dürfen, im Übersinnlichen wohnt, nicht gezweifelt werden kann –: Was bringt den Menschen dazu, das Göttliche überhaupt, dasjenige, was in der Trinität der Vatergott genannt wird, abzuleugnen? – Da zeigt uns die Geisteswissenschaft, daß in jedem solchen Falle, wo der Mensch ableugnet den Vatergott, also ein Göttliches überhaupt in der Welt, jenes Göttliche, das zum Beispiel auch in der israelitischen Religion anerkannt wird, ein wirklicher, echter physischer Defekt, eine physische Erkrankung, ein physischer Mangel im Menschenleibe stattfindet. Atheist sein, heißt für den Geisteswissenschafter, in irgendeiner Beziehung krank sein. Natürlich ist es eine Krankheit, die die Ärzte nicht kurieren; sie sind selbst sehr häufig an dieser Krankheit leidend, einer Krankheit, die auch nicht als solche von der heutigen Medizin anerkannt ist. Aber es ist eine Krankheit, die die Geisteswissenschaft im Menschen findet, wenn der Mensch dasjenige ableugnet, was er jetzt nicht durch seine Seelen-, sondern durch seine Leibeskonstitution fühlen muß. Leugnet er das ab, was ihm ein gesundes Gefühl seines Leibes eingibt, daß ein Göttliches die Welt durchzieht, so ist er nach geisteswissenschaftlichen Begriffen krank, leiblich krank.

Es gibt dann sehr viele Leute, welche den Christus ableugnen. Die Ableugnung des Christus muß die Geisteswissenschaft betrachten als etwas, was eigentlich eine Schicksalsfrage ist und das menschliche Seelenleben betrifft. Den Christus ableugnen muß die Geisteswissenschaft ein Unglück nennen; Gott ableugnen eine Krankheit, Christus ableugnen ein Unglück. Den Christus finden können, ist gewissermaßen eine Schicksalssache, ist gewissermaßen etwas, was in das Karma des Menschen hereinspielen muß. Es ist ein Unglück, zu dem Christus keine Beziehung zu haben. Den Geist oder den Heiligen Geist ableugnen, bedeutet eine Stumpfheit des eigenen Geistes. Der Mensch besteht aus Leib, Seele und Geist. In bezug auf alle drei kann er einen Defekt haben. Einen physischen wirklichen Krankheitsdefekt gibt es beim Atheismus gegenüber dem Göttlichen. Im Leben nicht zu finden jene Anknüpfung an die Welt, welche uns den Christus erkennen läßt, das ist ein Unglück. Den Geist in seinem eigenen Inneren nicht finden können, ist eine Stumpfheit, in gewissem Sinne ein Idiotismus, wenn auch ein feinerer und wiederum eben nicht anerkannter Idiotismus.

Nun handelt es sich darum, die Frage aufzuwerfen: Wie findet der Mensch den Christus? – Und gerade über das Finden des Christus wollen wir heute sprechen, jenes Finden des Christus, welches im Verlaufe des Lebens durch die eigene Menschenseele geschehen kann. Man hört oftmals von Seelen, die wirklich ernst suchende Seelen sind, die Frage: Wie finde ich den Christus? – Beschäftigen kann man sich mit dieser Frage, wenn man für sie eine verständnisvolle Antwort haben will, allerdings nur dadurch, daß man dieselbe in einem gewissen historischen Zusammenhange betrachtet. Wir wollen einen geschichtlichen Zusammenhang vor unsere Seele hinstellen, der uns dann zuletzt in den heutigen Betrachtungen zur Beantwortung dieser Frage: Wie finde ich den Christus? – führen wird.

Wir wissen, unser gegenwärtiger geschichtlicher Zeitraum begann, geisteswissenschaftlich betrachtet, im 15. Jahrhundert. Man kann, wenn man eine mittlere Zahl angeben will, das Jahr 1413 angeben. Aber man kann, wenn man auf solche Zahlenangaben sich nicht einlassen will, eben sagen: Im 15. Jahrhundert wurde das Seelenleben der Menschheit so, wie es heute ist. – Wenn man das nicht zugibt in der neueren Geschichte, so ist der Grund davon nur der, daß die neuere Geschichte eben auch nur äußere Tatsachen betrachtet und gar keine Ahnung hat, in ihrer Natur als Fable convenue keine Ahnung davon hat, daß, sobald man hinter das 15. Jahrhundert zurückkommt, die Menschen anders dachten, anders fühlten, aus ihren Impulsen heraus anders handelten, radikal verschieden waren in ihrem Seelenleben von dem Seelenleben der gegenwärtigen Menschen. Der Zeitraum, der damals abschloß, 1413, begann 747 vor Christus, also im 8. vorchristlichen Jahrhunderte, so daß wir dasjenige, was wir geisteswissenschaftlich die griechisch-lateinische Kulturperiode nennen, zählen von 747 vor Christus bis 1413. In diesem Zeitraum spielte sich, wie wir ja wissen, und zwar ungefähr im ersten Drittel dieses Zeitraumes, das Mysterium von Golgatha ab.

Nun, dieses Mysterium von Golgatha, es war, wie Sie wissen, für viele Menschen durch Jahrhunderte hindurch der Angelpunkt ihres ganzen Fühlens, ihres ganzen Denkens. Dieses Mysterium von Golgatha ist insbesondere gefühlsmäßig von der Seele erfaßt worden in denjenigen Zeiten, welche der neueren Zeit, dem 15., 16. Jahrhunderte und so weiter, vorangegangen sind. Dann begann diejenige Epoche, in der man anfing, die Evangelien in den weiten Kreisen des Volkes zu lesen. Dann begann aber auch der Streit, ob die Evangelien wirklich historische Urkunden sind. Und dieser Streit, Sie wissen es, ist bis in unsere Tage herein auf die Spitze getrieben worden. Wir wollen uns heute nicht mit den einzelnen Phasen dieses Streites, der ja insbesondere in den Kreisen der protestantischen Theologie eine so große Rolle spielt, befassen, wir wollen nur dasjenige vor unsere Seele rücken, was heute gesagt werden kann in bezug auf das, was man mit diesem Streit über das Mysterium von Golgatha eigentlich will.

Man hat sich gewöhnt im materialistischen Zeitalter, alles auf materialistische Art bewiesen haben zu wollen. In der Geschichte nennt man «bewiesen» dasjenige, was durch Dokumente belegt ist. Wo man Akten findet, da nimmt man an, daß ein historisches Ereignis, von dem diese Akten sprechen, wirklich geschehen ist. Solche Beweiskraft könnte man wahrscheinlich den Evangelien nicht zuschreiben. Sie wissen aus meinem Buche «Das Christentum als mystische Tatsache», was die Evangelien sind. Sie sind alles andere als historische Urkunden, sie sind Inspirationsbücher, Initiationsbücher. Man hat sie früher für historische Urkunden gehalten; nun ist man darauf gekommen durch wirkliche Forschung, daß sie keine historischen Urkunden sind. Man hat auch herausgefunden, daß alle übrigen Dokumente, die in der Bibel stehen, keine historischen Urkunden sind. Und ein anerkannter Theologe, ein zu Unrecht anerkannter Theologe, *Adolf Harnack*, hat als Ergebnis der neueren Bibelforschung festgestellt, daß dasjenige, was man historisch über die Persönlichkeit des Christus Jesus wissen könne, auf einem Quartblatte zusammengeschrieben werden kann. Daran ist nur das eine richtig, wenn ich mich so paradox ausdrücken darf, daß das auch nicht wahr ist, daß das, was man auf dieses Quartblatt schreiben würde, historisch auch nicht haltbar ist! Wahr ist daran nur, daß es überhaupt keine wirklich haltbaren Urkunden über das Mysterium von Golgatha gibt. Wenn man als Geschichtsforscher heute fragt: Kann man das Mysterium von Golgatha historisch beweisen? –, so muß man vom Standpunkte der heutigen Geschichtsforschung sagen: Es läßt sich nicht äußerlich beweisen.

Dies aber hat gerade seinen guten Grund. Das Mysterium von Golgatha soll sich, ich möchte sagen, nach den Ratschlüssen der göttlichen Weisheit, nicht äußerlich-materialistisch beweisen lassen, aus dem einfachen Grunde, weil das Mysterium von Golgatha als die wichtigste Tatsache, die im Erdengeschehen sich ereignet hat, nur auf eine übersinnliche Weise erschaubar sein soll. Derjenige, der da will einen äußerlich-materialistischen Beweis finden, der findet ihn eben nicht, sondern er findet zuletzt durch seine Kritik heraus, daß es keinen solchen gibt. Es soll die Menschheit vor die Entscheidung gestellt werden, gerade dem Mysterium von Golgatha gegenüber sich zu gestehen: Ich muß zum Übersinnlichen meine Zuflucht nehmen, oder ich kann so etwas wie das Mysterium von Golgatha überhaupt nicht finden. – Das Mysterium von Golgatha soll gewissermaßen die Menschenseele zwingen, aus allen sinnlichen Beweisen heraus den Weg ins Übersinnliche zu finden. Es hat also seinen guten Grund, daß das Mysterium von Golgatha weder naturwissenschaftlich noch irgendwie sonst historisch zu beweisen ist. Das wird gerade das Bedeutungsvolle sein der neueren Geisteswissenschaft, daß, wenn alle äußere Wissenschaft, alle bloß auf das Sinnenfällige gestützte Wissenschaft sich wird gestehen müssen, daß sie zum Mysterium von Golgatha keinen Zugang mehr hat, wenn selbst die Theologie, insoferne sie kritisch ist, unchristlich sich gebärden wird, die Geisteswissenschaft es sein wird, welche die Menschen zum Mysterium von Golgatha hinzuführen hat, aber auf einem übersinnlichen Wege, den wir ja öfter beschrieben haben.

Nun können wir uns fragen: Wie war die Menschheitssituation, als das Mysterium von Golgatha in den vierten nachatlantischen, in den griechisch-lateinischen Kulturzeitraum hereinfiel? – Nun, Sie wissen, was dieser Zeitraum bedeutet. Die Menschheit entwickelt sich im Laufe der Zeit so, daß sie gewissermaßen auch durchmacht die verschiedenen Glieder der menschlichen Natur. Sie wissen, in der ägyptisch-chaldäischen Zeit, die dem Jahr 747 vor Christus vorangegangen ist, wurde der Mensch eingeführt durch seine Entwickelung in das, was man die Empfindungsseele nennt; in der griechisch-lateinischen Zeit nun in die Verstandes- oder Gemütsseele, und seit dem Jahre 1413, in unserer fünften nachatlantischen Zeit, in die sogenannte Bewußtseinsseele. So daß wir sagen können: Das Wesen der griechisch-lateinischen Kultur von 747 vor Christus bis 1413 besteht darin, daß die Menschheit erzogen wird – wenn wir diesen Lessingschen Ausdruck gebrauchen dürfen – zum freien Gebrauch der Verstandes- oder Gemütsseele.

Fragen wir uns nun einmal: Wann war die Mitte dieses Zeitraumes? – Die Mitte, denn nicht wahr, wir können annehmen: Wenn von 747 vor dem Mysterium von Golgatha bis 1413 dieser Zeitraum dauerte, so hatte er eine Mitte, wo sich sozusagen bis zu diesem Zeitpunkt hin in zunehmender Art diese Verstandes- oder Gemütsseele entwickelt hatte und dann sich in absteigender Art entwickelte. Dieser Zeitpunkt – Sie können dies leicht ausrechnen – ist das Jahr 333 nach der Geburt des Christus Jesus. 333 ist also ein sehr wichtiger Zeitraum der Menschheitsentwickelung, die Mitte der griechisch-lateinischen Kulturzeit. 333 Jahre vor dieser Mitte liegt die Geburt des Christus Jesus, liegt also dasjenige, was zum Mysterium von Golgatha führte.

Wir können die ganze Menschheitssituation nur dann richtig würdigen, wenn wir uns fragen: Was wäre nun geschehen, wenn das Mysterium von Golgatha nicht eingetreten wäre? – Dann können wir recht würdigen, was das Mysterium von Golgatha für die Menschheit für einen Wert hat, wenn wir fragen, was geschehen wäre, wenn das Mysterium von Golgatha nicht eingetreten wäre. Natürlich wäre dann die Menschheit ohne das Mysterium von Golgatha nur durch die eigenen elementarischen Kräfte zu der Mitte des vierten nachatlantischen Zeitraumes im Jahre 333 gekommen. Sie hätte aus sich selber heraus alle die Fähigkeiten entwickelt, die der

Verstandes- oder Gemütsseele angehören. Die hätte sie dann gehabt in den nächsten Jahrhunderten.

Das wurde wesentlich dadurch geändert, daß das Mysterium von Golgatha eintrat. Es geschah etwas ganz anderes eben, als sonst geschehen wäre, und es geschah etwas gewaltig anderes. Wenn wir hinblicken auf das Mysterium von Golgatha, dann können wir, um dieses besondere Ereignis, das der ganzen Erde einen Sinn gibt, zu charakterisieren, gerade den Gesichtspunkt als den allerwichtigsten anschauen, daß nur ein übersinnlicher Zugang zu dem Mysterium von Golgatha ist, daß man nur auf übersinnlichem Weg zu ihm kommt.

Woran liegt das eigentlich? Das liegt daran, daß der Mensch, trotzdem er im vierten nachatlantischen Zeitraum, gegen das Jahr 333 zu, sich näherte der höchsten Blüte der Verstandes- oder Gemütsseele, daß der Mensch zwischen Geburt und Tod in seinem physischen Leben überhaupt weit davon entfernt war, die Natur des Mysteriums von Golgatha mit gewöhnlichen menschlichen Kräften zu verstehen. Das, worauf es ankommt, ist, daß wir uns [zwar] entwickeln können und steinalt werden können: mit den Kräften, die wir infolge unserer Leibesentwickelung zwischen Geburt und Tod in uns zur Entfaltung bringen, können wir das Mysterium von Golgatha nicht begreifen.

Daher kam es auch, daß auch die Zeitgenossen, die den Christus Jesus liebenden Zeitgenossen, die Jünger, die Apostel nur dadurch verstehen konnten, soweit sie es verstehen sollten, wie es stand mit dem Christus Jesus, den sie umgaben, daß sie in gewissem Sinne mit atavistischem Hellsehen, wie ich öfter gesagt habe, ausgestattet waren und durch ihr atavistisches Hellsehen eine Ahnung hatten von dem, der unter ihnen herumging. Aber durch die eigenen menschlichen Kräfte hatten sie das nicht. Und dann schrieben sie auch die Evangelien nieder, die Evangelienschreiber, indem sie zu Hilfe nahmen alte Mysterienbücher. Sie schrieben sie, diese mächtigen Evangelien, aus der alten atavistischen Hellseherkraft heraus, nicht aus den Kräften, die sich bis dahin auf naturgemäße Weise, aus naturgemäßen menschlichen Kräften entwickelt hatten.

Aber die Menschenseele entwickelt sich weiter, auch nachdem sie durch die Pforte des Todes gegangen ist. Diese Menschenseele, die sich weiter entwickelt, auch nachdem sie durch die Pforte des Todes gegangen ist, wächst in ihren Verständniskräften auch nach dem Tode; sie lernt immer mehr und mehr verstehen.

Nun liegt das Eigentümliche vor, daß die Zeitgenossen des Christus, die sich durch ihre Liebe zu dem Christus vorbereitet hatten für ein Leben in Christo nach dem Tode, daß diese aus eigenen menschlichen Kräften voll das Mysterium von Golgatha eigentlich erst begriffen im 3. Jahrhunderte nach dem Mysterium von Golgatha. Also diejenigen, die mit dem Christus als seine Jünger und Apostel zugleich gelebt haben, die starben dann, lebten weiter in der geistigen Welt, und indem sie in der geistigen Welt lebten, wuchsen ihre Kräfte, geradeso wie sie hier wachsen. Nun sind wir beim Tode nicht so weit, daß wir solches Verständnis haben, wie wir es zwei Jahrhunderte nach dem Tode haben. Die Zeitgenossen waren eigentlich erst im 2. Jahrhundert, gegen das 3. Jahrhundert zu, so weit, daß sie dann in dem geistigen Reich, das der Mensch zwischen dem Tode und einer neuen Geburt durchlebt, von sich selbst aus zu dem Verständnis dessen kamen, was sie vor zwei bis drei Jahrhunderten hier auf der Erde erlebt hatten. Und dann inspirierten sie von der geistigen Welt aus diejenigen Menschen, die hier unten auf der Erde waren.

Lesen Sie von diesem Gesichtspunkte aus dasjenige, was die sogenannten Kirchenväter im 2., 3. Jahrhunderte, als die Inspiration im rechten Sinne anfing, geschrieben haben, dann werden Sie darauf kommen, wie man verstehen kann, was von den Kirchenvätern geschrieben worden ist über den Christus Jesus. Dasjenige, was von den toten Zeitgenossen des Christus Jesus inspiriert worden ist, das hat man im 3. Jahrhunderte angefangen zu schreiben. Eine merkwürdige Sprache führen diese Menschen im 3. Jahrhundert über den Christus Jesus, eine Sprache, die zum Teil für den heutigen Menschen – wir werden gleich nachher über diesen heutigen Menschen sprechen – recht unverständlich ist.

Ich will einen Menschen anführen, ich könnte auch einen anderen anführen, aber ich will Ihnen einen, der der gegenwärtigen materialistischen Kultur so recht verächtlich ist, anführen, denjenigen, von dem diese materialistische Kultur sagt, er hätte einen schrecklichen Satz gesprochen: Credo quia absurdum est – Ich glaube dasjenige, was töricht ist, und nicht dasjenige, was vernünftig ist. – Den *Tertullian* will ich anführen.

Wenn man den Tertullian anführt, der ungefähr in der Zeit lebte, wo die Inspiration von oben von den toten Zeitgenossen des Christus Jesus begann, und der, soweit er es konnte als Mensch, unter dieser Inspiration stand, wenn man diesen Tertullian wirklich liest, so bekommt man einen eigentümlichen Eindruck. Natürlich schrieb er so, wie er schreiben mußte nach seiner menschlichen Konstitution. Man kann ja gut Inspirationen haben, aber sie zeigen sich immer so, wie man sie aufnehmen kann. So gab denn auch der Tertullian die Inspirationen nicht ganz rein; er gab sie so, wie er sie in seinem menschlichen Gehirn zum Ausdruck bringen konnte, erstens, da er in einem sterblichen Leibe wohnte, und zweitens, da er in einer gewissen Hinsicht leidenschaftlich und fanatisiert war. Er schrieb so, wie es herauskam, aber höchst merkwürdig herauskam, wenn es von einem wahren und richtigen Gesichtspunkte aus betrachtet wird.

Dieser Tertullian tritt einem von diesem Gesichtspunkt aus entgegen als ein Römer von einer nicht einmal besonders hohen literarischen Bildung, aber als ein Schriftsteller von großartiger Sprachkraft. Man kann geradezu sagen: Tertullian ist derjenige, welcher die lateinische Sprache dem Christentum erst gerecht gemacht hat. Er hat erst die Möglichkeit gefunden, diese prosaischeste, unpoetischeste Sprache, diese rein rhetorische Sprache, die lateinische Sprache, mit solchem Temperament und mit einer solchen heiligen Leidenschaft zu durchglühen, daß wirklich unmittelbar seelisches Leben in dem Werke des Tertullian lebt, insbesondere in «De carne Christi» zum Beispiel, oder auch in demjenigen Werk, in dem er alles abzuweisen versucht, wessen man die Christen beschuldigt. Sie sind mit einem heiligen Temperament geschrieben und mit einer großartigen Sprachkraft. – Und dieser Tertullian war als Römer –

und an «De carne Christi» kann man das zeigen – vorurteilslos gegenüber seinem eigenen Römertum. Er fand großartige Worte, indem er die Christen gegen die Verfolgung der Römer verteidigte. Die Mißhandlungen, die man den Christen zufügte, damit sie ableugnen sollten ihre Zugehörigkeit zu dem Christus Jesus, die verurteilte er temperamentvoll, so daß er sagte: Beweist nicht euer Verhalten als Richter gegenüber den Christen hinlänglich genug, daß ihr ungerecht seid? Ihr müßt euer ganzes richterliches Verfahren, wie ihr es sonst habt, ändern, es nicht anwenden, wenn ihr gegen die Christen richtet. Sonst zwingt ihr durch die Mißhandlungen einen Zeugen, daß er nicht ableugnet; ihr zwingt ihn, daß er bekennt, was wahr ist, was er wirklich meint. Bei dem Christen macht ihr es umgekehrt: Ihr foltert ihn, damit er leugnet, was er meint. Ihr benehmt euch als Richter den Christen gegenüber entgegengesetzt dem Falle, wie ihr euch sonst als Richter benehmt. Sonst wollt ihr die Wahrheit erfahren durch die Mißhandlung; bei den Christen wollt ihr die Lüge erfahren. – Und in ähnlicher Weise, in Worten, die wirklich den Nagel auf den Kopf trafen, sprach Tertullian über vieles.

Dabei kann man sagen, daß er neben dem, daß er ein mutiger, kraftvoller Mann war, der die Hohlheit des römischen Götterdienstes voll durchschaute und darstellte, außerdem ein Mensch war, der überall, wo er schrieb, seine Beziehungen zur übersinnlichen Welt bewies. Er redete von der übersinnlichen Welt so, daß man sieht: Der Mann weiß, was es heißt, von der übersinnlichen Welt zu reden. Er redet von Dämonen so, wie er von seinen Bekannten als Menschen redet. – Und er redet zum Beispiel von den Dämonen so, daß er sagt: Fragt die Dämonen, ob der Christus, der, von dem die Christen behaupten, daß er ein wahrer Gott sei, wirklich ein wahrer Gott ist! Stellt einmal einen wirklichen Christen einem Besessenen gegenüber, aus dem ein Dämon spricht, da werdet ihr sehen: Wenn ihr ihn wirklich zum Sprechen bringt, gesteht er euch, daß er selber ein Dämon ist, denn er sagt die Wahrheit. – Das wußte Tertullian, daß die Dämonen nicht lügen, wenn man sie befragt. – Aber die Dämonen sagen euch auch, wenn der Christ sie richtig frägt aus seinem Bewußtsein heraus, daß der Christus der wahre Gott ist. Nur hassen sie ihn, weil sie ihn bekämpfen. Ihr werdet von dem Dämon erfahren, daß das der wahre Gott ist. – Also nicht nur auf das Zeugnis der Menschen, sondern auf das Zeugnis der Dämonen beruft sich Tertullian. So spricht er von den Dämonen als Zeugen, die nicht bloß reden, die da auch bekennen, daß Christus der wahre Gott ist. Das sagt Tertullian alles aus sich selbst heraus.

Man hat wirklich allen Grund, wenn man Tertullian als Schriftsteller kennenlernt, zu fragen: Was war denn eigentlich das tiefere Seelenbekenntnis des Tertullian, der ergriffen war von der Ihnen eben geschilderten Inspiration? Dieses tiefere Seelenbekenntnis des Tertullian ist in der Tat lehrreich. Denn Tertullian ahnte bereits etwas, was eigentlich erst ziemlich lange nach der Zeit des Tertullian offenbar werden sollte für die Menschheit. Tertullian bekannte sich im Grunde zu drei Sätzen gegenüber der menschlichen Natur. Erstens: Die menschliche Natur ist so, daß sie in der jetzigen Zeit – also das ist die Zeit des Tertullian, Ende des 2. nachchristlichen Jahrhunderts –, daß sie, wie sie jetzt ist, die Schmach auf sich laden kann, das größte Erdenereignis zu verleugnen. Wenn der Mensch nur sich folgt, kommt er nicht zum größten Erdenereignis. Zweitens ist seine Seele zu schwach, um dieses größte Erdenereignis zu begreifen. Drittens ist es dem Menschen ganz unmöglich, wenn er nur dem folgt, was ihm sein sterblicher Leib ermöglicht, ein Verhältnis zu gewinnen zu dem Mysterium von Golgatha.

Diese drei Dinge sind ungefähr das Bekenntnis des Tertullian. Aus diesen drei Dingen heraus hat Tertullian die Worte gesprochen: «Gekreuzigt wurde Gottes Sohn; das ist keine Schande, weil es schändlich ist. Auch gestorben ist er; gerade darum ist es glaublich, weil es töricht ist.» «Prorsus credibile est, quia ineptum est», das ist gerade deshalb glaublich, weil es töricht ist. Dieser Satz steht bei Tertullian. Der andere Satz, den ihm die Welt andichtet: Credo, quia absurdum est –, steht nirgends, weder bei Tertullian, noch bei einem anderen Kirchenvater. Aber dieser Satz, den ich Ihnen jetzt eben ausgesprochen habe, ist dazumal geschrieben worden. Die meisten Menschen kennen von Tertullian nichts anderes als diesen Satz, der nicht wahr ist. Drittens: «Und der Begrabene ist auferstanden», sagt Tertullian, «weil es unmöglich ist. Wir müssen es glauben, weil es unmöglich ist.»

Dieser dreifache Ausspruch, den Tertullian tut, der erscheint natürlich den modernen, ganz gescheiten Menschen als etwas Schreckliches. Man soll sich nur so einen waschechten heutigen materialistisch Gebildeten denken, der da hört, daß einer sagt: Christus ist gekreuzigt worden; wir müssen es glauben, weil es schmachvoll ist. Christus ist gestorben; wir müssen es glauben, weil es töricht ist. Christus ist wahrhaftig auferstanden; wir müssen es glauben, weil es unmöglich ist. – Man soll sich vorstellen, was so ein richtiger monistischer Weltanschauer von heute zu solchen Sätzen für ein Verhältnis gewinnen kann!

Was meinte aber Tertullian? Tertullian ist gerade durch seine Inspiration für seine damalige Zeit so ein rechter Menschenkenner geworden, hat erkannt, auf welchem Wege die menschliche Natur in der damaligen Zeit war. Die Menschen gingen entgegen den folgenden Jahrhunderten der vierten nachatlantischen, der griechisch-lateinischen Kulturperiode. Geradesoviel Jahre, als das Mysterium von Golgatha der Mitte dieses Zeitraumes vorangegangen ist, 333 Jahre, geradesoviel Jahre nach diesem Zeitraum war beabsichtigt von gewissen geistigen Mächten, die Erdenentwickelung in ganz andere Bahnen zu leiten, als sie dann, weil das Mysterium von Golgatha da war, geleitet worden ist. 333 Jahre nach dem Jahre 333 ist 666; das ist jene Jahreszahl, von der der Schreiber der Apokalypse mit einem großen Temperamente spricht. Lesen Sie die betreffenden Stellen, wo der Schreiber der Apokalypse von dem spricht, was sich auf 666 bezieht! Da sollte nach den Intentionen gewisser geistiger Mächte mit der Menschheit etwas geschehen, und es wäre geschehen, wenn das Mysterium von Golgatha nicht eingetreten wäre. Man hätte den absteigenden Weg, der von 333 ab der Menschheit beschieden gewesen wäre als Gipfelpunkt der Kultur der Verstandes- oder Gemütsseele, diesen absteigenden Weg hätte man dazu benützt, um die Menschheit in ein ganz anderes Fahrwasser zu bringen, als sie kommen sollte nach der Intention derjenigen göttlichen Wesenheiten, die mit ihr vom Anfange, von der Saturnzeit an, verknüpft sind. Das sollte dadurch geschehen, daß etwas, was erst später kommen sollte in die Menschheit, die Bewußtseinsseele mit ihren Inhalten, durch eine Art Offenbarung der Menschheit schon 666 gegeben würde. Wäre das ausgeführt worden, wären wirklich die Intentionen erfüllt worden gewisser der Menschheitsentwickelung entgegengesetzter, aber diese Menschheitsentwickelung an sich reißen wollender Wesen, dann wäre die Menschheit 666 so überrascht worden, begabt worden mit der Bewußtseinsseele, wie sie es erst längere Zeit nach unserer Zeit sein wird.

Darauf beruht nämlich dasjenige, was die den menschenliebenden Göttern feindlichen Wesenheiten immer machen, daß sie dasjenige, was diese den Menschen guten geistigen Wesenheiten zu einer späteren Zeit machen wollen, in einen früheren Zeitpunkt verlegen wollen, wo die Menschheit noch nicht reif dazu ist. Es hätte dasjenige, was erst in der Mitte unseres Zeitraumes hätte geschehen sollen, was also erst 1080 Jahre nach dem Jahre 1413 geschehen soll, was erst also im Jahre 2493 geschehen soll – da soll erst der Mensch so weit sein mit Bezug auf das bewußte Erfassen seiner eigenen Persönlichkeit –, schon 666 durch ahrimanisch-luziferische Kräfte dem Menschen eingeimpft werden sollen.

Was wollte man dadurch erreichen auf seiten dieser Wesen? Sie wollten dadurch dem Menschen die Bewußtseinsseele geben, hätten ihm aber dadurch eine Natur eingepflanzt, die es ihm unmöglich gemacht hätte, seinen weiteren Weg zum Geistselbst, zum Lebensgeist und zum Geistesmenschen zu finden. Man hätte abgeschnitten seinen Zukunftsweg und hätte den Menschen für ganz andere Entwickelungsbahnen in Anspruch genommen.

Die Geschichte hat sich nicht abgespielt so, wie es intendiert war in dieser besonderen Gestalt, in dieser phänomenalen, großartigen, aber teuflischen Gestalt, aber die Spuren davon haben sich doch in der Geschichte vollzogen. Sie konnten sich dadurch vollziehen, daß Dinge geschahen, von denen man nur sagen kann: Die Menschen tun sie auf der Erde, aber sie tun sie eigentlich immer, indem sie Handlanger sind desjenigen, was gewisse geistige Wesenheiten durch die Menschen ausführen. – Und so war denn auch der Kaiser *Justi-*

nian ein Handlanger gewisser Wesenheiten, als er, der ja ein Feind war alles dessen, was aus der hohen Weisheit des Griechentums überkommen war, 529 die Philosophenschulen in Athen schloß, so daß die letzten Reste der griechischen Gelehrsamkeit mit dem hohen aristotelisch-platonischen Wissen verbannt wurden und nach Persien hinüber flüchteten. Nach Nisibis waren schon früher, als *Zeno Isauricus* im 5. Jahrhunderte ebensolche griechische Weise von Edessa vertrieben hatte, die syrischen Weisen geflohen. Und so versammelte sich gegen das Jahr, das heranrückte, gegen 666 hin, in der persischen Akademie von Gondishapur wirklich dasjenige, was auserlesenste Gelehrsamkeit war, die herübergekommen war aus dem alten Griechentum und die keine Rücksicht genommen hatte auf das Mysterium von Golgatha. Und innerhalb der Akademie von Gondishapur lehrten diejenigen, die inspiriert waren von luziferisch-ahrimanischen Kräften.

Hätte dasjenige, was 666 über die Menschheit hätte kommen sollen – was, wenn es gekommen wäre, eben zum Abschneiden der späteren Entwickelung und zur Erhöhung der Menschheit zur Bewußtseinsseele schon im Jahre 666 geführt hätte –, hätte das seinen vollen Erfolg gehabt, was von der Akademie von Gondishapur beabsichtigt war, dann wären im 7. Jahrhunderte da und dort überall hochgelehrte und durch ihre Hochgelehrsamkeit in außerordentlichem Maße geniale Menschen entstanden, welche wandern sollten durch Westasien, durch Nordafrika, durch Südeuropa, durch Europa überhaupt und die überall verbreiten sollten jene Kultur von 666, die von der Akademie von Gondishapur beabsichtigt war. Diese Kultur sollte vor allen Dingen den Menschen ganz auf seine Persönlichkeit stellen, ganz die Bewußtseinsseele schon bringen.

Es war nicht möglich geworden, daß dies geschah. Die Welt hatte schon eine andere Gestaltung angenommen, als diejenige hätte sein müssen, in welcher das hätte geschehen können. Daher wurde der ganze Stoß, der versetzt werden sollte der abendländischen Kultur von der Akademie von Gondishapur aus, abgestumpft. Und statt daß eine Weisheit herausgekommen ist, gegen welche alles das, was wir heute in der äußeren Welt wissen, eine ganze Kleinigkeit wäre, statt daß eine Weisheit durch Eingebung in spiritueller Weise über alles dasjenige herausgekommen ist, was man nach und nach durch das Experimentieren und durch die Naturwissenschaft bis zum Jahre 2493 sich erobern wird, und das durch eine glänzende, großartige Gelehrsamkeit herausgekommen wäre, sind dann nur die Reste davon geblieben in dem, was arabische Gelehrte nach Spanien gebracht haben. Aber es war auch schon abgestumpft. Das ist nicht in jener Weise herausgekommen, wie es gewollt war, es ist abgestumpft worden. Und an dessen Stelle ist der Mohammedanismus, ist *Mohammed* mit seiner Lehre geblieben, und es ist nur der Islam anstelle desjenigen gekommen, was von der Akademie von Gondishapur hätte ausgehen sollen. Die Welt war durch das Mysterium von Golgatha abgebracht worden von dieser ihr verderblichen Richtung.

Und abgebracht worden war sie dadurch, daß schon früher nicht nur das Mysterium von Golgatha geschehen ist, sondern eben dieses Mysterium von Golgatha als solches Ereignis geschehen ist, welches nicht begriffen werden kann von den gewöhnlichen menschlichen Kräften bis zum Tod; wodurch innerhalb der abendländischen Menschheit eben das entstand, was ich vorhin beschrieben habe: Inspiration von seiten der Toten fand statt, wie wir dies bei Tertullian und vielen anderen bemerken. Dadurch wurde der Sinn der Menschen auf das Mysterium von Golgatha und damit auf etwas ganz anderes hingelenkt, als dasjenige ist, was von der Akademie von Gondishapur hätte ausgehen sollen. Dadurch verbreitete sich dasjenige, was verhinderte jene hohe, aber teuflische Weisheit, welche die Akademie von Gondishapur intendierte, aber es wurde verhindert die Ausbreitung jener Weisheit zum Heile der Menschheit. Es kam vieles gebrochen heraus von dem, was inspiriert worden war von den Toten, aber es war doch die Menschheit davor bewahrt, das über sich ergehen zu lassen, was sie in ihre Seelen hätte aufnehmen müssen, wenn die Akademie von Gondishapur mit ihrer Tendenz Glück gehabt hätte.

Aber solche Ereignisse wie dasjenige, was von der Akademie von Gondishapur intendiert war, die gehen gewissermaßen hinter den Kulissen der äußeren Weltentwickelung vor sich. Sie gehen im

Übersinnlichen vor sich. Die Menschen stehen damit in Beziehung, aber diese Ereignisse spielen sich durchaus im Übersinnlichen ab. Und wir können nicht solche Ereignisse, weder dasjenige, was intendiert war von der Akademie von Gondishapur, noch das Ereignis von Golgatha, nur nach dem beurteilen, was auf dem physischen Plane geschieht. Wir müssen solche Ereignisse, wenn wir sie charakterisieren wollen, in viel, viel bedeutenderen Tiefen aufsuchen, als man gewöhnlich meint.

Zurückgeblieben ist der Menschheit schon etwas von dem, was damals hätte geschehen sollen und was nur abgestumpft worden ist, indem von etwas Großartigem der phantastische, jämmerliche Islam herausgekommen ist. Geschehen ist schon etwas mit der Menschheit. Das ist geschehen, daß dazumal die Menschheit, auf welche der Impuls von Gondishapur gewirkt hat, dieser neupersische Impuls, der zur Unzeit den Zarathustra-Impuls wieder brachte, daß die gesamte Menschheit, wenn ich so sagen darf, wenn ich mich trivial ausdrücken darf, einen innerlichen Knacks bis in die Leiblichkeit hinein bekommen hat. Damals hat die Menschheit einen Impuls bekommen, der bis in die physische Leiblichkeit hineingeht, mit dem wir weiter jetzt immer geboren werden, den Impuls, der eigentlich gleich ist mit dem, was ich vorhin charakterisiert habe. Jene Krankheit ist der Menschheit eingeimpft worden, die, wenn sie sich auslebt, zur Leugnung des Vatergottes führt.

Also verstehen Sie mich recht: Die Menschheit, insofern sie die zivilisierte Menschheit ist, hat heute im Leibe einen Stachel. Und der heilige Paulus spricht sehr viel von diesem Stachel. Diese Menschheit hat im Leibe einen Stachel. Der heilige Paulus spricht davon prophetisch. Er hatte ihn als ein besonders vorangeschrittener Mensch schon zu seiner Zeit; die anderen bekamen ihn eigentlich erst im 7. Jahrhundert. Aber dieser Stachel wird sich immer mehr ausbreiten, wird immer bedeutungsvoller und bedeutungsvoller sein. Wenn Sie heute einen Menschen kennenlernen, der sich ganz diesem Stachel hingibt, dieser Krankheit – denn das ist ein Stachel im physischen Leib, das ist eine wirkliche Krankheit –, dann wird er ein Atheist, dann wird er ein Gottesleugner, ein Leugner des

Göttlichen. Anlage zu diesem Atheismus hat eigentlich jeder Mensch, der der modernen Zivilisation angehört; es handelt sich nur darum, ob er sich dieser Anlage hingibt. Der Mensch trägt in sich jene Krankheit, die ihn aufreizt dazu, das Göttliche abzuleugnen, während es eigentlich in der Tat aus seiner Natur folgen würde, es anzuerkennen. Diese Natur ist dazumal gewissermaßen etwas mineralisiert worden, zurückgeschraubt worden in der Entwickelung, so daß wir alle die Gottesleugner-Krankheit in uns tragen.

Durch diese Gottesleugner-Krankheit wird mancherlei in den Menschen bewirkt. Durch diese Gottesleugner-Krankheit wird nämlich ein stärkeres Anziehungsband geschaffen zwischen der Seele des Menschen und seinem Leibe, als früher da war, und als es eigentlich in der menschlichen Natur selber liegt. Es wird gleichsam die Seele mehr an den Leib angeschmiedet. Und während die Seele durch ihre eigene Natur nicht dazu bestimmt ist, teilzunehmen an den Schicksalen des Leibes, wäre sie dadurch in eine Bahn gekommen, wodurch sie immer mehr und mehr an den Schicksalen des Leibes teilnehmen würde, auch an den Schicksalen der Geburt und Vererbung und des Todes.

Nichts Geringeres haben nämlich schon dazumal – was in einer mehr dilettantischen Form wiederum gewisse Geheimgesellschaften auch in unserer Zeit wollen – die Weisen von Gondishapur gewollt, als den Menschen für diese Erde sehr groß zu machen, sehr weise zu machen, aber mit Einimpfung dieser Weisheit seine Seele teilnehmen zu lassen am Tode, so daß er nicht die Neigung haben würde, wenn er durch die Pforte des Todes gegangen ist, an dem geistigen Leben und an den folgenden Inkarnationen teilzunehmen. Sie wollten ihm geradezu die weitere Entwickelung abschneiden. Sie wollten ihn für sich für eine ganz andere Welt gewinnen, vom Erdenleben her konservieren, um ihn von dem abzubringen, wozu der Mensch auf der Erde da ist, was er erst lernen soll in langsamer, allmählicher Entwickelung und wodurch er zu dem Geistselbst, Lebensgeist und Geistesmenschen kommen wird.

Die Menschenseele würde also, mehr als ihr vorbestimmt war, mit der Erde bekanntgemacht werden. Der Tod, der nur für den

Leib vorbestimmt ist, würde gewissermaßen auch zum Schicksal der Seele geworden sein. Diesem ist durch das Mysterium von Golgatha entgegengearbeitet. So daß der Mensch todverwandt geworden ist, aber durch das Mysterium von Golgatha bewahrt worden ist vor dieser Todesverwandtschaft. Hat auf der einen Seite eine gewisse Strömung in der Weltentwickelung eine stärkere Verwandtschaft der Seele mit dem Menschenleib bewirkt, als sie dem Menschen vorgeschrieben war, so hat der Christus, um dem die Waage zu halten, die Seele stärker an den Geist gebunden, als das wiederum vorbestimmt war. So daß also durch das Mysterium von Golgatha die Menschenseele näher an den Geist gebracht worden ist, als ihr vorbestimmt war.

Dies befähigt uns, erst so recht hineinzuschauen, wie zusammenhängt das Mysterium von Golgatha mit den innersten Kräften der Menschennatur durch die Jahrtausende hindurch. Man muß das Wechselverhältnis, das von Ahriman und Luzifer dem Menschen bestimmt war, das Wechselverhältnis zwischen Leib und Seele vergleichen können mit dem Wechselverhältnis zwischen Seele und Geist, wenn man historisch richtig an das Mysterium von Golgatha herankommen will.

Die katholische Kirche, die sehr stark unter [dem Einfluß der] Reste des Impulses der Akademie von Gondishapur stand, die hat 869 auf dem achten ökumenischen Konzil in Konstantinopel dogmatisch bestimmt, daß man nicht an den Geist zu glauben habe, weil sie nicht etwa jeden aufklären wollte über das Mysterium von Golgatha, sondern Finsternis breiten wollte über das Mysterium von Golgatha. Von der katholischen Kirche ist der Geist 869 abgeschafft worden. Das Dogma, das da bestimmt worden ist, heißt, man habe nicht an den Geist zu glauben, sondern nur an Leib und Seele, und die Seele habe in sich etwas Geistartiges. Aber daß der Mensch wirklich besteht aus Leib, Seele und Geist, das wurde durch die katholische Kirche abgeschafft. Diese Abschaffung, die ist in der katholischen Kirche direkt noch unter dem Einflusse des Impulses von Gondishapur geschehen. Die Geschichte nimmt sich eben anders aus, als sie zum Hausgebrauch der Menschen, die man gerne leiten möchte, von dieser oder jener Seite her oftmals geformt wird.

Der Mensch also wurde durch das Mysterium von Golgatha geistverwandter gemacht. Dadurch sind im Menschen zwei Kräfte: die Kraft, die ihn seelisch dem Tode ähnlich macht, und diejenige Kraft, die ihn wiederum vom Tode befreit, die ihn zum Geiste innerlich hinführt.

Diese Kraft, was ist sie für eine? Ich habe Ihnen gesagt: Es ist eine Art Krankheit, was das Gottesleugnerische im Menschen ist. Die Anlage ist eine Art Krankheit, die wir alle in uns tragen innerhalb der zivilisierten Menschheit vermöge unseres bloßen Leibes. Doch den Gott abzuleugnen, es ist eine Krankheit, sagt die Geisteswissenschaft, aber diese Krankheit haben wir in uns. Und wir leugnen, wenn wir uns recht verstehen, erst dann den Gott nicht ab, wenn wir ihn durch Christus wieder finden. So wie unser Leib eine Erkrankungskraft in sich hat, die hintendiert nach der Gottesleugnung, so haben wir, indem wir die Christus-Kraft so in uns haben, wie ich es öfter dargestellt habe, infolge des Mysteriums von Golgatha dadurch eine gesundende, eine heilsame Kraft in uns. Nun, der Christus ist für uns alle im wahrsten Sinne des Wortes der Heiland, der Arzt gegenüber jener Krankheit, die den Menschen zum Gottesleugner machen kann. Der Christus ist ein Arzt dagegen. Er ist ein Arzt für jene verborgene Krankheit, die ich Ihnen jetzt charakterisiert habe.

Unsere Zeit ist in recht vieler Beziehung eine Wiedererneuerung jener Zeiten, die sich zugetragen haben zum Teil durch das Mysterium von Golgatha, zum Teil durch dasjenige, was 333, zum Teil durch dasjenige, was 666 geschehen ist. Das hat ganz bestimmte Wirkungen. Sie verstehen das Mysterium von Golgatha nur richtig, wenn Sie sich klar sind darüber: Man kann es nicht verstehen mit den Kräften, die dem Menschen nur gegeben sind dadurch, daß er physisch bis zum Tode in einem physischen Leibe lebt. Selbst die Zeitgenossen, die Apostelzeitgenossen konnten erst im 3. Jahrhunderte, also lange nach ihrem Tode, aus ihren eigenen Kräften heraus als Menschen das Mysterium von Golgatha verstehen. Aber alle diese Dinge gehen in die Entwickelung ein, durch alle diese Dinge spielt sich manches ab. Und es hat sich folgendes abgespielt.

Wir sind heute in einer ganz anderen Lage, als diejenigen waren, die Zeitgenossen Christi waren oder die in den folgenden Jahrhunderten bis ins 7. Jahrhundert gelebt haben. Wir leben ja bereits in der fünften nachatlantischen Zeit und sind weit darinnen; wir leben im 20. Jahrhundert. Das hat zur Folge, daß, indem wir als Seele geboren werden und aus der übersinnlichen Welt in die sinnliche hereintreten, wir nun wiederum Jahrhunderte vorher in der geistigen Welt etwas erleben. So wie diejenigen, die Zeitgenossen des Mysteriums von Golgatha waren, Jahrhunderte danach zum vollen Verständnisse kamen des Mysteriums von Golgatha, so erleben wir eine Art von Spiegelbild, bevor wir geboren werden, und zwar Jahrhunderte, bevor wir geboren werden. Das gilt aber nur für die heutigen Menschen. Die heutigen Menschen tragen alle, indem sie hereingeboren werden in die physische Welt, etwas mit, was wie ein Abglanz ist des Mysteriums von Golgatha, wie ein Spiegelbild desjenigen, was man Jahrhunderte nach dem Mysterium von Golgatha in der geistigen Welt erlebte.

Nun, diesen Impuls kann natürlich derjenige, der nicht übersinnlich schauen kann, nicht unmittelbar schauen, aber alle können die Wirkung dieses Impulses in sich erleben. Und wenn sie ihn erleben, dann finden sie die Antwort auf die Frage: Wie finde ich den Christus?

Dazu ist folgendes Erleben notwendig. Man findet den Christus, wenn man folgende Erlebnisse hat. Erstens das Erlebnis, daß man sich sagt: Ich will so weit Selbsterkenntnis anstreben, als es mir möglich ist, nach meiner ganz individuellen menschlichen Persönlichkeit möglich ist. – Keiner, der ehrlich diese Selbsterkenntnis anstrebt, wird sich anderes heute als Mensch sagen können als: Ich kann das nicht fassen, was ich eigentlich anstrebe. Ich bleibe mit meiner Fassungskraft hinter dem, was ich anstrebe, zurück; ich empfinde meine Ohnmacht gegenüber meinem Streben. – Es ist dieses Erleben ein sehr wichtiges. Dieses Erleben müßte jeder haben, der ehrlich mit sich selbst, in Selbsterkenntnis zu Rate geht: ein gewisses Ohnmachtsgefühl. Dieses Ohnmachtsgefühl ist gesund, denn dieses Ohnmachtsgefühl ist nichts anderes, als das Empfinden der Krankheit, und man ist ja erst recht krank, wenn man eine Krankheit hat und sie nicht fühlt. Indem man die Ohnmacht empfindet, sich zum Göttlichen zu erheben in irgendeinem Zeitpunkte seines Lebens, fühlt man in sich jene Krankheit, von der ich gesprochen habe, die uns eingepflanzt ist. Und indem man diese Krankheit empfindet, empfindet man, daß die Seele durch unseren Leib eigentlich, so wie der Leib heute ist, verurteilt wäre mitzusterben. Dann, wenn man genügend kräftig diese Ohnmacht empfindet, dann kommt der Umschlag. Dann kommt das andere Erlebnis, das uns sagt: Aber wir können, wenn wir uns nicht an dasjenige hingeben, was zu erreichen wir durch unsere Leibeskräfte allein imstande sind, wir können, wenn wir uns hingeben an dasjenige, was uns der Geist gibt, überwinden diesen innerlichen Seelentod. Wir können die Möglichkeit haben, unsere Seele wiederzufinden und an den Geist anzuknüpfen. Wir können erleben die Nichtigkeit des Daseins auf der einen Seite und die Verherrlichung des Daseins aus uns selber, wenn wir hinüberkommen über das Spüren der Ohnmacht. Wir können die Krankheit spüren in unserer Ohnmacht, wir können [aber auch] den Heiland, die heilende Kraft spüren, wenn wir die Ohnmacht [erlebt haben], dem Tode verwandt geworden sind in unserer Seele. Indem wir den Heiland spüren, fühlen wir, daß wir etwas in unserer Seele tragen, das aus dem Tode jederzeit auferstehen kann im eigenen inneren Erleben. – Wenn wir diese zwei Erlebnisse suchen, finden wir in unserer eigenen Seele den Christus.

Das ist ein Erlebnis, dem die Menschheit entgegengeht. *Angelus Silesius* sagte es, als er die bedeutungsvollen Worte sprach:

> Das Kreuz von Golgatha kann dich nicht von dem Bösen,
> Wo es nicht auch in dir wird aufgericht't, erlösen.

Es kann im Menschen aufgerichtet werden, indem er die zwei Pole fühlt: die Ohnmacht durch sein Leibliches, die Auferstehung durch sein Geistiges.

Das innere Erlebnis, das aus diesen zwei Teilen besteht, das ist dasjenige, welches zum Mysterium von Golgatha wirklich hintendiert. Das ist ein Ereignis, dem gegenüber man sich nicht ausreden kann dadurch, daß man sagt, man habe keine übersinnlich entwickelten Fähigkeiten. Die braucht man dazu nicht. Man braucht nur wirklich Selbstbesinnung zu üben und den Willen zu dieser Selbstbesinnung, den Willen auch zur Bekämpfung jenes Hochmuts, der heute so gang und gäbe ist, welcher den Menschen nicht bemerken läßt, daß, wenn er sich auf seine eigenen Kräfte verläßt, er hochmütig wird gegenüber seinen eigenen Kräften. Wenn man nicht fühlen kann gegenüber seinem eigenen Hochmut, daß man durch seine eigenen Kräfte ohnmächtig wird, dann kann man weder den Tod noch die Auferstehung fühlen, dann kann man nie des Angelus Silesius Gedanken erfühlen:

> Das Kreuz von Golgatha kann dich nicht von dem Bösen,
> Wo es nicht auch in dir wird aufgericht't, erlösen.

Dann aber, wenn wir Ohnmacht und Wiederherstellung aus der Ohnmacht empfinden können, dann tritt für uns der Glücksfall ein, daß wir eine wirklich reale Beziehung zu dem Christus Jesus haben. Denn dieses Erleben ist die Wiederholung desjenigen, was wir Jahrhunderte vorher in der geistigen Welt erlebten. So müssen wir es in seinem Spiegelbild hier in der Seele auf dem physischen Plane suchen. Suchen Sie in sich, und Sie werden finden die Ohnmacht. Suchen Sie, und Sie werden finden, nachdem Sie die Ohnmacht gefunden haben, die Erlösung von der Ohnmacht, die Auferstehung der Seele zum Geist.

Aber lassen Sie sich nicht beirren in diesem Suchen durch manches, was heute als Mystik oder selbst von gewissen positiven Bekenntnissen aus gepredigt wird. Wenn Harnack zum Beispiel vom Christus spricht, so ist das nicht wahr, was er sagt, aus dem einfachen Grunde, weil dasjenige, was er vom Christus sagt – lesen Sie es durch –, man von dem Gott überhaupt sagen kann. Das kann man ebensogut vom Judengott sagen, das kann man ebensogut vom Gott der Mohammedaner sagen, von allen. Und viele, die heute sogenannte «Erweckte» sein wollen, die sagen: Ich erlebe den Gott in mir –, aber sie erleben eben nur den Vatergott, und den auch nur in einer abgeschwächten Gestalt, weil sie eigentlich nicht bemerken, daß sie krank sind und nur traditionell nachreden. So etwas macht zum Beispiel *Johannes Müller*. Aber alle diese haben keinen Christus, denn das Christus-Erlebnis besteht nicht aus einem Erleben des Gottes in der Menschenseele, sondern aus den zweien: aus dem Erleben des Todes in der Seele durch den Leib, und der Wiederauferstehung der Seele durch den Geist. Und derjenige, der der Menschheit sagt, daß er nicht bloß den Gott in sich fühlt – wie es auch die bloß rhetorischen Theosophen behaupten –, sondern der reden kann von den zwei Ereignissen, von der Ohnmacht und von der Auferstehung aus der Ohnmacht, der redet von dem wirklichen Christus-Erlebnis. Der aber findet sich auf einem übersinnlichen Wege hin zu dem Mysterium von Golgatha; er findet selbst die Kräfte, die gewisse übersinnliche Kräfte anregen und die ihn hinführen zu dem Mysterium von Golgatha.

Man braucht heute wahrhaftig nicht zu verzweifeln daran, in unmittelbarem eigenem Erleben den Christus zu finden, denn man hat ihn gefunden, wenn man sich wiedergefunden hat, aber aus der Ohnmacht heraus. Das ganze Nichtigkeitsgefühl, das uns überkommt, wenn wir über die eigenen Kräfte ohne Hochmut nachdenken, das muß vorausgehen dem Christus-Impuls. Gescheite Mystiker glauben, wenn sie nur sagen können: Ich habe in meinem Ich das höhere Ich, das Gottes-Ich gefunden –, das sei Christentum. Das ist nicht Christentum. Das Christentum muß eben auf dem Satze stehen:

> Das Kreuz von Golgatha kann dich nicht von dem Bösen,
> Wo es nicht auch in dir wird aufgericht't, erlösen.

Man kann schon an den Einzelheiten des Lebens verspüren, wie wahr das ist, was ich sage, und man kann dann aufsteigen von diesen Einzelheiten des Lebens zu dem großen Erlebnis von der Ohnmacht und der Auferstehung aus der Ohnmacht. Meine lieben Freunde, es wäre schön, besonders in unserer Gegenwart, wenn die Menschen zum Beispiel folgendes finden würden. Es ist ganz gewiß eine in den Tiefen der Menschenseelen beruhende Tendenz zur Wahrheit hin, und danach auch, die Wahrheit auszusprechen. Aber gerade wenn wir in dieser Absicht drinnenstehen, die Wahrheit auszusprechen und dann uns selbst besinnen über dieses Aussprechen der Wahrheit, da können wir einen ersten Schritt auf dem Wege tun zu dem Empfinden der Ohnmacht des menschlichen Leibes gegenüber der göttlichen Wahrheit. In dem Augenblicke, wo Sie wirklich Selbstbesinnung treiben über das Die-Wahrheit-Reden, kommen Sie nämlich auf etwas sehr Merkwürdiges. Der Dichter hat es gefühlt, indem er gesagt hat: *Spricht* die Seele, so spricht, ach! schon die *Seele* nicht mehr. – Auf dem Wege, wodurch das, was wir innerlich in der Seele als Wahrheit wirklich erleben, zur Sprache wird, stumpft es sich bereits ab. Es ertötet sich in der Sprache noch nicht vollständig, aber es stumpft sich bereits ab. Und der, der die Sprache kennt, der weiß, daß nichts anderes als die Eigennamen, die nur *ein* Ding immer bezeichnen, rechte Bezeichnungen für dieses Ding sind. Sobald wir generalisierte Namen haben, seien sie Haupt- oder Zeit- oder Eigenschaftswörter, sprechen wir nicht mehr voll die Wahrheit. Da besteht dann die Wahrheit darinnen, daß wir uns dessen bewußt sind, daß wir im Grunde genommen mit jedem Satze von der Wahrheit abweichen müssen.

Geisteswissenschaftlich versucht man aufzuerstehen aus diesem Geständnis: Mit jeder Behauptung sagst du die Unwahrheit –, indem man in einer gewissen Weise vorgeht, die ich Ihnen öfter charakterisiert habe. Ich habe Ihnen öfter gesagt: Nicht so sehr auf das kommt es an in der Geisteswissenschaft, was gesagt wird – denn das würde ebensosehr diesem Ohnmachtsurteil verfallen –, sondern darauf kommt es an, *wie* es gesagt wird. – Versuchen Sie einmal zu verfolgen – Sie können das auch in meinen Schriften tun –, wie eine jede Sache von den verschiedensten Gesichtspunkten aus charakterisiert wird, wie immer versucht wird, ein Ding von der einen Seite und von der anderen Seite zu charakterisieren. Nur dann kann man sich nähern den Dingen. Derjenige, der nämlich glaubt, daß die Worte selbst etwas anderes sind als eine Eurythmie, der irrt sich gar sehr. Die Worte sind nur eine vom Kehlkopf ausgeführte, von der Luft mitbewirkte Eurythmie. Sie sind bloß Gebärden, nur daß sie nicht mit den Händen und mit den Füßen gemacht werden, die Gebärden, sondern daß sie mit dem Kehlkopf gemacht werden. Wir müssen uns bewußt werden, daß wir nur hindeuten auf irgend etwas, und daß wir nur dann ein richtiges Verhältnis zur Wahrheit gewinnen, wenn wir in dem Worte Hindeutungen auf dasjenige sehen, was wir ausdrücken wollen, und wenn wir als Menschen so miteinander leben, daß wir uns bewußt sind, daß in den Worten Hindeutungen leben. Darauf will unter anderem auch die Eurythmie weisen, die den ganzen Menschen zum Kehlkopf macht, das heißt, durch den ganzen Menschen das ausdrückt, was sonst nur der Kehlkopf ausdrückt, damit die Menschen wiederum verspüren, daß auch, wenn sie die Lautsprache sprechen, sie nur Gebärden machen. Ich sage «Vater», ich sage «Mutter»: Wenn ich alles generalisieren werde, so kann ich mich nur dann wahrhaftig ausdrücken, wenn der andere sich mit mir zusammen im sozialen Element eingelebt hat in diese Dinge, wenn er die Gebärde versteht. Wir erstehen nur dann aus der Ohnmacht, die wir schon der Sprache gegenüber empfinden können, wir feiern daraus die Auferstehung, wenn wir verstehen, daß, indem wir den Mund aufmachen, wir bereits christlich sein müssen. Dasjenige, was geworden ist aus dem Worte, aus dem Logos im Laufe der Entwickelung, es ist nur dann zu verstehen, wenn der Logos wiederum mit dem Christus verbunden wird, wenn wir uns bewußt werden: Unser Leib, indem er das Werkzeug des Aussprechens wird, zwingt die Wahrheit herunter, so daß sie teilweise erstirbt auf unseren Lippen, und wir beleben sie wiederum in Christo, wenn wir uns bewußt werden, daß wir sie vergeistigen müssen, das heißt, den Geist mitdenken, nicht die Sprache als solche hinnehmen, sondern den Geist mitdenken. – Das müssen wir lernen, meine lieben Freunde.

Ich weiß nicht, ob morgen die Zeit das gestatten wird, auch öffentlich auf eine solche Sache aufmerksam zu machen. Ich würde es gerne tun, aber ich will hier zunächst es aussprechen. Wenn ich es morgen noch einmal zu wiederholen hätte, so mögen Sie sich nicht daran stoßen. Ich will hier zunächst sagen, was ich an verschiedenen Orten öffentlich gesagt habe. Sehen Sie, man kann eine merkwürdige Entdeckung machen. Ich will das an einem besonderen Fall charakterisieren. Ich habe genau studiert die wirklich sehr interessanten Aufsätze, die *Woodrow Wilson* geschrieben hat, Vorträge über amerikanische Geschichte, amerikanische Literatur, amerikanisches Leben. Man kann sagen, daß von diesem Woodrow Wilson gerade die amerikanische Entwickelung, wie sie so vor sich geht von dem amerikanischen Osten nach dem Westen, großartig, gewaltig geschildert wird. So ganz als Amerikaner schildert er, und sehr fesselnd sind diese in Aufsätzen wiedergegebenen Vorträge. «Nur Literatur» heißen sie; man lernt das amerikanische Wesen – denn Woodrow Wilson ist der typischeste Amerikaner – dadurch kennen, daß man diese Aufsätze liest. Nun habe ich verglichen – es läßt sich der Vergleich ganz objektiv vornehmen – manches in den Aufsätzen von Woodrow Wilson mit Aussprüchen zum Beispiel von *Herman Grimm*, einem Mann, der durch und durch typischer Deutscher des 19. Jahrhunderts, typischer Mitteleuropäer des 19. Jahrhunderts ist, ein Mann, der durch seine Schreibweise mir ebenso sympathisch ist, wie Woodrow Wilson mir durch und durch unsympathisch ist. Aber das nur persönlich nebenbei. Ich liebe die Schreibweise von Herman Grimm, und ich empfinde als etwas mir ganz Widerstrebendes die Schreibweise von Woodrow Wilson, aber man kann dabei ganz objektiv sein: Der typische Amerikaner Woodrow Wilson schreibt einfach ganz glänzend, großartig, namentlich über die Entwickelung des amerikanischen Volkes. – Und nun kam etwas anderes in Betracht, indem ich verglichen habe Woodrow Wilson- und Herman Grimm-Aufsätze, wo beide geschrieben haben über die Methode der Geschichte. Man kann Sätze von Woodrow Wilson herübernehmen, sie stimmen fast wörtlich genau überein mit Sätzen, die Herman Grimm geschrieben hat, und man kann Sätze von Herman Grimm herübersetzen in Woodrow Wilsons Aufsätze – sie stimmen ganz überein. – Jede Entlehnung ist ausgeschlossen! Es ist gar keine Rede davon, daß ich auf eine Entlehnung hindeuten will; das ist ganz ausgeschlossen. Hier ist der Punkt, wo man, ohne ins Bourgeoise, Philiströse zu verfallen, so recht lernen kann: Wenn zwei dasselbe sagen, ist es nicht dasselbe. – Denn nun wird es zum Problem: Was ist denn da Merkwürdiges, daß eigentlich viel eindringlicher, viel suggestiver als Herman Grimm in seiner Methode der Geschichte je geschildert hat, Woodrow Wilson seine Amerikaner schildert, und dabei in seiner Schilderung [wie] in Sätzen von Herman Grimm spricht? Woher rührt das? Es wird wirklich zum Problem.

Nun findet man, wenn man sich darauf einläßt, das Folgende. Wenn man Herman Grimms Stil verfolgt, alles, was er geschrieben hat, da sieht man: Jeder Satz ist persönlich individuell erkämpft, von Satz zu Satz alles persönlich individuell erkämpft. Alles geht vor in dem Lichte der Kultur des 19. Jahrhunderts, aber aus der unmittelbarsten Bewußtseinsseele heraus. Glanzvoll schildert Woodrow Wilson, aber von etwas in seinem Unterbewußtsein selber besessen. Eine dämonische Besessenheit ist vorhanden. In seinem Unterbewußtsein ist etwas, das ihm eingibt dasjenige, was er nun hinschreibt. Der Dämon, der natürlich auf eine besondere Art in einem Amerikaner des 20. Jahrhunderts zum Vorschein kommt, der spricht durch seine Seele. Dadurch das Großartige, das Gewaltige.

Heute, wo die faule Menschheit so oftmals sagt, wenn sie irgendwo etwas liest: Das habe ich dort und dort auch gelesen –, wo sie nur auf den Inhalt geht, heute ist die Zeit, wo die Menschheit lernen muß, daß es gar nicht mehr so sehr auf den Inhalt ankommt, sondern darauf ankommt, wer etwas sagt; daß man kennen muß den Menschen aus dem, was er sagt, weil die Worte nur Gebärden sind und man kennen muß, wer diese Gebärde macht. Das ist dasjenige, in das sich die Menschheit hineinleben muß. Hier liegt ein furchtbar großes Mysterium des allergewöhnlichsten Lebens vor, meine lieben Freunde. Es ist eben ein Unterschied, ob im persönlichen Ich erkämpft wird Satz für Satz, oder aber, ob es von unten oder von oben oder von seitwärts her in irgendeiner Weise zum Beispiel eingegeben ist. Suggestiver sogar wirkt zum Beispiel das Eingeben, weil man demgegenüber, was erkämpft ist, selbst wiederum sich jeden Satz erkämpfen muß. Und die Zeit nähert sich, wo man nicht mehr auf den bloßen wortwörtlichen Inhalt dessen, was man vor der Seele hat, wird zu sehen haben, sondern wo man wird zu sehen haben vor allen Dingen auf diejenigen, die das oder jenes sagen; nicht auf die äußere physische Persönlichkeit, sondern auf den ganzen menschlich-geistigen Zusammenhang.

Wenn die Menschen heute fragen: Wie finde ich den Christus? –, dann muß man eine solche Antwort geben, denn der Christus läßt sich nicht durch irgendeine Spintisiererei oder durch eine bequeme Mystik erlangen, sondern er läßt sich nur erlangen, wenn man den Mut hat, sich unmittelbar in das Leben hineinzustellen. Und in einem solchen Falle müssen Sie auch der Sprache gegenüber die Ohnmacht fühlen, in die der Leib Sie versetzt hat dadurch, daß er der Träger der Sprache wird; und nachher die Auferstehung des Geistes in dem Worte. Das ist es. Nicht nur: «Der Buchstabe tötet, der Geist macht lebendig», welcher Ausspruch ja auch vielfach mißverstanden wird, sondern schon der Laut tötet, und der Geist muß erst wieder lebendig machen, indem man konkret im einzelnen Erleben an den Christus und an das Mysterium von Golgatha anknüpft. In diesem ersten Schritte findet man den Christus: Suchen, nicht bloß, wenn da oder dort schöne Worte stehen, auf ihren Inhalt schauen – heute sind die Menschen das gewöhnt –, sondern suchen nach den menschlichen Zusammenhängen, suchen, wie die Worte hervorkommen aus dem Orte, von dem her sie gesprochen sind. Immer wichtiger und wichtiger wird das. Wenn gerade manche unter uns dies bedenken würden, würden wir nicht so oft es erleben, daß Leute kommen und sagen: Der hat ja ganz anthroposophisch oder theosophisch gesprochen; man lese das nur einmal nach! – Darauf kommt es nicht an, was da für Worte stehen, sondern, aus welchem Geiste heraus sie sind. Nicht Worte wollen wir mit der Anthroposophie verbreiten, sondern einen neuen Geist, den Geist allerdings, der der Geist des Christentums vom 20. Jahrhundert ab sein muß.

Das, meine lieben Freunde, wollte ich noch anknüpfen. Ich bin glücklich, daß ich es anknüpfen konnte an dasjenige, was ich vor acht Tagen hier ausgeführt habe, und daß ich wiederum zu Ihnen von diesen uns alle berührenden Angelegenheiten sprechen konnte, und ich hoffe, daß wir in kürzester Zeit einmal wiederum auch diese Zweigbetrachtungen hier in Zürich fortsetzen können. In diesem Sinne denken wir ja immer daran, wenn wir auch räumlich voneinander getrennt sind: Wir sind als Anthroposophen in den Seelen beisammen, und in diesem Sinne wollen wir immer in dem Geiste der Menschheit, der da walten und wirken soll, getreu auch beisammen bleiben.

HINWEISE

Zu dieser Ausgabe

Die in diesem Band zusammengefaßten Vorträge wurden während der Zeit des Ersten Weltkrieges in verschiedenen Städten Deutschlands und der Schweiz gehalten. Sie richteten sich an Mitglieder der Anthroposophischen Gesellschaft. In den deutschen Städten (Nürnberg, Heidenheim, Ulm und Hamburg) wurden von Rudolf Steiner zu Beginn der Vorträge jeweils folgende Gedenkworte gesprochen:

«Meine lieben Freunde. Es ist unsere Gewohnheit geworden in den letzten Jahren, bevor wir unsere Betrachtung beginnen, zu gedenken vor allen Dingen derjenigen unserer Menschenbrüder, die in dieser schweren Zeit draußen auf den Feldern stehen, auf denen sich jetzt so vieles für die Menschheitsentwickelung zu entscheiden hat, und wir gedenken dieser draußen stehenden Menschen in der Weise, daß wir ihre schützenden Geister bei Beginn unserer Betrachtung anrufen.

Die ihr wachet über Erdenseelen,
Die ihr webet an den Erdenseelen,
Geister, die ihr über Menschenseelen schützend
Aus der Weltenweisheit liebend wirkt:
Höret unsre Bitte, schauet unsre Liebe,
Die mit euren helfenden Kräftestrahlen sich
Einen möchten: Geist-ergeben, Liebe-sendend.

Und uns wendend an die schützenden Geister derjenigen, die infolge dieser Ereignisse schon durch des Todes Pforte gegangen sind:

Die ihr wachet über Sphärenseelen,
Die ihr webet an den Sphärenseelen,
Geister, die ihr über Seelenmenschen schützend
Aus der Weltenweisheit liebend wirkt:
Höret unsre Bitte, schauet unre Liebe,
Die mit euren helfenden Kräfteströmen sich
Einen möchten, Geist-erahnend, Liebe-strahlend.

Und der Geist, dem wir uns zu nahen suchen durch unsere Geisteswissenschaft, der Geist, der zu der Erde Heil und der Menschheit Freiheit und Fortschritt durch das Mysterium von Golgatha gehen wollte, er sei mit euch und euren schweren Pflichten.»

Textunterlagen: Die Berner und Zürcher Vorträge wurden von der Berufsstenographin Helene Finckh mitgeschrieben, die anderen von Frau Hedda Hummel. Nur der Stenograph des Hamburger Vortrages ist nicht bekannt. Der Druck folgt den von den jeweiligen Stenographen hergestellten Klartexten. – Worte in eckigen Klammern [ ] sind vom Herausgeber eingesetzt.

Der Titel des Bandes entspricht dem des Vortrages vom 10. Februar. Er wurde von den Herausgebern der 1. Auflage von 1969 gewählt.

Die Titel der Vorträge wurden nicht von Rudolf Steiner gegeben. Diejenigen vom 10. Februar, 30. April, 9. und 16. Oktober 1918 stammen von Marie Steiner, die übrigen von den Herausgebern des Gesamtausgabe-Bandes.

Die Durchsicht des Bandes für die 4. Auflage (1996) besorgte Ulla Trapp. Einige wenige Korrekturen, die sich aus der Prüfung der Originalunterlagen ergaben, sind in den Hinweisen zur entsprechenden Seite aufgeführt..

Einzelausgaben:

Nürnberg, 10. Februar 1918 in «Der Tod als Lebenswandlung», Dornach 1941.

Ulm, 30. April 1918, «Zeichen der Zeit 1918», Dornach 1950.

Zürich, 9. Oktober 1918, «Was tut der Engel in unserem Astralleib?», Dornach o.J. (1936).

Zürich, 9., 16. Oktober 1918, «Was tut der Engel in unserem Astralleib? Wie finde ich den Christus?», Stuttgart 1949; Dornach 1963; 1970; 1975; 1981; 1986.

Zürich, 16. Oktober 1918 «Wie finde ich den Christus?», Dornach 1936.

Veröffentlichungen in Zeitschriften:

Heidenheim, 29. April 1918 in «Das Goetheanum» 1940, 19. Jahrgang, Nrn. 32–36.

Ulm, 30. April 1918 in «Was in der Anthroposophischen Gesellschaft vorgeht» («Nachrichtenblatt») 1939, 16. Jahrgang, Nrn. 28–33.

Hamburg, 30. Juni 1918 in «Was in der anthroposophischen Gesellschaft vorgeht» («Nachrichtenblatt») 1940, 17. Jahrgang, Nrn. 26–32.

Hinweise zum Text

Werke Rudolf Steiners innerhalb der Gesamtausgabe (GA) werden in den Hinweisen mit der Bibliographie-Nummer angegeben. Siehe auch die Übersicht am Schluß des Bandes.

zu Seite

9 *in einem vorigen Vortrage:* In Bern am 9. November 1916, «Die Verbindung zwischen Lebenden und Toten», in GA 168, mit gleichem Titel.

10 *in jenem Wiener Zyklus:* «Inneres Wesen des Menschen und Leben zwischen Tod und neuer Geburt», GA 153.

11 *in meiner Theosophie:* «Theosophie. Einführung in übersinnliche Welterkenntnis und Menschenbestimmung» (1904), GA 9, Kapitel: «Die drei Welten».

Korrektur Zeile 4/3 von unten: Die Korrektur erfolgte nach Prüfung des Originalstenogrammes.
alter Text: diese Resonanz dieses lebendigen Empfindens
neuer Text: diese Resonanz hervor, diese lebendige Empfindung.

14 *Wiener Zyklus, wo ich charakterisiert habe, wie der Wille:* «Inneres Wesen des Menschen und Leben zwischen Tod und neuer Geburt», GA 153, im Vortrag vom 13. April 1914.

morgen im öffentlichen Vortrag: Bern, 30. November 1917: «Geisteswissenschaftliche Ergebnisse über die Ideen der Freiheit und des sozial-sittlichen Lebens», in «Freiheit – Unsterblichkeit – Soziales Leben», GA 72.

20 *gestern im öffentlichen Vortrage:* Bern, 28. November 1917: «Das Wirken der Seelenkräfte im Menschen und ihr Zusammenhang mit dessen ewiger Wesenheit. Geisteswissenschaftliche Ergebnisse über das Wesen des Menschen», in GA 72.

24 *das kann man auf eine Quartseite zusammenschreiben:* Adolf von Harnack, 1851–1930, sagt wörtlich: «Unsere Quellen für die Verkündigung Jesu sind – einige wichtige Nachrichten bei dem Apostel Paulus abgerechnet – die drei ersten Evangelien. Alles übrige, was wir unabhängig von diesen Evangelien über die Geschichte und Predigt Jesu wissen, läßt sich bequem auf eine Quartseite schreiben, so gering an Umfang ist es.», in «Das Wesen des Christentums», Leipzig 1901, Seite 13.

25 *das bemerkenswerte Buch eines Theologen:* «Von Reimarus zu Wrede» von Albert Schweitzer, Tübingen 1906. Titel ab der 2. Auflage «Geschichte der Leben-Jesu-Forschung».

26 *im ersten Mysterium dargestellt:* Im ersten Mysteriendrama Rudolf Steiners «Die Pforte der Enweihung» (1910), Erstes Bild. In «Vier Mysteriendramen», GA 14.

29 *sokratischer Dämon:* Bei Plato u.a. in den Dialogen «Apologie» 31 C–32 A und «Phaidros» 242 B–C.

30 *«Die geistige Führung des Menschen und der Menschheit»* (1911), GA 15, am Schluß des ersten Vortrages.

30 *In meiner neuen Schrift «Von Seelenrätseln»* [1917, GA 21], *wo das zweite Kapitel über das gelehrte Individuum Dessoir handelt:* Das zweite Kapitel trägt den Titel: «Max Dessoir über Anthroposophie» und ist eine Entgegnung auf dessen Auslassungen in seinem Buch «Vom Jenseits der Seele. Die Geheimwissenschaften in kritischer Betrachtung», Stuttgart 1917.

33/34 *Friedensprogramm vom Stellvertreter Christi:* Zum 3. Jahrestag des Kriegsbeginnes am 1. August 1917 richtete Papst Benedikt XV. einen Friedensappell an die kriegführenden Mächte.

34 *ruchlose Verleumdungen:* Vgl. hierzu u.a. die Vorträge vom 11.–13. Mai 1917 in «Die geistigen Hintergründe des Ersten Weltkrieges», GA 174b.

42 *«Wie erlangt man Erkenntnisse der höheren Welten?»* (1904/1905), GA 10.

43 *Das Alte Testament verbietet, mit den Toten zu verkehren:* Im 5. Buch Moses, 18. Kap. Vers 10–12 heißt es: «Es soll keiner gefunden werden ..., der die Toten fragt. Denn wer solches tut, ist dem Herrn ein Greuel». Vgl. auch 1. Buch Samuel, 28. Kap. (Samuel und die Hexe von Endor).

45 *Ich habe ... über den äußeren menschlichen physischen Organismus gesprochen:* Siehe die im Band «Anthroposophie, Psychosophie, Pneumatosophie», GA 115, zusammengefaßten Vorträge von 1909, 1910 und 1911.

48 *Richard Wagner,* 1813–1883. *Zum Raum wird hier die Zeit:* Worte des Gurnemanz im 1. Aufzug des «Parsifal».

57 *das Evangelienwort: «Suchet sie nicht ...»:* Lukas 17,20.

61 *Korrektur Zeile 6 von unten:*
alter Text: Ergebnis geisteswissenschaftlicher Erkenntnis
neuer Text: Wesen geisteswissenschaftlicher Erkenntnis

Korrektur Zeile 5 von unten:
alter Text: daß es mit unserem Menschenleben
neuer Text: daß dies mit unserem Menschenleben

Die Korrekturen erfolgten aufgrund der Erstausschrift des Stenographen.

65 *im öffentlichen Vortrag in Stuttgart:* Am 24. April 1918 «Der übersinnliche Mensch und die Fragen der Willensfreiheit und Unsterblichkeit nach Ergebnissen der Geisteswissenschaft». Der Vortrag ist veröffentlicht worden in der Zeitschrift «Die Menschenschule» Heft 9/1961, ist aber in der Gesamtausgabe noch nicht erschienen.

69 *Pythagoras,* 582–493 v. Chr. – *Hier haben Sie ein Gefühl von der Sphärenmusik:* Möglicherweise hat der Stenograph die Ausführungen Rudolf Steiners an dieser Stelle nur verkürzt wiedergegeben. Mit dem «Hier ...» dürften die vorher besprochenen kosmischen Gesetze des Platonischen Weltenjahres gemeint sein. Vgl. auch den Vortrag vom 23. August 1906 in «Vor dem Tore der Theosophie», GA 95.

76 *Wie ich einmal in einem öffentlichen Vortrag:* In «Metamorphosen des Seelenlebens» Band I, GA 58.

77 *Woodrow Wilson,* 1856–1924, Präsident der Vereinigten Staaten von Amerika von 1913–1921

80 *daß sich auch in dieser Stadt Freunde zusammengetan haben:* Der Vortrag wurde gehalten anläßlich der Einweihung des Ulmer Zweiges der Anthroposophischen Gesellschaft.

83 *was ich öfter als erstrebenswert ausgesprochen habe:* Vgl. z. B. den Vortrag Berlin, 30. Oktober 1913 in «Geisteswissenschaft als Lebensgut», GA 63, Seite 42: «Den Leib der Kultur zu durchdringen mit Seele und Geist, das ist das Ziel der Geisteswissenschaft.»

84 *«Deutsche Gesellschaft für ethische Kultur»:* Über die Beziehungen Rudolf Steiners zu der von Wilhelm Förster und Georg von Gizycki 1892 gegründeten Gesellschaft siehe «Mein Lebensgang» (1923–25), GA 28, 166ff., und die Aufsätze «Eine ‹Gesellschaft für ethische Kultur› in Deutschland» in «Gesammelte Aufsätze zur Kultur- und Zeitgeschichte 1887–1901», GA 31, S. 164ff.

88 *Friedrich Nietzsche,* 1844–1900: Siehe Rudolf Steiner, «Friedrich Nietzsche, ein Kämpfer gegen seine Zeit» (1895), GA 5.

89 *atlantische Katastrophe, indische, persische Kultur* usw.: Vgl. Rudolf Steiner «Die Geheimwissenschaft im Umriß» (1910), GA 13.,

91 *Der schlichte Mann von Nazareth:* Diese Bezeichnung geht zurück auf Gustav Frenssen, 1863–1945, evangelischer Pfarrer und Romanschriftsteller, («Dorfpredigten» 2. Aufl., 1. Bd., Göttingen 1900, S. 69). und auf Heinrich Weinel, 1874–1936, protestantischer Theologe, («Jesus im neunzehnten Jahrhundert», Tübingen/Leipzig 1903).

92 *seit dem 9. Jahrhundert ... zurückgeschoben:* Im 9. Jahrhundert begann die Loslösung der Ostkirche (Byzanz) von Rom.

93 *Trotzkismus, Leninismus:* Unter Führung von Lenin (1870–1924) und Trotzki (1879–1940) hatte im Oktober 1917 die bolschewistische Revolution in Rußland stattgefunden.

Rabindranath Tagore, 1861–1941, indischer Dichter und Philosoph. «Der Geist Japans», übertragen von Helene Meyer-Franck in «Preußische Jahrbücher», Bd. 171, Heft 1, Januar 1918.

96 *Grenzen der Erkenntnis:* Die neuere Philosophie seit Kant betont die «Erkenntnisgrenzen» (Dubois-Reymond: «Ignoramus et ignorabimus»). Vgl. Rudolf Steiner, «Die Philosophie der Freiheit» (1894), GA 4; «Die Rätsel der Philosophie» (1914), GA 18; «Grenzen der Naturerkenntnis», GA 322.

97 *«Vom Menschenrätsel»* (1916), GA 20.

Lesen Sie bei Herder nach: «Älteste Urkunde des Menschengeschlechts», Riga 1774, 1. Teil, III. Plan, S. 70, wo es wörtlich heißt: «Die urälteste herrlichste Offenbarung Gottes erscheint dir jeden Morgen als Tatsache» in «Gemälde der Morgenröte, Bild des werdenden Tages». - Siehe ferner Herders Gedicht «Die Schöpfung. Ein Morgengesang», 1773.

M. A. Ku Hung-Ming: «Der Geist des chinesischen Volkes und der Ausweg aus dem Krieg», übersetzt von Oskar A. H. Schmitz, Jena 1916.

98 *man hat einen Mann an die Spitze der Goethe-Gesellschaft gestellt:* Den preußischen Staats- und Finanzminister a. D., Oberpräsident der Rheinprovinz Georg Kreuzwendedich Freiherr von Rheinbaben.

99 *ein Buch ... in der Sammlung «Aus Natur- und Geisteswelt»:* Band 638 «Sternglaube und Sterndeutung. Die Geschichte und das Wesen der Astrologie» von Prof. Franz Boll, unter Mitwirkung von Prof. Carl Bezold, Leipzig und Berlin 1918.

er schimpft ... über dieses ... Büchelchen: Fritz Mauthner im «Berliner Tageblatt», 47. Jahrgang 1918, Nr. 161 vom 28. März, Abendausgabe.

Ein paar Tage darauf erschien vom Verfasser: Franz Boll im gleichen Blatt Nr. 192 vom 16. April, Morgenausgabe.

102 *Wilsonismus:* Siehe Hinweis zu S. 77.

113 *David Lloyd George,* 1863–1945, Minister seit 1905, Regierungschef 1916–1922.

Sir Henry Campbell Bannerman, 1836–1908, englischer Premierminister 1906–1908.

114 *Matthias Erzberger,* 1875–1921, Staatsmann.

115 *Aufsatz «Goethes Geistesart»:* «Goethes Geistesart in ihrer Offenbarung durch seinen Faust und durch das Märchen ‹Von der Schlange und der Lilie›» (1918), GA 22.

«Habe nun, ach...»: «Faust» I, Studierzimmer, Vers 354–359.

116 *«In Lebensfluten ...»:* «Faust» I, Nacht, Vers 501–503.

117 «Du *gleichst dem Geist ...»:* «Faust» I, Nacht, Vers 512–513.

«Gefühl ist alles»: «Faust» I, Marthens Garten, Vers 3456–3457.

118 *Jakob Minor,* 1855–1912, Germanist, schrieb «Goethes Faust», 2 Bände, 1901.

119 *Das Schulbeispiel, welches die Psychoanalytiker anführen:* In «Die Psychologie der unbewußten Prozesse» von C. G. Jung, Zürich 1917.

122 *Otto Weininger,* 1880–1903, Philosoph. «Geschlecht und Charakter», Wien 1903.

122 *sein letztes Buch lesen:* «Über die letzten Dinge», herausgegeben von Moriz Rappaport, Wien 1907. Das Zitat lautet wörtlich: «Aus unserem Zustand vor der Geburt ist vielleicht darum keine Erinnerung möglich, weil wir so tief gesunken sind durch die Geburt: wir haben das Bewußtsein verloren, und gänzlich triebartig geboren zu werden verlangt, ohne vernünftigen Entschluß und ohne Wissen, und darum wissen wir gar nichts von dieser Vergangenheit.»

125 *Mein Buch «Von Seelenrätseln»* (1917), GA 21.

Max Dessoir: Siehe Hinweis zu S. 30.

Heft der Kant-Zeitschrift: Gemeint ist die philosophische Zeitschrift «Kantstudien», 22. Jahrgang, Heft 4, mit der Besprechung von Dessoirs Buch «Vom Jenseits der Seele» durch Emil Utitz, Rostock, S. 464.

126 *Geldabfluß nach dem Orient:* Über den Niedergang des römischen Münzwesens im frühen Mittelalter, die Zerrüttung der Währung usw. vgl. z. B. Galbraith, «Geld, woher es kommt, wohin es geht», München 1976.

128 *Zyklus ... gehalten in Berlin:* «Der menschliche und der kosmische Gedanke», 4 Vorträge, Berlin 1914, GA 151.

Gegenwärtiges Heft der «Preußischen Jahrbücher»: «Der Weltkrieg als Weltanschauungs-Kritik», von Ernst Rolffs in Osnabrück. Preußische Jahrbücher, Band 172, Heft III, Berlin, Juni 1918.

129 *Damals wollte man das Geistige geben:* In früheren Auflagen war dieser Satz versehentlich mit dem folgenden Satz vertauscht worden. Die nunmehr durchgeführte Berichtigung erfolgte nach Prüfung des Originalstenogramms von Hedda Hummel.

130 *Oscar Hertwig,* 1849–1922, Anatom. «Das Werden der Organismen. Eine Widerlegung von Darwins Zufallstheorie», Jena 1916. «Zur Abwehr des ethischen, des sozialen und des politischen Darwinismus», Jena 1918.

131 *Edward Gibbon,* 1737–1794, englischer Geschichtsschreiber. «History of the Decline and Fall of the Roman Empire», 6 Bde, London 1776–88.

Heinrich von Treitschke, 1834–1896, deutscher Geschichtsschreiber.

Daher hat Treitschke gesagt: «Was in englischen und französischen Zeitungen bewußt und unbewußt gelogen wird, ist ein deprimierender Beweis für Treitschkes oft wiederholte Behauptung, daß Leidenschaft und Dummheit die Großmächte der Geschichte sind» (E. Rolffs a.a.O, siehe Hinweis zu Seite 128).

132 *4. und 5. Zeile von unten:* In der Nachschrift sind «Vergangenheit» und «Zukunft» vertauscht; vom Herausgeber der 3. Auflage geändert.

134 *Hermann von Helmholtz,* 1821–1894, Physiologe und Physiker. Erfinder des Augenspiegels.

141 *«Die Geheimwissenschaft im Umriß»* (1910), GA 13.

142 *19. Zeile von oben:* In der Nachschrift steht «Wesenheiten» statt «Aussichten»; offenbar ein Lese- oder Übertragungsfehler.

159 *Zum 1. Absatz:* Die Niederschrift ist hier offenbar lückenhaft; wahrscheinlich sind Sätze oder wesentliche Satzteile ausgefallen. Der Sinn der Stelle ergibt sich durch Vergleich mit S. 143 und mit den Ausführungen in «Die geistige Führung des Menschen und der Menschheit» 2. Kapitel, GA 15.

164 *«Das Christentum als mystische Tatsache»* (1902), GA 8.

Adolf von Harnack: Siehe Hinweis zu S. 24.

166 *wenn wir diesen Lessingschen Ausdruck gebrauchen dürfen:* In «Die Erziehung des Menschengeschlechts», 1780.

169 *Tertullian,* um 160 bis um 220, Kirchenschriftsteller. Sein Werk zur Verteidigung der Christen: «Apologeticum.»

171 *«Gekreuzigt wurde Gottes Sohn ...»:* Tertullian in «De carne Christi» (laut Willmann «Geschichte des Idealismus» Bd. 2, S. 133).

172 *von der der Schreiber der Apokalypse spricht:* Vgl. Kap. 13, Vers 18 der Apokalypse.

173 *Justinian,* 527–565, oströmischer Kaiser.

174 *Zeno Isauricus,* Kaiser von 474–491. Hatte die Schule von Edessa durch ein Edikt 489 geschlossen.

Akademie von Gondishapur: Vgl. dazu die Vorträge vom 12. und 16. Oktober 1918 in «Die Polarität von Dauer und Entwickelung», GA 184, sowie H. H. Schöffler «Die Akademie von Gondishapur», 2. Aufl. Stuttgart 1980.

175 *Mohammed,* um 570–632.

176 *Paulus spricht ... von diesem Stachel:* Z. B. im 2. Korintherbrief, Kap. 12,7.

178 *achte ökumenische Konzil von Konstantinopel im Iahre 869:* In den «Canones contra Photium» wird in diesem gegen den Patriarchen Photius veranstalteten Konzil unter Can. 11 festgelegt, daß der Mensch nicht «zwei Seelen», sondern «unam animam rationabilem et intellectualem» habe. Der von Rudolf Steiner sehr geschätzte katholische Philosoph Otto Willmann schreibt in seinem dreibändigen Werk «Geschichte des Idealismus», 1. Auflage, Braunschweig 1894, § 54: Der christliche Idealismus als Vollendung des antiken (Band II, Seite 111): «Der Mißbrauch, den die Gnostiker mit der paulinischen Unterscheidung des pneumatischen und des psychischen Menschen trieben, indem sie jenen als den Ausdruck ihrer Vollkommenheit ausgaben, diesen als den Vertreter der im Gesetze der Kirche befangenen Christen erklärten, bestimmte die Kirche zur ausdrücklichen *Verwerfung der Trichotomie.»*

Vgl. dazu auch die Erwähnung des Konzils von Konstantinopel durch Rudolf Steiner u.a. in den GA 174a, 174b, 191, 194, 203.

181 *Angelus Silesius* (Johann Scheffler), 1624–1677. Aus dem «Cherubinischen Wandersmann».

182 *Harnack:* Siehe Hinweis zu S. 24.

183 *Johannes Müller,* 1864–1949, «Lebensphilosoph», Leiter einer «Freistatt persönlichen Lebens für Suchende jeder Richtung und Herkunft» auf Schloß Elmau in Oberbayern. Verfasser zahlreicher Schriften über religiöse und soziale Probleme.

184 *der Dichter hat es gefühlt:* Friedrich Schiller in «Tabulae votivae» (Sprache).

185 *Die Eurythmie, die den ganzen Menschen zum Kehlkopfmacht:* Siehe dazu Rudolf Steiner, «Eurythmie. Die Offenbarung der sprechenden Seele» (Ansprachen zu Eurythmie. Aufführungen), GA 277.

ob morgen die Zeit das gestatten wird: Im Vortrag vom 17. Oktober 1918, «Die Geschichte der Neuzeit im Lichte geisteswissenschaftlicher Forschung» in «Die Ergänzung heutiger Wissenschaften durch Anthroposophie», 8 öffentliche Vorträge Zürich 1917/18, GA 73, wo der Gegenstand in der Fragenbeantwortung wieder aufgegriffen wird.

186 *interessanten Aufsätze, die Woodrow Wilson geschrieben hat:* «Mere Literature and Other Essays», deutsche autorisierte Übertragung von Hans Winand, München 1913 unter dem Titel «Nur Literatur. Betrachtungen eines Amerikaners». Siehe auch S. 99 in diesem Band und Hinweis zu S. 77.

Herman Grimm, 1838–1901, Kunsthistoriker. Zum Vergleich von Herman Grimm und W. Wilson siehe auch den Vortrag vom 30. März 1918, Berlin, in «Erdensterben und Weltenleben. Anthroposophische Lebensgaben. Bewußtseins-Notwendigkeiten für Gegenwart und Zukunft», GA 181.

188 *«Der Buchstabe tötet ...»:* 2. Korintherbrief, Kap. 3,6.

PERSONENREGISTER

* = ohne Nennung im Text

ÜBER DIE VORTRAGSNACHSCHRIFTEN

Aus Rudolf Steiners Autobiographie «Mein Lebensgang» (35. Kap., 1925)

Es liegen nun aus meinem anthroposophischen Wirken zwei Ergebnisse vor; erstens meine vor aller Welt veröffentlichten Bücher, zweitens eine große Reihe von Kursen, die zunächst als Privatdruck gedacht und verkäuflich nur an Mitglieder der Theosophischen (später Anthroposophischen) Gesellschaft sein sollten. Es waren dies Nachschriften, die bei den Vorträgen mehr oder weniger gut gemacht worden sind und die – wegen mangelnder Zeit – nicht von mir korrigiert werden konnten. Mir wäre es am liebsten gewesen, wenn mündlich gesprochenes Wort mündlich gesprochenes Wort geblieben wäre. Aber die Mitglieder wollten den Privatdruck der Kurse. Und so kam er zustande. Hätte ich Zeit gehabt, die Dinge zu korrigieren, so hätte vom Anfange an die Einschränkung «Nur für Mitglieder» nicht zu bestehen gebraucht. Jetzt ist sie seit mehr als einem Jahre ja fallen gelassen.

Hier in meinem «Lebensgang» ist notwendig, vor allem zu sagen, wie sich die beiden: meine veröffentlichten Bücher und diese Privatdrucke in das einfügen, was ich als Anthroposophie ausarbeitete.

Wer mein eigenes inneres Ringen und Arbeiten für das Hinstellen der Anthroposophie vor das Bewußtsein der gegenwärtigen Zeit verfolgen will, der muß das anhand der allgemein veröffentlichten Schriften tun. In ihnen setzte ich mich auch mit alle dem auseinander, was an Erkenntnisstreben in der Zeit vorhanden ist. Da ist gegeben, was sich mir in «geistigem Schauen» immer mehr gestaltete, was zum Gebäude der Anthroposophie – allerdings in vieler Hinsicht in unvollkommener Art – wurde.

Neben diese Forderung, die «Anthroposophie» aufzubauen und dabei nur dem zu dienen, was sich ergab, wenn man Mitteilungen aus der Geist-Welt der allgemeinen Bildungswelt von heute zu übergeben hat, trat nun aber die andere, auch dem voll entgegenzukommen, was aus der Mitgliedschaft heraus als Seelenbedürfnis, als Geistessehnsucht sich offenbarte.

Da war vor allem eine starke Neigung vorhanden, die Evangelien und den Schrift-Inhalt der Bibel überhaupt in dem Lichte dargestellt zu hören, das sich als das anthroposophische ergeben hatte. Man wollte in Kursen über diese der Menschheit gegebenen Offenbarungen hören.

Indem interne Vortragskurse im Sinne dieser Forderung gehalten wurden, kam dazu noch ein anderes. Bei diesen Vorträgen waren nur Mitglieder. Sie waren mit den Anfangs-Mitteilungen aus Anthroposophie bekannt. Man konnte zu ihnen eben so sprechen, wie zu Vorgeschrittenen auf dem Gebiete der Anthroposophie. Die Haltung dieser internen Vorträge war eine solche, wie sie eben in Schriften nicht sein konnte, die ganz für die Öffentlichkeit bestimmt waren.

Ich durfte in internen Kreisen in einer Art über Dinge sprechen, die ich für die öffentliche Darstellung, wenn sie für sie von Anfang an bestimmt gewesen wären, hätte anders gestalten *müssen.*

So liegt in der Zweiheit, den öffentlichen und den privaten Schriften, in der Tat etwas vor, das aus zwei verschiedenen Untergründen stammt. Die ganz öffentlichen Schriften sind das Ergebnis dessen, was in mir rang und arbeitete; in den Privatdrucken ringt und arbeitet die Gesellschaft mit. Ich höre auf die Schwingungen im Seelenleben der Mitgliedschaft, und in meinem lebendigen Drinnenleben in dem, was ich da höre, entsteht die Haltung der Vorträge.

Es ist nirgends auch nur in geringstem Maße etwas gesagt, was nicht reinstes Ergebnis der sich aufbauenden Anthroposophie wäre. Von irgend einer Konzession an Vorurteile oder Vorempfindungen der Mitgliedschaft kann nicht die Rede sein. Wer diese Privatdrucke liest, kann sie im vollsten Sinne eben als das nehmen, was Anthroposophie zu sagen hat. Deshalb konnte ja auch ohne Bedenken, als die Anklagen nach dieser Richtung zu drängend wurden, von der Einrichtung abgegangen werden, diese Drucke nur im Kreise der Mitgliedschaft zu verbreiten. Es wird eben nur hingenommen werden müssen, daß in den von mir nicht nachgesehenen Vorlagen sich Fehlerhaftes findet.

Ein Urteil über den Inhalt eines solchen Privatdruckes wird ja allerdings nur demjenigen zugestanden werden können, der kennt, was als Urteils-Voraussetzung angenommen wird. Und das ist für die allermeisten dieser Drucke *mindestens* die anthroposophische Erkenntnis des Menschen, des Kosmos, insofern sein Wesen in der Anthroposophie dargestellt wird, und dessen, was als «anthroposophische Geschichte» in den Mitteilungen aus der Geist-Welt sich findet.

RUDOLF STEINER GESAMTAUSGABE

Gliederung nach: Rudolf Steiner – Das literarische und künstlerische Werk. Eine bibliographische Übersicht (Bibliographie-Nrn. *kursiv* in Klammern)

A. SCHRIFTEN

I. Werke

Goethes Naturwissenschaftliche Schriften, eingeleitet und kommentiert von R. Steiner, 5 Bände, 1884–97, Neuausgabe 1975, *(1a–e)*; sep. Ausgabe der Einleitungen, 1925 *(1)*
Grundlinien einer Erkenntnistheorie der Goetheschen Weltanschauung, 1886 *(2)*
Wahrheit und Wissenschaft. Vorspiel einer ‹Philosophie der Freiheit›, 1892 *(3)*
Die Philosophie der Freiheit. Grundzüge einer modernen Weltanschauung, 1894 *(4)*
Friedrich Nietzsche, ein Kämpfer gegen seine Zeit, 1895 *(5)*
Goethes Weltanschauung, 1897 *(6)*
Die Mystik im Aufgange des neuzeitlichen Geisteslebens und ihr Verhältnis zur modernen Weltanschauung, 1901 *(7)*
Das Christentum als mystische Tatsache und die Mysterien des Altertums, 1902 *(8)*
Theosophie. Einführung in übersinnliche Welterkenntnis und Menschenbestimmung, 1904 *(9)*
Wie erlangt man Erkenntnisse der höheren Welten? 1904/05 *(10)*
Aus der Akasha-Chronik, 1904–08 *(11)*
Die Stufen der höheren Erkenntnis, 1905–08 *(12)*
Die Geheimwissenschaft im Umriß, 1910 *(13)*
Vier Mysteriendramen: Die Pforte der Einweihung – Die Prüfung der Seele – Der Hüter der Schwelle – Der Seelen Erwachen, 1910–13 *(14)*
Die geistige Führung des Menschen und der Menschheit, 1911 *(15)*
Anthroposophischer Seelenkalender, 1912 *(in 40)*
Ein Weg zur Selbsterkenntnis des Menschen, 1912 *(16)*
Die Schwelle der geistigen Welt, 1913 *(17)*
Die Rätsel der Philosophie in ihrer Geschichte als Umriß dargestellt, 1914 *(18)*
Vom Menschenrätsel, 1916 *(20)*
Von Seelenrätseln, 1917 *(21)*
Goethes Geistesart in ihrer Offenbarung durch seinen Faust und durch das Märchen von der Schlange und der Lilie, 1918 *(22)*
Die Kernpunkte der sozialen Frage in den Lebensnotwendigkeiten der Gegenwart und Zukunft, 1919 *(23)*
Aufsätze über die Dreigliederung des sozialen Organismus und zur Zeitlage, 1915–21 *(24)*
Kosmologie, Religion und Philosophie, 1922 *(25)*
Anthroposophische Leitsätze, 1924/25 *(26)*
Grundlegendes für eine Erweiterung der Heilkunst nach geisteswissenschaftlichen Erkenntnissen, 1925. Von Dr. R. Steiner und Dr. I. Wegman *(27)*
Mein Lebensgang, 1923–25 *(28)*

II. Gesammelte Aufsätze

Aufsätze zur Dramaturgie, 1889–1901 *(29)* – Methodische Grundlagen der Anthroposophie, 1884–1901 *(30)* – Aufsätze zur Kultur- und Zeitgeschichte, 1887–1901 *(31)* – Aufsätze zur Literatur, 1886–1902 *(32)* – Biographien und biographische Skizzen, 1894–1905 *(33)* – Aufsätze aus «Lucifer-Gnosis», 1903–1908 *(34)* – Philosophie und Anthroposophie, 1904–1918 *(35)* – Aufsätze aus «Das Goetheanum», 1921–1925 *(36)*

III. Veröffentlichungen aus dem Nachlaß

Briefe – Wahrspruchworte – Bühnenbearbeitungen – Entwürfe zu den Vier Mysteriendramen, 1910–1913 – Anthroposophie. Ein Fragment – Gesammelte Skizzen und Fragmente – Aus Notizbüchern und -blättern – *(38–47)*

B. DAS VORTRAGSWERK

I. Öffentliche Vorträge

Die Berliner öffentlichen Vortragsreihen, 1903/04 bis 1917/18 *(51–67)* – Öffentliche Vorträge, Vortragsreihen und Hochschulkurse an anderen Orten Europas, 1906–1924 *(68–84)*

II. Vorträge vor Mitgliedern der Anthroposophischen Gesellschaft

Vorträge und Vortragszyklen allgemein-anthroposophischen Inhalts – Christologie und Evangelien-Betrachtungen – Geisteswissenschaftliche Menschenkunde – Kosmische und menschliche Geschichte – Die geistigen Hintergründe der sozialen Frage – Der Mensch in seinem Zusammenhang mit dem Kosmos – Karma-Betrachtungen – *(91–244)*
Vorträge und Schriften zur Geschichte der anthroposophischen Bewegung und der Anthroposophischen Gesellschaft – Veröffentlichungen zur Geschichte und aus den Inhalten der Esoterischen Schule *(251–270)*

III. Vorträge und Kurse zu einzelnen Lebensgebieten

Vorträge über Kunst: Allgemein-Künstlerisches – Eurythmie – Sprachgestaltung und Dramatische Kunst – Musik – Bildende Künste – Kunstgeschichte – *(271–292)* – Vorträge über Erziehung *(293–311)* – Vorträge über Medizin *(312–319)* – Vorträge über Naturwissenschaft *(320–327)* – Vorträge über das soziale Leben und die Dreigliederung des sozialen Organismus *(328–341)* – Vorträge und Kurse über christlich-religiöses Wirken *(342–346)* – Vorträge für die Arbeiter am Goetheanumbau *(347–354)*

C. DAS KÜNSTLERISCHE WERK

Originalgetreue Wiedergaben von malerischen und graphischen Entwürfen und Skizzen Rudolf Steiners in Kunstmappen oder als Einzelblätter. Entwürfe für die Malerei und die Fenster des Ersten Goetheanum – Schulungsskizzen für Maler – Programmbilder für Eurythmie-Aufführungen – Eurythmieformen – Entwürfe zu den Eurythmiefiguren – Wandtafelzeichnungen zum Vortragswerk, u. a.

Die Bände der Rudolf Steiner Gesamtausgabe sind innerhalb einzelner Gruppen einheitlich ausgestattet. Jeder Band ist einzeln erhältlich.